# PÁSCOA VIEIRA DIANTE DA INQUISIÇÃO

Título original: *Pascoa et ses deux maris une esclave entre Angola, Brésil et Portugal au XVII e siècle*



Este livro foi revisado segundo o Acordo Ortográfico da Língua Portuguesa de 1990, em vigor no Brasil desde 2009.

EDIÇÃO: Ana Cecilia Impellizieri Martins
TRADUÇÃO: Ligia Fonseca Ferreira e Regina Salgado Campos
COTEJO DE DOCUMENTOS ORIGINAIS: Eduardo Cavalcante
COPIDESQUE: Elisabeth Lissovsky
REVISÃO: Eloah Pina
PROJETO GRÁFICO E CAPA: Estúdio Insólito
DIAGRAMAÇÃO: Cumbuca
AGRADECIMENTOS: Laura de Mello e Souza e Silvia Hunold Lara
IMAGEM DE CAPA: Antônio de Cadornega, *História geral das guerras angolanas* / Biblioteca da Academia de Ciências de Portugal

CIP-BRASIL. CATALOGAÇÃO NA PUBLICAÇÃO
SINDICATO NACIONAL DOS EDITORES DE LIVROS, RJ

C344p Castelnau-L'Estoile, Charlotte de, 1967-
Páscoa Vieira diante da inquisição : uma escrava entre Angola, Brasil e Portugal no século XVII / Charlotte de Castelnau-L'Estoile ; tradução Ligia Fonseca Ferreira, Regina Salgado Campos. - 1. ed. - Rio de Janeiro: Bazar do Tempo, 2020.
276 p. 14 x 21 cm
Tradução de: Páscoa et ses deux maris : une esclave entre Angola, Brésil et Portugal au XVIIe siècle
ISBN 978-65-86719-28-4
1. Mulheres escravas - Casamento - Brasil - Séc. XVII. 2. Escravidão - Aspectos religiosos - Cristianismo - Brasil - Séc. XVII. 3. Bigamia - Julgamento - Portugal - Séc. XVII. I. Ferreira, Ligia Fonseca. II. Campos, Regina Salgado. III. Título.
CDD: 306.362082
20-67232 – CDU: 326.3-055.2

Meri Gleice Rodrigues de Souza - Bibliotecária - CRB-7/6439

Este livro, publicado no âmbito do Programa de Apoio à Publicação 2019 Carlos Drummond de Andrade da Embaixada da França no Brasil, contou com o apoio do Ministério da Europa e das Relações Exteriores.
*Cet ouvrage, publié dans le cadre du Programme d'Aide à la Publication 2019 Carlos Drummond de Andrade de l'Ambassade de France au Brésil, bénéficie du soutien du Ministère de l'Europe et des Affaires Étrangères.*

Rua General Dionísio, 53 - Humaitá
22271-050 Rio de Janeiro - RJ
contato@bazardotempo.com.br
www.bazardotempo.com.br

Charlotte de
Castelnau-L'Estoile

# PÁSCOA VIEIRA DIANTE DA INQUISIÇÃO

---

## Uma escrava entre Angola, Brasil e Portugal no século XVII

---

**Tradução**

Ligia Fonseca Ferreira

Regina Salgado Campos

# O ATLÂNTICO DOS PORTUGUESES NO SÉCULO XVII: UM ESPAÇO CATÓLICO

As três figuras que dominam o espaço são Nossa Senhora da Conceição, Santo Antônio e a Cruz

Carta marítima de João Teixeira Albernaz, século XVII © ANTT (Arquivo Nacional Torre do Tombo, Portugal), PT/TT/ CRT/198.

# agradecimentos

Agradeço particularmente a Jeanne Balibar, Benoit de L'Estoile e Paul Garapon, meu editor, que acreditaram na Páscoa e ajudaram este livro a nascer. Para a edição brasileira, agradeço a Bruno Feitler, Ana Cecilia Impellizieri Martins, Eduardo Cavalcante, Laura de Mello e Souza, Ligia Ferreira, Regina Maria Salgado Campos e Silvia Hunold Lara. Esta edição brasileira corrige alguns erros da publicação original que me foram apontados. O "retorno" de Páscoa ao Brasil e à língua portuguesa representa para mim uma imensa satisfação.

Pela ajuda preciosa, em momentos específicos ou ao longo deste trabalho, meus agradecimentos vão igualmente para Luiz Felipe de Alencastro, Anaïs Albert, Carlos Almeida, Fernanda Bicalho, Isabelle Billig de L'Estoile, Cathy Chatel, Sophie Coeuré, Cécile Coquet-Mokoko, Anne-Emmanuelle Demartini, Indravati Félicité, Iris Kantor, Emmanuelle Loyer, Catarina Madeira-Santos, Hebe Mattos, Shanny Peer, Dominique Rogers, Emmanuelle Saada, Agathe Salha, Alain Tallon, Julie Wolkenstein e para meus alunos da Université de Paris.

Dedico este livro às mulheres que acreditam na vida, por mais duras que sejam suas provações.

# sumário

## APRESENTAÇÃO À EDIÇÃO BRASILEIRA

# Duas mulheres

*Silvia Hunold Lara*

Páscoa, a personagem central deste livro, nasceu em Massangano, uma vila a duzentos quilômetros do litoral centro-africano, por volta de 1660. Aos 26 anos foi obrigada a embarcar para Salvador, onde viveu até 1700, quando foi levada presa a Lisboa e, tempos depois, sentenciada ao exílio em Castro Marim, no sul de Portugal. Charlotte, a autora, é francesa, nascida na segunda metade do século XX, em Paris, onde passou a maior parte de sua vida. Viajou para vários lugares e, por vontade própria, chegou a morar três anos no Rio de Janeiro e um em Roma. A primeira era analfabeta, a segunda possui vários diplomas e títulos. Uma enfrentou a escravidão, o deslocamento compulsório para um mundo desconhecido e uma das instituições mais temidas da época moderna, a Inquisição. Outra seguiu a vida universitária por opção, percorrendo uma trajetória acadêmica de sucesso, com vários livros publicados.

O que essas duas mulheres têm em comum? Como seus caminhos se cruzaram?

A resposta é simples: a História. Sim, com "H" maiúsculo, pois é o caminho que permite a ligação entre homens e mulheres do passado e do presente. Os historiadores, como Charlotte, não tratam simplesmente de "resgatar" a experiência de pessoas que viveram tempos atrás, nem ficam apenas bisbilhotando suas vidas. Eles mergulham em sociedades e culturas antigas e diferentes, inspirados por perguntas enraizadas no mundo em que vivem: questões cruciais, quase sempre ausentes no cotidiano dos personagens que encontram. A africana do século XVII jamais se interrogaria sobre relações de gênero ou sobre o racismo, por exemplo. Esses temas, no entanto, estão na ordem de nossos dias. Talvez eles (e outros, também candentes) nem apareçam explicitamente nas pesquisas históricas, mas estão ali e dizem respeito às dimensões políticas e sociais mais profundas do que chamamos "presente".

Este livro resulta, então, de um encontro entre mulheres muito distantes no tempo, no espaço e na experiência de vida, possibilitado pela História. Ele narra, antes de mais nada, como uma africana enfrentou, com valentia, as agruras impostas a uma pessoa submetida à escravidão. Sua trajetória, individual e particular, de Massangano a Castro Marim, ocupa o centro da cena. Mas ela só pôde ser conhecida por meio de uma investigação inquisitorial, que também foi preciso conhecer e decifrar. Muitos conhecimentos tiveram que ser mobilizados para compreender manuscritos produzidos por várias pessoas, há mais de trezentos anos atrás. Ao mostrar os caminhos que trilhou com intrepidez e revelar seu trabalho como historiadora, Charlotte não deixa de ser, igualmente, personagem deste livro.

O primeiro lugar em que essas duas mulheres se encontraram foi em um arquivo de Lisboa – mais precisamente no que, desde o século XIV, é chamado de Torre do Tombo. Habituada a realizar pesquisas em acervos documentais portugueses desde os anos 1990, Charlotte já havia folheado e lido vários processos da Inquisição, pois são fontes importantes para obter informações sobre a expansão do catolicismo durante a colonização da América nos séculos XVI, XVII e XVIII. Seu interesse inicial recaiu sobre o modo como os jesuítas atuaram para converter os índios brasileiros, mas foi se concentrando sobre os embates suscitados pela imposição do casamento cristão aos índios e africanos nos séculos XVI e XVII. Por isso buscou os autos inquisitoriais relacionados ao tema, que permitem acompanhar tanto as discussões teológicas e jurídicas no âmbito da Igreja, quanto as ações e reações das populações ameríndias e dos escravizados trazidos da África ou nascidos no Brasil.

Páscoa foi uma das várias pessoas acusadas de bigamia e processadas pela Inquisição portuguesa. Depois de acatar a denúncia, feita em 1693, a instituição estendeu seus tentáculos pelo Atlântico para devassar minuciosamente, durante longos seis anos, a vida dessa mulher, em Angola e no Brasil. Os inquisidores não estavam interessados nela, mas no pecado que havia cometido: queriam constatar se realmente ela havia se casado duas vezes, se os dois casamentos eram válidos perante as leis da Igreja católica e se o primeiro marido ainda estava vivo quando ela contraiu as segundas núpcias. O fato de ser africana ou ter sido escrava até ser enviada a Lisboa não tinha importância para os que se ocuparam da investigação. Não havia tampouco qualquer interesse moral no caso: tratava-se de um crime contra um dos principais sacramentos católicos que, se confirmado, precisava ser punido – e punido exemplarmente, num contexto em que cada vez mais africanos eram levados como escravos através do Atlântico. A questão era religiosa e, naquele tempo, o catolicismo, a monarquia portuguesa e suas conquistas coloniais, nas quais a escravidão vicejava, estavam indissociavelmente interligados. Era preciso, portanto, defender todos a cada momento, em qualquer arena em que se apresentassem.

O resultado das apurações constitui um grosso maço de papéis que ficou guardado nos arquivos da Inquisição durante séculos.

Sua leitura, que pode ser acompanhada passo a passo neste livro, muda o sentido com que aquelas páginas foram escritas. Pelos olhos e pelas mãos de Charlotte, Páscoa torna-se protagonista de uma história da escravidão atlântica no século XVII. Essa transformação deriva das escolhas da historiadora: para ela, o fato de Páscoa ter nascido escrava em Massangano e ter vivido como tal ali e em Salvador faz toda a diferença. Claro que os seus dois casamentos fazem parte do enredo. Mas são apenas uma parte dele: saber por que e como aqueles homens se esforçaram tanto para se certificar do "crime" de bigamia ajuda a entender os nexos entre catolicismo, colonização e escravidão. Esses são elementos importantes do mundo em que Páscoa viveu, como escrava, e se tornaram o centro do interesse de Charlotte e do livro que produziu.

Não há muita novidade em dizer que a curiosidade de historiadores e inquisidores pode ter alguma semelhança, que os primeiros olham o passado por cima dos ombros dos segundos. Mas o que fazem e seus objetivos são essencialmente diversos. Em vez de focalizar a bigamia, Charlotte – com a sensibilidade própria dos bons historiadores – logo percebeu que aquele processo inquisitorial era uma janela que lhe permitia ver detalhes das relações escravistas que estruturavam as colônias portuguesas nos dois lados do Atlântico. A investigação sobre Páscoa oferece descrições difíceis de serem encontradas na maioria das fontes disponíveis nos arquivos: cenas da escravidão doméstica em casas senhoriais de Massangano e Salvador, usos e costumes do catolicismo africano nas terras do interior de Angola e, especialmente, particularidades acerca do modo como os escravizados, lá e cá, lidavam com seus senhores e com seus companheiros de cativeiro.

Ler o documento de modo diverso daquele que suscitou sua escrita no fim do século XVII é um segundo jeito de Páscoa e Charlotte se encontrarem. Mas há algo mais, aqui. A historiadora não escreve um livro sobre a escravidão, mas sobre a mulher escrava chamada Páscoa. Sua força e determinação diante das tantas adversidades a que foi submetida ficou registrada no processo, à revelia dos inquisidores e de seus prepostos. Sua inteligência e perspicácia aparecem nas respostas que deu aos padres que a interrogaram e julgaram, mesmo que somente sejam acessíveis por meio de um relato em terceira pessoa. Páscoa se impõe naquelas páginas.

Ela era, até certo ponto, uma mulher comum que nasceu e viveu como escrava, compartilhando seu destino com várias pessoas, companheiros de cativeiro, gente liberta ou livre, que tinha domínio direto sobre ela ou não. Lidou de modos diversos com os homens que povoaram sua vida. Teve que superar a ruptura de seus laços familiares por duas vezes e conseguiu manter, a seu jeito e de maneiras diferentes, dois casamentos sucessivos. Assim como outros denunciados, enfrentou (e venceu!) uma das mais prepotentes instituições católicas, essencialmente masculina, constituída por padres, notários, carcereiros e outros funcionários. Não fez tudo isso sem ter aliados, conquistados em diversas circunstâncias e de várias maneiras – entre homens e mulheres, brancos e negros.

Por isso, não foi apenas Charlotte que encontrou Páscoa, mas também Páscoa encontrou Charlotte. A escrava africana desafia e ajuda a historiadora francesa que estuda a colonização portuguesa no Brasil a compreender melhor as sociedades nas quais viveu. Sua história permite, por exemplo, conhecer pormenores das experiências anteriores, na África, daqueles que foram forçados a ser escravos nas Américas. Quantas pessoas, afetos e relações ficaram para trás? Como ter notícias do que se passa do outro lado do oceano? Essas não são perguntas simples, e viver com elas era menos ainda. Apesar de ser uma dimensão importantíssima para quem foi forçado a cruzar o Atlântico, o tema ainda é pouco discutido e analisado pela historiografia.

A história de Páscoa também permite entender os significados que a família e a religião tinham para os escravos. Felizmente, buscar o ponto de vista dos cativos é uma abordagem menos incomum nos estudos sobre a escravidão no Brasil. Nas últimas décadas e cada vez mais, tem sido possível reconstituir trajetórias individuais e conhecer os jeitos de viver, ser e pensar da gente africana ou nascida no Brasil que teve que se haver com a escravidão. A escrita envolvente, a atenção aos detalhes, os temas tratados, as novidades que traz e a própria Páscoa dão a este livro um lugar de destaque nessa produção mais recente.

Assim, o que Charlotte conta sobre Páscoa nos permite perceber que ambas não estão sozinhas – nem na História nem na historiografia. O encontro dessas duas mulheres nos leva a pensar, ainda, no quanto pessoas que viveram há muitos séculos podem impactar o presente. O que Páscoa tem a nos dizer, homens e mulheres, brancos e negros, historiadores ou não, que vivemos nas décadas iniciais do século XXI? Como sua voz, registrada em um documento produzido pela Inquisição, pode chegar até nós? Que significados suas experiências de vida podem ter para os dilemas de nosso dia a dia?

Charlotte foi surpreendida e capturada por Páscoa ao ler um processo inquisitorial na Torre do Tombo. Aprendeu com ela, tomou seu partido, ajudou-a a participar do nosso mundo. Você também pode entrar na conversa. Ao ler este livro, pense em Páscoa, mas também na História: que lugar ela ocupa em nossas vidas? O diálogo nem sempre fácil entre o passado e o presente, assim como os encontros que propicia, é mais um dos muitos desafios que, a cada passo, se acumulam nos dias de hoje – especialmente no Brasil, terra de tantas desigualdades.

**Silvia Hunold Lara** é historiadora e professora no departamento de História da Universidade Estadual de Campinas (Unicamp).

# PRÓLOGO

## A voz de Páscoa

Em 12 de novembro de 1700, no tribunal da Santa Inquisição, sediado no palácio dos Estaus, localizado na praça central de Lisboa – Praça do Rossio – compareceu à audiência matutina, diante do inquisidor João Duarte Ribeiro, uma mulher chegada do Brasil na véspera e mantida nos cárceres secretos do Santo Ofício. Depois de prestar juramento sobre os Santos Evangelhos, prometer dizer a verdade e guardar segredo do que transcorreria dentro dos muros do tribunal, a mulher apresentou-se aos seus juízes:

> E logo disse chamar-se Páscoa Vieira, preta forra e foi escrava de Domingas Vieira no Brasil onde ultimamente, digo, de Francisco Álvares de Távora, marido da mesma, e o tinha sido em Massangano, donde é natural, de Domingas Carvalho, viúva de Domingos Carvalho e como dito tem natural de Massangano, Reino de Angola, e moradora na Bahia do Brasil, e disse ser de 40 anos de idade pouco mais ou menos.[1]

---

1 Processo de Páscoa Vieira, ANTT PT/TT/TSO-IL/028/10026, fólio 67.
Os trechos extraídos do Processo de Páscoa Vieira foram mantidos em seu estilo original, original, e a grafia do português foi atualizada. (N.E.).

Assim começou o primeiro depoimento de Páscoa perante o tribunal. Liberta, ela apresentou-se como ex-escrava, enunciando os nomes de seus senhores, tanto no Brasil como em Angola. Portanto, Páscoa conheceu a escravidão na África, a deportação e a escravização na América. A acusada foi intimada a confessar seus pecados, sob pena de "não merecer a misericórdia que o tribunal costuma conceder aos que confessam suas faltas e correr o risco de ser castigada com todo o rigor do direito". Mesmo sem os juízes dizerem o motivo de sua prisão, Páscoa sabia que estava provavelmente sendo acusada pelo crime de bigamia.

O leitor acaba de ouvir indiretamente a voz de Páscoa Vieira, identificando-se aos inquisidores. Para a historiadora que sou, que decifrei, página por página, o processo da Inquisição de Lisboa de número 10026, no Arquivo Nacional da Torre do Tombo, em Portugal, e que contém 114 fólios, alguns deles virgens, outros escritos frente e verso, a voz de uma escrava,[2] transcrita de próprio punho pelo escrivão da Inquisição, é preciosíssima. Na verdade, Páscoa só tomaria a palavra diante de seus juízes no fólio 67, após uma investigação judicial iniciada em julho de 1693, ou seja, mais de sete anos antes de ser levada a julgamento.

Decifrando na tela de meu computador as páginas do maço digitalizado, aguardei por muito tempo o encontro com Páscoa, a heroína deste processo, acusada de ter se casado no Brasil, enquanto seu primeiro marido continuava vivo em Angola. Todos, membros do tribunal e testemunhas, fossem

---

2 Os historiadores debatem atualmente sobre os termos: a palavra "escravo" tem a tendência de essencializar a condição do escravo, sendo "escravizado" por vezes preferível porque dá mais ênfase à dominação da escravidão. Neste livro, eu uso o termo escravo/escrava como uma categoria das sociedades angolanas e brasileiras da época.

eles ex-senhores, marido ou pessoas conhecidas, falavam dela: uma mulher simples com destino de escrava. Porém, até comparecer diante dos juízes, Páscoa permanecia silenciosa. Da espera nasceram a curiosidade e uma certa impaciência... Como ela iria se expressar? Saberia se defender diante de seus juízes? Qual seria a sua versão da história?

Para tentar suscitar a mesma curiosidade, convido o leitor a aguardar. Se desejar ouvir novamente essa voz, deverá primeiramente acompanhar a longa investigação que levou ao julgamento daquela mulher, nascida em Angola e residente em Salvador, perante os inquisidores de Lisboa.

# INTRODUÇÃO

## Muitas histórias numa só vida

Entre 1676 e 1700, 300 mil africanos foram forçados a embarcar para o Brasil como escravos, 475 mil, entre 1701 e 1725.[1] Na mesma época, a Inglaterra traficou o mesmo número, tendo como destino principal suas ilhas produtoras de açúcar no Caribe. Os franceses ainda não praticavam o tráfico negreiro de maneira intensiva, mas o Código Negro de 1685 já havia definido as regras de uma sociedade organizada em torno da escravidão. O comércio de escravos, efetuado pelos portugueses desde o século XV em escala intercontinental, tornara-se, na virada do século XVIII, um fenômeno de massa, no qual, a partir de então, grande parte da Europa esteve direta ou indiretamente implicada por meio de investimentos financeiros.

O sistema escravista teve, portanto, importância fundamental no mundo atlântico da era moderna. O tráfico humano moldou as relações entre europeus e africanos. Esse comércio e o trabalho fornecido pelos escravizados encontram-se na base de uma economia de produção rentável que permitiu à Europa

---

1 Transatlantic Slave Trade Database <http://www.slavevoyages.com>.

acumular riquezas geradoras do seu crescimento. A transferência maciça de populações entre a África e as Américas fez surgir sociedades originais, marcadas não somente por um sistema de dominação, mas também pela presença de culturas africanas transplantadas e reconfiguradas em solo americano. Por conseguinte, existem múltiplas maneiras de contar a história da escravidão atlântica. Este livro propõe-se a fazê-lo por meio da narrativa de vida de uma mulher, Páscoa Vieira, que por duas vezes foi feita escrava, primeiro em Angola e depois no Brasil, no final do século XVII.

Seu destino é menos excepcional do que exemplar e vale, de certa forma, pelo destino dos mais de 12 milhões de homens e mulheres nascidos na África e transportados para as Américas ao longo de quatro séculos de escravidão atlântica. Por que ter escolhido essa mulher? Simplesmente porque fontes históricas, em particular um processo da Inquisição de Lisboa, existem e documentam a sua história. Trata-se de um processo por bigamia, um crime que, para nós, pertence a outro tempo. Naquela época, no mundo católico, o casamento era um sacramento indissolúvel: os laços do matrimônio apenas se rompiam com a morte de um dos cônjuges. A palavra divórcio existia, porém, significava a separação de corpos e de bens, sendo estritamente proibido casar-se novamente enquanto o primeiro cônjuge ainda vivesse. Por essa razão, a escrava Páscoa foi acusada de ter desposado Pedro, um escravo no Brasil, apesar de ter se casado, segundo os ritos da Igreja católica em Angola, com o escravo Aleixo, que se encontrava ainda vivo quando Páscoa contraiu o seu segundo casamento.

Foi esse processo por bigamia que retirou Páscoa do anonimato ao qual em princípio está condenada uma pessoa escravizada, e, ainda por cima, do sexo feminino. Descobri o processo de Páscoa Vieira pelo motor de busca dos arquivos da

Inquisição portuguesa,[2] quando trabalhava de maneira sistemática sobre o significado do casamento católico dos escravos no Brasil colonial.[3] Eu sabia, por meio das minhas leituras, que existiam processos por bigamia nos quais escravos eram protagonistas.[4] A partir da ficha descritiva, que os arquivos da Torre do Tombo colocam à disposição dos leitores para todos os processos, o de Páscoa chamou-me a atenção por sua extensão (114 fólios) – mesmo tendo verificado depois que um determinado número de folhas eram páginas em branco – e por sua duração, de 1693 a 1703. Um processo longo significa reviravoltas, um inquérito difícil, inúmeros interrogatórios – em suma, farta matéria para o historiador. Por que esse caso durou tanto tempo? O que realmente aconteceu?

Páscoa foi acusada de bigamia: nada muito excepcional *a priori*; ela não possuía poderes sobrenaturais, não realizou tentativas de resistência obstinadas contra a sua sorte. O processo tratava de sua própria vida, de suas passagens de uma margem a outra do Atlântico, de seus casamentos, o angolano e o brasileiro. As fontes históricas são como uma janela aberta para o mundo pouco conhecido, quando não totalmente desconhecido: a vida desses escravos que viveram duas vezes a escravidão, na África e na América. Páscoa nasceu escrava em Angola onde passou 26 anos antes de ser embarcada para o Brasil em 1686. Assim, o

---

2 Processo de Páscoa Vieira, ANTT PT/TT/TSO-IL/028/10026.

3 A pesquisa originou um livro: *Un catholicisme colonial. Le mariage des Indiens et des esclaves au Brésil, XVIe-XVIIIe siècle*. A pesquisa sobre Páscoa finalmente se tornou autônoma, desvinculando-se daquele trabalho.

4 R. Vainfas, *Trópico dos pecados. Moral, sexualidade e Inquisição no Brasil*; B. Feitler, "Poder episcopal e Inquisição no Brasil: o juízo eclesiástico da Bahia nos tempos de Sebastião Monteiro da Vide".

inquérito – e sob esse aspecto o processo de Páscoa Vieira é excepcional – realizou-se tanto em Angola, local do seu primeiro casamento, quanto no Brasil, local do segundo.

Este livro, portanto, pretende apresentar a vida de Páscoa, bem como a história de seu processo, que permite reconstituir uma parte da sociedade escravocrata brasileira, assentada em relações intensas e regulares com a África, e num sistema de controle e dominação com base em Portugal. Nessa sociedade, os escravos são mercadorias que se compra, se vende, se aluga, se herda, mas também pessoas que são batizadas, se casam, mantêm relações com seus senhores, com outros brancos, outros negros, escravos ou libertos. Nessas sociedades católicas, o escravo tem uma condição ambivalente: ele é ao mesmo tempo pessoa sem direito, que pertence ao senhor, no entanto, dotado de capacidade jurídica real. Ele tem responsabilidade penal e é igualmente reconhecido como capacitado a dar seu consentimento, visto ter possibilidade de se casar. O casamento era definido na época como o livre consentimento para a vida comum de dois cônjuges, o que implicava direitos e deveres. Quando a Inquisição interessou-se por Páscoa, a questão era tratada como um caso qualquer de bigamia; a escravidão era considerada apenas como uma circunstância da acusada. No entanto, aos olhos do historiador, é precisamente a escravidão e a deportação da África para a América que explicam a bigamia de Páscoa. Para a Inquisição, tal situação, ignorada, não valeu como circunstância atenuante.

Neste estudo usarei, portanto, as fontes inquisitoriais da maneira mais próxima possível – por oferecerem múltiplos detalhes da vida de Páscoa –, mantendo, no entanto, distância em relação ao olhar do inquisidor, pois se às vezes o juiz e o historiador partilham abordagens semelhantes, já que ambos são investigadores em busca de uma forma de verdade, eles se distinguem por seus objetivos. O meu não é de fazer um processo para denunciar as injustiças de tempos de outrora nem de propor uma versão da verdade que seja infalível. Na realidade, a partir desse inquérito inquisitorial que corre no Brasil, em Angola e em Portugal, e que tem por objeto os casamentos sucessivos de uma escrava, busca-se retraçar os contornos de um mundo atlântico que se estende por três continentes. O objetivo é igualmente apresentar aos leitores a figura e a voz de uma mulher que, embora escrava, tentou construir sua vida e enfrentar as adversidades impostas.

Esse processo permite resgatar uma história de vida incompleta, por ser vista apenas por meio do olhar de homens da Inquisição que não buscavam nada mais do que provas da bigamia, ou seja, vestígios jurídicos dos dois casamentos. Porém, essas uniões em situação de cativeiro, uma em Angola e outra no Brasil, são preciosas para compreender o destino de uma mulher escrava e a sociedade em que vivia.

O processo de Páscoa se desenrolou em quatro lugares: Salvador, no Brasil; Luanda e Massangano, em Angola; e Lisboa, em Portugal; contém 25 depoimentos: de padres, funcionários públicos, proprietários, notários, soldados, marinheiros e escravos. Trata-se, portanto, do retrato de uma sociedade inteira que está inscrito nesse processo, desde que se examine em detalhe tudo o que ali é dito. Os leitores talvez se surpreendam com a maneira de os historiadores lançarem mão de tudo que tiverem a sua disposição. É esse trabalho de reconstituição minuciosa das fontes, bem como o cruzamento desse documento com outros rastros escritos que emergem deste mundo atlântico escravagista, que oferecem uma visão mais clara do mundo em que Páscoa viveu. Para compreender a história de Páscoa, foi necessário mergulhar nos relatos de viajantes estrangeiros, nas histórias e crônicas dos contemporâneos, nas fontes missionárias, especialmente na dos capuchinhos italianos da África central, na legislação civil e nos documentos do Conselho Ultramarino encarregado da administração do império português, nas petições de escravos ou ainda nos processos comuns de casamentos de escravos.

Por muito tempo, a escravidão foi uma questão de números. Quantos escravos deixaram a África? Quantos morreram nos navios negreiros? Qual era a produtividade do trabalho escravo nas plantações? Qual era a duração média da vida de um escravo ou a sua taxa de fecundidade? Qual era a proporção de homens e de mulheres? Abordar os escravos em sua individualidade, na sua vida cotidiana, parecia impossível para os historiadores. Acreditava-se que os escravos não tinham nome, não tinham laços familiares. Considerados como mercadorias na sociedade em que viviam, eram igualmente destituídos de personalidade individual aos olhos dos historiadores, por falta de fontes.

Nas últimas décadas começaram a surgir pesquisas históricas que buscam retraçar vidas de escravos. Para o mundo português, várias biografias de escravos foram constituídas a partir de arquivos inquisitoriais. Desde então, alguns escravos ou ex-escravos do Brasil são figuras conhecidas dos historiadores: tal é o caso de Domingos Álvares, curandeiro, cuja vida passada no Brasil entre 1730 e 1750 foi relatada por James Sweet; Rosa Egipcíaca, ex-prostituta que se tornou uma figura de devoção apoiada pelos franciscanos e depois suspeita por suas visões, no Rio de Janeiro de 1730, recuperada por Luiz Mott; ou ainda Luzia Pinta, escrava que praticava feitiçaria africana, estudada por Laura de Mello e Souza e cujo processo foi recentemente retomado por Alexandre Almeida Marcussi; enfim, Daniel Pereira, escravo condenado por sodomia em 1740-1752, pesquisado por Ronaldo Manuel Silva.[5] Em suma, os processos inquisitoriais encontram-se entre as fontes mais ricas e eloquentes sobre esses homens e mulheres que, nos registros fiscais ou nos inventários após a morte de seus senhores, aparecem como mercadorias sem alma.

Num artigo clássico, "La vie des hommes infâmes",[6] Michel Foucault explica como os arquivos da repressão mantiveram a memória dos infames, aqueles que o renome não tornou ilustres e permaneceram na parte inferior da estrutura social. É, portanto, paradoxal esse interesse minucioso das autoridades por pessoas sem importância. Mais surpreendente ainda é o fato de os escravos nas sociedades escravagistas não serem pessoas com capacidade jurídica plena e integral: eles não podiam ser testemunhas em processos nem redigir testamento. No entanto, eram considerados como penalmente responsáveis, tanto pelo direito civil quanto pelo direito canônico.

Páscoa Vieira era duplamente escrava e, além disso, mulher. Assim, ela aparece como o protótipo da pessoa dominada ao mesmo tempo pelos senhores, pelos homens e pela Igreja católica. Escrever sua história coloca-se, então, como um desafio. O que os outros disseram sobre ela, o que ela mesma contou sobre sua própria história, enfim, a maneira como se defendeu no tribunal; todos esses elementos permitem reconstituir não apenas uma trajetória de vida, como também

---

5 J. H. Sweet, *Domingos Alvares, African Healing, and the Intellectual History of the Atlantic World*; L. Mott, *Rosa Egipcíaca, uma santa africana no Brasil colonial*; A. A. Marcussi, *Cativeiro e cura: experiências da escravidão atlântica nos calundus de Luzia Pinta, séculos* XVI-XVIII.

6 M. Foucault, "La vie des hommes infâmes".

uma personalidade, pois os juízes da Inquisição encurralavam os acusados. Assim como o juiz, o historiador dos arquivos inquisitoriais tem a sensação de penetrar nas consciências, ou, no mínimo, de observar o funcionamento do mecanismo psicológico dos indivíduos.

No entanto, o processo inquisitorial tem seus limites, pois está subordinado ao olhar dos inquisidores obcecados em encontrar a heresia e que acabavam, assim, impondo sua leitura dos fatos ao acusado.[7] De resto, todas as fontes que o historiador maneja para reconstruir vidas de escravos podem igualmente conter armadilhas. Assim, as autobiografias de escravos que aparecem no mundo anglófono a partir do século XVIII por muito tempo despertaram a inveja dos historiadores dos mundos francófono ou ibérico, porém, logo encontraram seus limites: reconstruídas, escritas numa perspectiva de combate abolicionista, trata-se de um gênero literário a ser decodificado em si, antes de constituir efetivamente coletâneas de informações.[8]

Páscoa Vieira não escreveu sua vida – era analfabeta – e seguramente jamais pensou que pudesse ser digna de interesse. Tornou-se, a sua revelia, objeto da curiosidade do tribunal que desejava conhecer as condições dos seus casamentos e, por isso, interessou-se de perto por sua vida. Os documentos produzidos pela instituição judiciária permitem, então, retirar do esquecimento uma pessoa destinada a assim permanecer e que pode ter valor de exemplo pois, excetuando-se o processo, seu destino de escrava transatlântica foi comum e compartilhado por centenas de milhares de outros africanos.

---

7 R. M. Carvacho, J.-P. Dedieu, "Entre histoire et mémoire. L'Inquisition à l'époque moderne: dix ans d'historiographie"; C. Ginzburg, "L'inquisiteur comme anthropologue".

8 M.-J. Rossignol, "Un chantier inattendu: la collection 'Récits d'esclaves'. Quelques questions méthodologiques et historiographiques".

Páscoa não é único assunto deste livro, que trata igualmente de um extraordinário processo inquisitorial em escala atlântica, no final do século XVII: sete anos para a investigação e o processo, dez anos se considerado o tempo da punição. Orquestrado a partir de Lisboa, o inquérito desenvolve-se em vários teatros de operações: Salvador, no Brasil, a sessenta dias de navegação; Luanda, em Angola, a quarenta dias de Salvador, e finalmente Massangano, fortaleza portuguesa situada a duzentos quilômetros de Luanda. Com exceção de Páscoa, que viajou da Bahia a Lisboa em 1700 por causa do processo, ninguém mais efetuaria esse tipo de deslocamento para atender às necessidades de um inquérito. Este, em geral, seguiu seu curso com as extraordinárias redes de comunicação do Império português, da Igreja católica, do tribunal do Santo Ofício, que existiam na escala do Atlântico sul.

Com ajuda de uma cartógrafa, tentei representar os espaços percorridos para que o processo pudesse ocorrer. A denúncia feita em Salvador atravessou o Atlântico para chegar a Lisboa. A ordem de investigação retornou em sentido inverso, de um lado para Salvador, e de outro para Luanda. Na sequência, os inquéritos judiciais realizados nessas cidades retornam a Lisboa. Um segundo inquérito, que dessa vez se estende até Massangano, necessitou outra ida e volta. Finalmente, a ordem de prisão foi levada de Lisboa a Salvador e Páscoa, em pessoa, atravessou o oceano para se dirigir a Portugal. O cálculo é, portanto, de oito travessias do Atlântico para a circulação da documentação e uma travessia – já que não se sabe se houve retorno – para Páscoa. À duração das viagens, é preciso acrescentar o tempo de espera entre a partida das frotas, pois os navios não circulavam o ano todo entre Lisboa e Salvador. A ligação marítima Luanda-Lisboa passava em geral pelo Brasil, devido aos ventos e às correntes, mas existiam também ligações diretas via Cabo Verde e ilha de São Tomé. Logo, a duração do processo não surpreende: sete anos, da primeira denúncia, em julho de 1693, ao julgamento, em dezembro de 1700.

Para que tal processo fosse possível e não tivesse custo muito elevado – especialmente porque não havia nenhum interesse financeiro em perseguir uma escrava, diferentemente dos inúmeros processos por judaísmo que implicavam o confisco dos bens dos acusados –, a Inquisição precisava de um número considerável de funcionários e de representantes locais: os juízes em Lisboa, os comissários em Salvador e em Luanda, os "familiares" do Santo Ofício, que eram os voluntários do tribunal, os escrivães, o intérprete em Massangano, os padres em toda parte disponíveis para auxiliar o tribunal. Nesses sete anos, vê-se em operação uma ampla rede e uma máquina inquisitorial terrivelmente eficaz.

Esta história permite compreender como se constrói materialmente, no final do século XVII, a circulação da informação entre três continentes separados por um oceano. A história de Páscoa, escrava reconhecida no Brasil enquanto mulher casada em Angola, revela, por essa razão e em vários níveis, uma sociedade de interconhecimento transatlântico difícil de imaginar nos dias de hoje. As intensas circulações entre o Brasil e Angola, e em menor grau com Portugal, desenham uma sociedade original e móvel.[9] Há aqui uma história do Império português, desse espaço construído em torno da circulação marítima e do trabalho servil, com uma espantosa economia de meios.

---

9 R. Ferreira, *Cross-cultural Exchange in the Atlantic World. Angola and Brazil during the Era of Slave Trade*.

Outra questão levantada pela investigação inquisitorial é compreender o motivo de tal obstinação do tribunal do Santo Ofício em perseguir uma simples escrava, uma mulher comum, analfabeta e que não professava nenhuma crença perigosa. Por que ela teria sido objeto de tanto interesse por parte daqueles homens? A questão da bigamia e do casamento dos escravos estava no cerne da história de Páscoa. Mas qual era o significado social desse delito para a sociedade católica? Por que dar tanta importância numa sociedade escravista como a do Brasil, ao casamento dos escravos, esses homens e mulheres aos quais a maior parte dos direitos era negada e que se encontravam relegados à condição de mercadorias? Não existe um grande número de escravos bígamos. Seria possível que a Inquisição de Lisboa tenha desejado transformar o caso de Páscoa em exemplo na Bahia do final do século XVII? E por quê?

A história de Páscoa permite, enfim, acompanhar uma escrava na sua vida na África, depois na América, de modo concreto, e obriga a repensar o corte entre os dois mundos.[10] O processo mostra que, contrariamente à opinião corrente, uma escrava deportada para a América não perdia necessariamente suas redes na África. Veremos que, ao longo dos anos em que transcorreu o processo inquisitorial, ela chegou mesmo a fazer, com seu marido baiano, um contrainquérito[11] e a mobilizar apoios em Angola.

---

10 J. H. Sweet, "Mistaken Identities? Olaudah Equiano, Domingos Alvares, and the Methodological Challenges of Studying the African Diaspora".

11 Optamos por usar o neologismo "contrainquérito" como tradução do termo "contre-enquête", no original, procedimento no qual uma das partes, num processo, pode solicitar ao tribunal que sejam ouvidas novas testemunhas, invalidados depoimentoos suspeitos ou comprovadamente falsos, entre outras coisas. Fonte: <https://www.dictionnaire-juridique.com/definition/contre-enquete.php> (N.T.).

Então, identidade africana ou brasileira? A vida dessa mulher era inteiramente construída entre dois espaços, mas Páscoa parece, ao fim, ter escolhido o mundo brasileiro. Seu exemplo é igualmente o exemplo de uma reconstrução. Páscoa enfrentou adversidades e, apesar das duras experiências que atravessou, acreditou sempre no seu poder de agir e em sua capacidade de mudar o rumo das coisas, em prol de uma vida melhor. Logo, o caso de Páscoa nos faz pensar a escravidão do ponto de vista das mulheres, da vida privada e do casamento.

Convido, então, o leitor a uma leitura minuciosa do processo de Páscoa. Cada capítulo cobre uma de suas etapas: a denúncia inicial em Salvador, em 1693, pelo senhor; o duplo inquérito judicial em Salvador e em Luanda, en 1694 e 1695; as decisões do tribunal; o novo inquérito em Massangano; o contrainquérito do casal; o comparecimento perante os juízes em Lisboa, em 1700; e a sentença final. Ao percorrer esses caminhos, buscarei descrever a sociedade na qual essa história nasceu: um mundo escravista de intensas relações entre Angola e o Brasil; um mundo católico em que o casamento escravo é uma questão relevante e onde a Inquisição tem imenso poder.

# CIRCULAÇÕES ATLÂNTICAS RELACIONADAS AO PROCESSO DE PÁSCOA

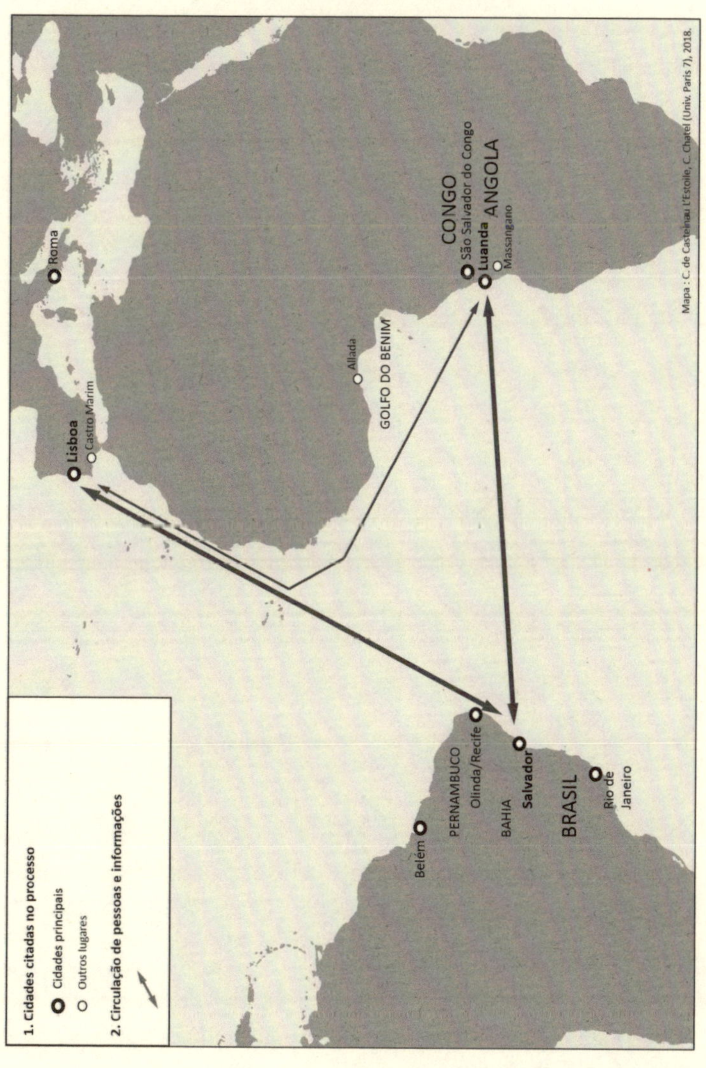

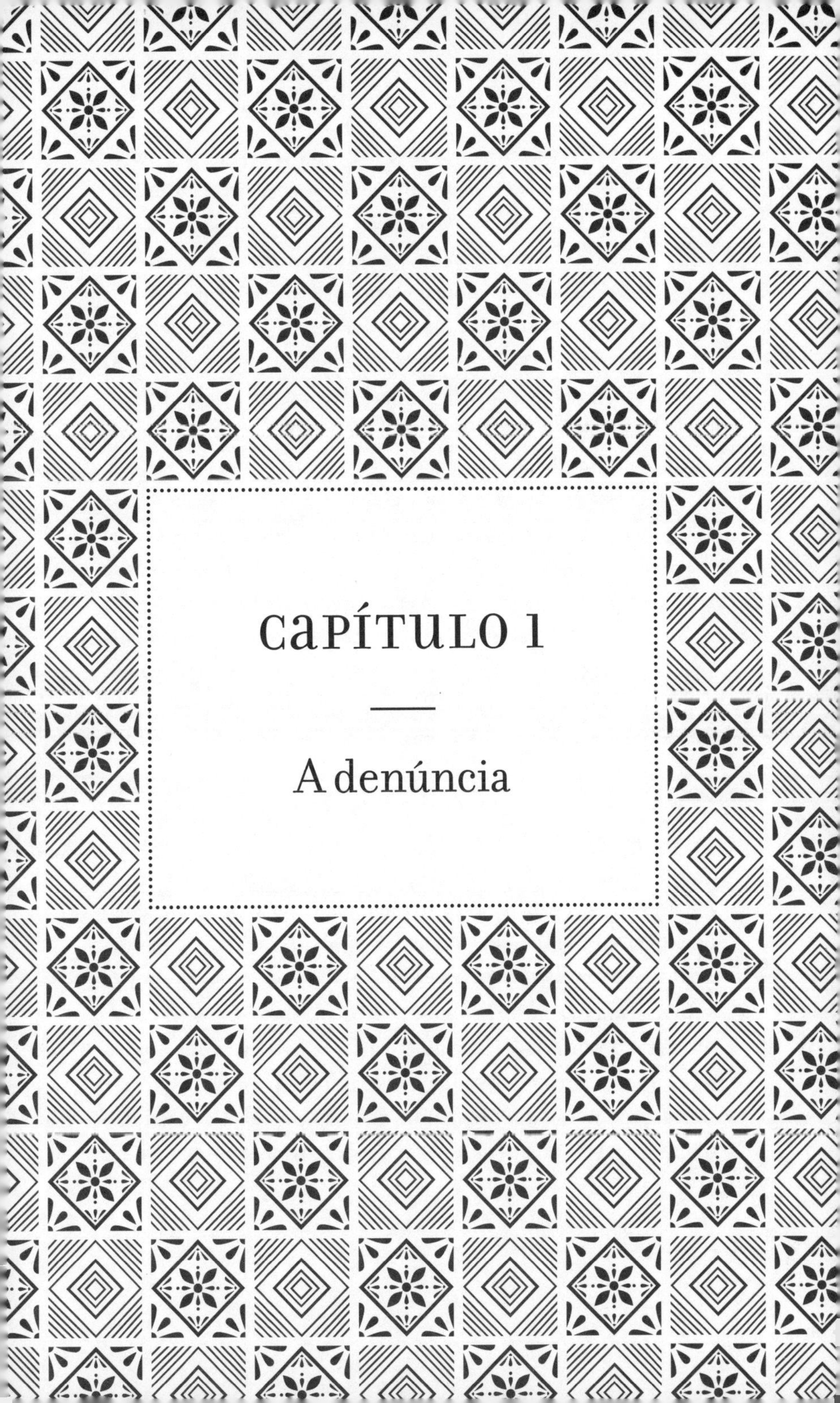

# CAPÍTULO 1

## A denúncia

> Aos 7 dias do mês de Julho deste presente ano, nesta Cidade do Salvador Bahia de Todos os Santos, em pousadas de Antão de Faria Monteiro, Comissário do Santo Ofício de Lisboa adiante assinado, apareceu presente Francisco Álvares Távora, Tabelião Público nesta dita Cidade, e por ele me foi dito, que por temer a Deus, e desencarregar sua consciência, denunciava, como por esta denúncia, de uma escrava sua do Gentio de Guiné por nome Páscoa, por haver cometido o crime de bigamia, sendo vivo seu primeiro marido em Luanda, Reino de Angola, e se recebeu nesta Cidade com Pedro, escravo dele denunciante, o que sabe ele denunciante por lhe dizer seu primo Luiz Álvares Távora, vindo do mesmo Reino de Angola e outrossim o Capitão Antônio Machado de Brito, que veio do mesmo Reino (...). E logo no mesmo dia e hora, declarou ele denunciante que o marido da dita escrava no Reino de Angola se chamava Aleixo e era escravo de Pascoal da Motta Teles, morador na Vila de Massangano e mais não disse.[1]

Esse é o ponto de partida de todo o caso: uma denúncia por bigamia feita ao comissário da Inquisição de Lisboa em Salvador, em julho de 1693. O denunciante, um notário daquela cidade, delatou sua própria escrava Páscoa. O escrivão do comissário que recolhera o depoimento se designou na primeira pessoa no documento. Os quatro personagens importantes da cena, a saber, o comissário da Inquisição de Lisboa, o denunciante e as duas testemunhas, assinaram duas vezes o documento: abaixo da primeira parte da denúncia e depois da segunda parte. As oito assinaturas numa só página comprovam, assim, o caráter oficial e bastante solene daquela declaração. Denunciar uma

---

1 Processo de Páscoa Vieira, ANTT PT/TT/TSO-IL/028/10026, fólio 11.

pessoa à Inquisição era um ato grave, que geralmente se fazia em nome de um interesse superior, a luta contra a heresia, e não por maldade ou por vingança. Francisco Álvares Távora, o denunciante, foi movido pelo sentimento de "medo"; medo de Deus e da Inquisição. Essa denúncia de uma escrava ao Tribunal do Santo Ofício, feita por seu próprio senhor, nos faz mergulhar a fundo tanto na mecânica inquisitorial, quanto no âmago das relações entre senhores e escravos na capital da colônia do Brasil, no final do século XVII.

## O MEDO DA INQUISIÇÃO

A Inquisição foi uma instituição medieval criada no século XIII para lutar contra a religião dos cátaros, considerada pela Igreja uma heresia, ou seja, um desvio da fé católica.[2] Em princípio, a Inquisição perseguia apenas os cristãos batizados que se afastaram dos preceitos da Igreja e eram por ela condenados por praticarem crimes qualificados como heréticos. Na época moderna, o tribunal da Inquisição passa por uma refundação, primeiro na Espanha, em 1478, no reino de Fernando de Aragão e Isabel de Castela, que fizeram da unificação religiosa de seus territórios o principal objetivo de sua política e de seu poderio. A Inquisição teve então como alvo essencial os conversos, católicos de origem judaica, que eram numerosos na Espanha depois das grandes perseguições do século XIV e frequentemente suspeitos de serem falsos cristãos que continuavam praticando os ritos da lei de Moisés. Em 1492, depois

---

2 Sobre a Inquisição portuguesa e brasileira, ver G. Marcocci, J. P. Paiva, *História da Inquisição portuguesa, 1536-1821*.

da queda do reino de Granada, último território muçulmano da Península Ibérica, a população que permanecera judia foi obrigada a deixar a Espanha ou aceitar a conversão. No mesmo ano, Cristóvão Colombo descobriu a América em nome de Isabel de Castela. A grandeza da Espanha brilhava com fulgor aos olhos da cristandade, e os dois soberanos receberam do papa, em 1496, o título de "reis católicos".

Portugal, outro reino da Península Ibérica, ligava-se à mesma história, embora fosse independente e estivesse fortemente empenhado, na segunda metade do século xv, na descoberta das rotas marítimas para a Índia. O país havia igualmente sofrido a invasão árabe, mas finalizara a reconquista dos reinos muçulmanos bem mais cedo, em 1249. No fim do século xv, havia ainda uma população muçulmana em Portugal, bem como uma importante comunidade judaica, reforçada pela chegada de vários judeus da Espanha a partir de 1492.

Dom Manuel, rei de Portugal e genro dos reis católicos, adotou progressivamente a política de unificação religiosa levada a cabo por seus poderosos vizinhos. Em 1497, os muçulmanos e os judeus de Portugal foram expulsos ou obrigados a se converter. As sinagogas e as mesquitas foram transformadas em igrejas. No entanto, os batismos forçados eram contestados, pois não era dada nenhuma instrução anterior sobre a nova fé e, na opinião de alguns teólogos, o sacramento obtido à força não tinha validade. Os conversos ou cristãos-novos que recorreram ao papa lograram não ser molestados por sua fé durante vinte anos, prazo que deveria lhes permitir conhecer melhor a nova religião e corrigir seus erros. Os cristãos-novos, que formavam uma parte considerável da burguesia mercantil portuguesa, ligaram-se muitas vezes pelos laços do matrimônio à alta nobreza, convertendo-se, assim, em financiadores da aventura marítima do reino. Começaram a atrair uma hostilidade popular crescente. Em 1506, deflagrou-se um pogrom extremamente violento em Lisboa por três dias, fazendo milhares de vítimas.

Contudo, o tribunal da Inquisição portuguesa só seria criado em 1536. Os papas do Renascimento, que receberam muitos apelos, receavam conceder a Portugal o instrumento do qual os soberanos espanhóis haviam lançado mão para fortalecer seu poder religioso. A patronagem, ou seja, a gestão da organização material e, particularmente, do dízimo, principal imposto da Igreja que beneficiaria os territórios ultramarinos de Castela e de Portugal, já figurava como uma concessão importante. Finalmente instalado depois de inúmeras negociações diplomáticas, o tribunal português tinha como missão vigiar e punir os cristãos-novos judaizantes. A obsessão antijudaica da Inquisição portuguesa acabaria multiplicando as perseguições e as condenações à morte na fogueira.

Em 1542, o papa Paulo III decidiu criar igualmente um tribunal do Santo Ofício romano com uma jurisdição, em princípio, de alcance universal, mas que visava, primeiramente, os territórios papais. O principal objetivo dessa Inquisição italiana era lutar contra a disseminação das ideias da Reforma. Nasciam, assim, as três Inquisições modernas: a espanhola, a portuguesa e a italiana.

A Inquisição se distinguia dos outros tribunais de justiça pelos procedimentos, fundados no sigilo das acusações e das testemunhas, no princípio da confissão das culpas por parte do acusado e na reeducação do desviante que deveria reconciliar-se com a Igreja depois de cumprir sua pena. Examinando detalhadamente o processo de Páscoa, explicarei, à medida que avançarmos, o procedimento inquisitorial.

A Inquisição perseguia os crimes de heresia, mas essa categoria nem sempre é evidente aos nossos olhos. Por que uma escrava casada pela segunda vez, enquanto o primeiro cônjuge continuava vivo, era alvo da justiça daquela instituição? Para os contemporâneos, os delitos condenados pela Inquisição eram conhecidos, pois figuravam numa lista denominada "édito de fé", regularmente lida nas paróquias por ocasião das festas religiosas. Na leitura do édito, cada fiel era convidado a delatar indivíduos que fossem culpados daqueles crimes e, caso não o fizesse, corria o risco de se tornar ele mesmo suspeito de cumplicidade.

No mundo português, a fidelidade ao judaísmo constituía o principal delito perseguido, e todo cristão-novo de origem judaica era naturalmente suspeito. A fé islâmica era igualmente punida: contam-se 274 processos da Inquisição portuguesa por maometismo nas décadas de 1550 e 1560. O tribunal ia também ao encalço de todos que proclamavam ideias suspeitas em relação à fé e que podiam ser "cristãos velhos", ou seja, sem ascendência judaica ou muçulmana por várias gerações. Por essa razão, houve, em meados do século XVI, processos contra humanistas e universitários, como o de Damião de Gois, eminente figura intelectual discípulo de Erasmo. Possuir livros proibidos ou professar o conjunto de ideias condenadas pela Igreja, especialmente as opiniões protestantes, eram igualmente alvo do tribunal da fé. Também um determinado número de propostas "populares" podiam desencadear um processo. Mostrar-se incrédulo com relação à virgindade de Maria ou expressar alguma forma de indiferença religiosa ("cada um se salve em sua fé") eram atitudes passíveis de condenação. Decerto, para esses delitos de opinião popular, as penas eram relativamente leves, porém, os indivíduos saíam manchados pela vergonha de terem sido alvos de um processo.

A bigamia fazia parte dos crimes a serem julgados pelo tribunal, mesmo se alguns bispos considerassem que competia mais a eles realizar tais julgamentos, como todos os demais assuntos relacionados aos casamentos. A bigamia era definida pela Inquisição como o fato de se casar uma segunda vez, estando ainda vivo o primeiro cônjuge. Os bígamos eram suspeitos de uma leve heresia contra a fé católica, pois, ao se casar de novo, haviam pecado, não contra à moral, mas contra o sacramento do matrimônio, indissolúvel. Um viúvo ou viúva podia casar-se novamente, pois considerava-se que Deus, através da morte, desfizera o vínculo anterior. A doutrina da indissolubilidade do casamento era comandada pelo evangelho segundo Mateus: "O que Deus uniu, ninguém o separe" (Mateus, 19:6). Assim, Páscoa não estava sendo perseguida por ser uma mulher volúvel, mas por ter pecado contra o sacramento do matrimônio, casando-se novamente enquanto o seu primeiro marido permanecia vivo.

Os primeiros processos inquisitoriais por bigamia ocorreram em Portugal a partir de 1540 e, ao longo de três séculos de existência do tribunal, os bígamos foram perseguidos. Existem setecentos processos dessa natureza em toda a história da Inquisição portuguesa, o que os torna a segunda causa dos processos, depois do judaísmo. A maioria dos processos por bigamia era julgada pelo tribunal de Lisboa: refletiam a geografia imperial, a intensa circulação existente no mundo português que permitia a alguns indivíduos refazer sua vida em outro lugar. A maior parte dos bígamos compunha-se de homens (81% dos casos).

Na lógica inquisitorial, outros delitos assemelhavam-se à bigamia por também representarem um desrespeito aos sacramentos da Igreja. Era o caso do crime de solicitação, quando os padres aproveitavam-se da intimidade da confissão auricular para solicitar atos sexuais a suas ovelhas. No entanto, situando-se no limite do delito contra a moral, foi na qualidade de pecado contra a fé, por falta de respeito para com o sacramento da confissão, que o crime de solicitação era condenado. Da mesma forma, os falsos padres podiam igualmente cair nas malhas da justiça inquisitorial, pois pecavam contra o sacramento da ordem.

As crenças mágicas e supersticiosas, consideradas pelo tribunal como pactos com o diabo, não constituíam um alvo privilegiado, contrariamente às ideias correntes sobre a Inquisição. Houve menos caça às bruxas nos países onde existia Inquisição do que naqueles onde a justiça civil as perseguia. Nota-se, assim, certa indulgência do tribunal com relação a esse tipo de crime e, sobretudo, uma forma de indiferença, desde que as práticas não causassem perturbação à ordem pública. Porém, alguns escravos ou libertos africanos foram condenados por cometerem esse tipo de delito. Assim, escravos do Brasil nascidos na África como Domingos Álvares ou Luzia Pinta foram punidos por suas práticas religiosas africanas, consideradas pelo tribunal como feitiçaria.

A sodomia foi um dos crimes mais severamente punidos pela Inquisição portuguesa. Tida como pecado contra a natureza, era alvo de perseguições e podia receber a pena de morte. Encontram-se nos arquivos dos tribunais 4 mil acusações, prova de que a população sofria da mesma obsessão do tribunal contra os homossexuais. Houve 550 processos, sinal de que várias delações não tiveram continuidade. No caso da bigamia, o número de denúncias foi menor, porém, os processos, mais frequentes. As sentenças por crime de sodomia eram mais severas do que contra a bigamia, e existem trinta casos de aplicação da pena capital.

## A inquisição de Lisboa em Salvador

A cena da denúncia de Páscoa deu-se na residência de Antão de Faria Monteiro, comissário da Inquisição de Lisboa. Na realidade, embora fosse capital do Estado do Brasil desde 1548 e sede do arcebispado desde 1676, a cidade nunca contou com um tribunal da Inquisição permanente. Tanto o Brasil como Angola, bem como o conjunto das terras portuguesas do mundo atlântico, dependiam do tribunal de Lisboa. Em Portugal, dois outros tribunais dividiam os territórios entre si: Coimbra para o norte, Évora para o sul. Em 1560, um tribunal foi criado em Goa para o Estado da Índia, que designava todos os territórios portugueses situados para além do Cabo da Boa Esperança. Trata-se do primeiro tribunal da Inquisição fora da Europa, bem anterior aos de Lima e do México (Cidade do México), fundados em 1571 no mundo espanhol. No século XVI, além da ocupação portuguesa no Brasil, o desinteresse da Coroa por essa terra de papagaios e de indígenas sem fé, a relativa proximidade com Portugal, entre outras coisas, explica o fato de Goa ter sido escolhida para instalação de um tribunal inquisitorial.

O Brasil enriquecia paulatinamente, até tornar-se uma colônia de povoamento a partir dos anos 1570, com o desenvolvimento da cana-de-açúcar. O grande número de cristãos-novos presentes na região devia-se às penas de exílio e também à imigração voluntária. Várias famílias de origem judaica estavam envolvidas no tráfico negreiro e na economia açucareira por meio de redes importantes que se desenvolveram, primeiro, com os portos dos Países Baixos e, depois, na esfera da monarquia ibérica quando, a partir de 1581, deu-se a unificação das coroas portuguesa e espanhola.

A presença do tribunal no território da colônia brasileira era, no entanto, intermitente. Assim, um "visitador", nome dado aos inquisidores de passagem, permaneceu no Brasil entre 1591 e 1595: judaizantes, bígamos, cristãos adeptos de ritos indígenas eram denunciados e julgados *in loco*, e uma cerimônia de reconciliação, chamada auto da fé, foi celebrada na catedral de Salvador em 1593. Uma segunda visita ocorreu entre 1619 e 1620, outras se seguiram na metade do século.

A partir de 1605, uma rede de "familiares" foi igualmente estabelecida na colônia; tratava-se de leigos a serviço do tribunal, mas que, embora voluntários, recebiam privilégios honoríficos de grande prestígio em Portugal e nos territórios ultramarinos. O número de familiares era bastante expressivo, aumentando sempre, em sinal de apoio da população ao tribunal. Nós os veremos em ação no processo de Páscoa, por exemplo, no momento em que foi presa.

Logo, a Inquisição nunca esteve totalmente ausente do Brasil; encontrava-se presente de modo intermitente a partir da última década do século XVI até a última década do século XVII, graças à implantação progressiva de uma rede de familiares e à presença dos visitadores.

O século foi bem agitado, com a ocupação holandesa em 1624 na Bahia e, em seguida, de 1630 a 1654, na região de Recife, Pernambuco. Em 1640, Portugal rompeu com a Espanha e uma nova dinastia, a dos Bragança, instalou-se no trono em Lisboa, provocando uma violenta guerra que só se encerraria em 1668. O papa, não querendo desagradar o rei da Espanha, só viria a reconhecer a nova dinastia dos Bragança na ocasião em que foi selada a paz entre os dois reinos. Tais acontecimentos paralisaram todas as reformas eclesiásticas no mundo português. A criação de paróquias e de bispados no Brasil, suspensa naquele intervalo, não seria retomada antes de 1676, com a elevação da diocese da Bahia à arquidiocese e a criação das dioceses do Rio de Janeiro e de Olinda.

Progressivamente, a instalação de um tribunal da Inquisição no Brasil ia se tornando oportuna. Em 1692, ou seja, um ano antes de Páscoa ser denunciada por seu senhor, o tribunal de Lisboa nomeou dois comissários permanentes, na Bahia e em Pernambuco. O comissário foi escolhido pelo tribunal de Lisboa entre os padres locais para agir em seu nome. Ele representava esse órgão nos locais onde não estivesse presente. Antão Farias Monteiro era o comissário da Inquisição de Lisboa e, nesta qualidade, recebeu a denúncia de Francisco Álvares Távora.

Portanto, naquele final do século XVII, havia no Brasil um clima propício à ação do tribunal:[3] dali em diante, os comissários entraram definitivamente em ação e o número de pedidos para obter o título de familiar aumentou significativamente. A partir da última década, o Brasil tornou-se um mundo vigiado de modo cada vez mais eficaz pela Inquisição. Nos autos da fé celebrados em Lisboa no século XVIII, os condenados originários do Brasil passaram a representar cerca de um quinto a um quarto do total. Redes de judaizantes foram desmanteladas a partir do início do século XVIII no Rio de Janeiro e na Paraíba; até essa data, eles se mantiveram na crença de que o Brasil era para eles um refúgio seguro.

A denúncia de Páscoa por bigamia é representativa dessa presença mais efetiva do tribunal na sociedade baiana. Em julho de 1693, Francisco Álvares Távora delatou sua escrava, afirmando temer a Deus. De fato, desde o ano anterior, data da chegada do comissário em Salvador, os éditos de fé foram regularmente lidos nas paróquias, e muitos fiéis ouviram falar do novo comissário da Inquisição de Lisboa em exercício na

---

3 B. Feitler, *Nas malhas da Consciência: Igreja e Inquisição no Brasil* e A.C. Rodrigues, *Igreja e Inquisição no Brasil, agentes, carreiras e mecanismos de promoção social-século XVIII.*

cidade com a função de receber as denúncias. A de Francisco Álvares Távora foi bem precisa. Representante da lei enquanto notário da cidade da Bahia, ou seja, Salvador, ele retomou, palavra por palavra, a definição da bigamia, tal como figurava no édito de fé: Páscoa foi denunciada pelo crime de bigamia, pois contraiu matrimônio na Bahia com o escravo Pedro, enquanto seu primeiro marido Aleixo, com o qual havia se casado em Angola, ainda era vivo.

O notário da cidade preferiu antecipar-se: foi pessoalmente delatar sua escrava Páscoa pelo crime de bigamia, crime pelo qual o Santo Ofício reivindicava a jurisdição. Na verdade, Francisco Álvares Távora não teve escolha, já que algumas pessoas vindas de Angola, dentre elas duas testemunhas que o acompanharam – seu primo Luis Álvares Távora e o capitão Alexandre de Britto Machado –, reconheceram Páscoa e recordaram-se que ela já era casada em Angola. Se o senhor não denunciasse sua cativa, tornaria-se cúmplice e correria o risco de ele mesmo ser considerado suspeito pelo tribunal. As duas testemunhas provenientes de Angola haviam, sem dúvida, decidido fazer a denúncia por conta própria, caso o senhor da escrava se recusasse a fazê-lo. Uma denúncia feita ao Santo Ofício significava provar o zelo da fé, reivindicar uma melhor posição na sociedade, eventualmente, um título de familiar, ou ainda evitar, possivelmente, algum tipo de suspeita. A eficácia do tribunal residia nessas denúncias espontâneas que constituíram a marca do clima de medo diante da temerosa justiça inquisitorial. Uma pobre mulher escravizada pagaria por isso.

A denúncia de uma escrava feita pelo seu próprio senhor ao tribunal do Santo Ofício nos convida a ver como se davam as relações entre senhores e escravos e os seus lugares respectivos na cidade de Salvador.

## Senhores e escravos na Bahia no final do século XVII

Os viajantes estrangeiros que descobriram a Bahia e a cidade de Salvador no fim do século XVII deixaram relatos interessantes sobre a presença maciça de escravizados e sobre as relações entre senhores e escravos.[4] Esses olhares externos, em geral, se marcavam por incompreensão diante daquele mundo onde o número de negros era maior do que o de brancos e onde, apesar das relações de dominação, as formas de interação social entre senhores e escravos eram variadas. A descrição dos viajantes retratava a cidade de Páscoa e de seu senhor no momento da denúncia; a estupefação dá a medida do caráter original da sociedade escravista do Brasil. Na época, os estrangeiros não tinham autorização para entrar na colônia portuguesa e, excepcionalmente, somente eram toleradas visitas de curta duração.

François Froger, jovem engenheiro membro de uma expedição francesa que se dirigia ao Peru, passou pela Bahia de 20 de junho a 7 de agosto de 1696, e assim descreveu a cidade:

> A Bahia de todos os Santos pode passar por uma das maiores, das mais belas e das mais adequadas do mundo; ela pode conter mais de dois mil navios (...), ali constroem-se belos navios, havia um nos canteiros para mais de sessenta peças de canhão.
>
> A cidade de São Salvador, que está situada nesta baía, é grande, bem construída e bastante populosa, mas sua

---

4 P. Verger cita *in extenso* esses viajantes. Ver *Flux et reflux de la traite des nègres entre le golfe de Bénin et Bahia de Todos os Santos, du dix-septième au dix-neuvième siècle*, notas do cap. 2.

estrutura não é conveniente: ela é alta e baixa, quase não há ruas retas; é a capital do Brasil, sede de um bispo e de um vice-rei.

(...) Os habitantes (com exceção do povo miúdo, que é de extrema insolência) são limpos, civilizados e honestos; são ricos, amam o comércio, e a maior parte é de raça judia: assim, quando um habitante deseja fazer de um dos seus filhos um eclesiástico, é obrigado a trazer a prova da fé cristã dos seus antepassados, como os cavaleiros de Malta da sua nobreza.

Amam o sexo à loucura e não poupam nada às mulheres que, aliás, inspiram piedade; pois nunca veem ninguém, e só saem aos domingos ao nascer do dia para ir à Igreja; são extremamente ciumentos, e é uma questão de honra para um homem apunhalar sua mulher, quando convencido de sua infidelidade: o que jamais impediu, contudo, várias delas de dispensarem favores a nossos franceses, cujos modos sedutores e livres elas muito apreciam.

Como a cidade é alta e baixa, e, por conseguinte, as carruagens são impraticáveis, os escravos fazem função de cavalos, e transportam de um lugar ao outro as mercadorias das mais pesadas; é por essa mesma razão que o uso do palanquim é bem comum. É uma rede coberta por um dossel bordado, carregado por dois negros por meio de uma longa vara, na qual é suspenso pelas duas extremidades; as pessoas de elevada condição são transportadas assim até a igreja, em suas visitas, e mesmo até o campo.

As casas são altas, e quase todas de pedra talhada e tijolos; as igrejas são enriquecidas de douraduras, de pratarias, de esculturas, e de um número infinito de belos ornamentos...[5]

---

5 F. Froger, *Relations du Voyage de M. de Gennes au détroit de Magellan fait en 1695,1696, 1697*, p. 129s.

Sobre a questão dos escravos, o viajante inglês William Dampier, que esteve em Salvador de 25 de março a 4 de abril de 1699, escreveu:

> De fato, com exceção das pessoas de classe mais baixa, são raros os habitantes que não tenham escravos em casa. Os mais ricos possuem escravos dos dois sexos para servi-los em suas residências, e têm, para seu prestígio, escravos homens que os acompanham, seja correndo ao lado dos cavalos quando viajam para fora, seja para levá-los a passeio aqui e acolá em seus ombros na cidade, quando vão fazer uma visita curta, perto de casa. (...)
>
> Os escravos negros são tão numerosos nessa cidade que formam a grande maioria dos habitantes. Cada residência tendo, conforme já dito, homens e mulheres, os portugueses que são solteiros mantêm essas mulheres negras como amantes, apesar de saberem o perigo que correm de serem envenenados por elas caso lhes deem razões para provocar ciúme. Um cavalheiro meu conhecido, que teve relação próxima com sua cozinheira, sentia em relação a si um temor dessa natureza quando eu estive lá.[6]

Os viajantes estrangeiros espantavam-se, pois, com o grande número de escravos, homens e mulheres, e observavam ainda que, na Bahia, não era necessário ser rico para possuí-los, o que era verdade. Os viajantes comentaram sistematicamente as relações íntimas que as mulheres negras mantinham com os homens brancos, evocando, igualmente, o poder de sedução e o medo que elas suscitavam por conhecerem feitiços. Tal temor não era exclusivamente um fantasma dos estrangeiros: o juiz do

---

6 W. Dampier, *Voyages (faits en 1699)*, t. II, p. 385. Ver P. Verger, op. cit., p. 89–90.

tribunal superior de SALVADOR, Cristovão de Burgos, redigiu um relatório em 1681 sobre os escravos e os negros livres, capazes de matar os brancos pelo conhecimento que tinham dos venenos.[7]

O clima lascivo reinante na colônia chocava os estrangeiros. A fórmula empregada por Froger – "eles amam o sexo à loucura" – significava que os homens baianos apreciavam as mulheres e o amor. Os viajantes comentavam obsessivamente essa impressão de liberdade sexual e o número de prostitutas era destacado em vários documentos. A grande quantidade de nascimentos ilegítimos retratava essas relações "ilícitas", extramaritais. A presença de mestiços era uma prova das relações sexuais entre homens brancos e mulheres negras, bem como, em alguns casos, entre mulheres brancas e homens negros. A história de Páscoa, como se verá, inscreve-se nesse clima, já que confessou aos inquisidores uma antiga relação ilícita com o filho do seu senhor quando ela chegou da África.

Outra fonte confirma os laços que podiam existir entre senhores e mulheres escravas: a legislação multiplicou os decretos para proibir as escravas de usarem roupas de luxo e joias. Assim, uma carta de 20 de fevereiro de 1696 do rei de Portugal ao governador do Brasil estipula:

> Mandando-se ver e considerar o que me representastes por carta vossa de 24 de junho do ano passado em ordem do luxo de que usam no vestir as escravas desse Estado; e desejando evitar os excessos e o ruim exemplo que dele se segue à modéstia e compostura das senhoras das mesmas escravas e da sua família, e outros prejuízos igualmente graves; fui servido resolver que as escravas de todo esse Estado do Brasil,

---

7 S. B. Schwartz, *Sovereignty and Society in Colonial Brazil. The High Court of Bahia and its Judges 1609–1751*, p. 248.

em nenhuma das capitanias dele, possam usar de vestido algum de seda, nem se sirvam de cambraias ou holandas, com rendas ou sem elas, para nenhum uso, nem também de guarnição alguma de ouro ou prata nos vestidos. E esta proibição mandareis publicar por editais, para que venha à notícia de todos, impondo aos senhores e às escravas aquelas penas que lhe parecerem adequadas e eficazes para a sua observação.[8]

Uma nova lei de 1703 proibiu as mulheres escravas de se adornarem de seda e ouro, afirmando que se tratava de "assim lhes retirar a ocasião de incitar aos pecados tendo em vista os ornamentos custosos de que se vestiam".[9] A multiplicação dessas leis revelava sua ineficácia, bem como era prova de sua importância: a prostituição das mulheres escravas aparecia como sendo a causa de uma grande desordem das famílias e da sociedade no seu conjunto. Os detalhes daqueles decretos, que chegavam ao ponto de mencionar os tecidos delicados e as rendas de cambraia, permitem imaginar a elegância de algumas daquelas mulheres e a riqueza da cidade de Salvador.

Naquele final do século XVII, Salvador era o maior centro administrativo e comercial da colônia, e possuía entre 20 e 30 mil habitantes. A população negra era majoritária, chegando sem dúvida a 60% e 70% do total. Sabe-se, através de um recenseamento, que a população da paróquia urbana de Nossa Senhora da Conceição, que era de 4.938 pessoas, dos quais 2.820 eram escravos, ou seja, 57%, aos quais se acrescentavam os negros libertos e mulatos livres.[10]

---

8 Carta real de 20 de fevereiro de 1696. S. H. Lara, "Legislação sobre escravos africanos na América portuguesa", in J. Andrés-Gallego (coord.), *Nuevas aportaciones a la historia jurídica de Iberoamérica*, p. 208.

9 Ibid., p. 221.

10 S. B. Schwartz, op. cit., p. 242.

Os escravos encarregavam-se principalmente do transporte de homens e de mercadoria entre a cidade baixa, voltada para o porto e as atividades comerciais, e a cidade alta, onde se localizavam os órgãos da administração colonial, as igrejas e conventos, e as residências aristocráticas. Um pouco distante do centro, encontravam-se os fortes e o arsenal (onde se construíam os navios), povoados de soldados, de trabalhadores e também de escravos. Em Salvador, praticava-se também a pesca da baleia para extração do óleo. Os escravos trabalhavam no pequeno comércio, especialmente as mulheres; certas atividades, como a de cirurgião-barbeiros, eram por eles exercidas. Eram ainda empregados em atividades ligadas à limpeza da cidade. Enfim, os escravos trabalhavam também nas residências, as mulheres como criadas, e os homens como cocheiros, jardineiros e cozinheiros. Na cidade, existia o sistema do *ganho*: os escravos alugavam sua força de trabalho, ganhavam uma determinada soma de dinheiro, devolviam-na a seus senhores guardando às vezes uma parte para si. Os escravos de *ganho* nem sempre viviam nas casas de seus senhores e podiam, assim, dispor de maior autonomia.

A riqueza da cidade devia-se à intensa atividade agrícola de seu território, o Recôncavo, nome dado às terras localizadas em torno da Baía de Todos os Santos. Salvador vivia da exportação de açúcar, aguardente e tabaco. Tais produtos eram enviados à Europa, e esse comércio fez a riqueza da cidade. A produção de açúcar continuou sendo importante, mesmo depois de Salvador ter perdido a posição de principal centro produtor para a concorrência das Antilhas. O açúcar era produzido no Recôncavo em centenas de engenhos – em 1630 o número elevava-se a 350. Era transportado de barco até Salvador e depois embarcado para a Europa. Os engenhos empregavam em média uma centena de escravos e eram ao mesmo tempo unidades de produção agrícola da cana-de-açúcar e centros industriais de refinamento.

A aguardente e o tabaco também eram destinados aos mercados africanos. Na realidade, existia um intenso tráfico de escravos que se fazia em transações diretas entre o Brasil e a África. O Brasil não constituiu uma etapa do comércio triangular, mas um polo de intercâmbio direto com a África; são as viagens em linha reta. A maioria dos escravos africanos que chegavam a Salvador eram, a partir de então, originários da Costa da Mina, ou Costa do Benim, cujo porto mais importante é Uidá, e não dos portos de Angola, de onde veio Páscoa. O tabaco de terceira categoria produzido na Bahia era muito apreciado na Costa da Mina, como também os tecidos de algodão, chamados de indianas, que eram enviados diretamente da Ásia pelos navios comerciais da rota das Índias (a célebre *Carreira da Índia*), que fazia escala em Salvador. Pierre Verger destacou a predominância dos navios negreiros provenientes da Costa da Mina que chegaram à Bahia no final do século XVII.[11]

| Número de navios negreiros que partiram | | |
|---|---|---|
| | da Costa da Mina | de Angola |
| 1681-85 | 11 | 5 |
| 1686-90 | 32 | 3 |
| 1691-95 | 49 | 6 |
| 1696-1700 | 60 | 2 |
| 1701-05 | 102 | 1 |

A importância dos escravos na economia da cidade do território baiano é atestada por diversas fontes. Os registros contêm informações sobre os batismos dos adultos originários da África e permitem conhecer as nações africanas dos desembarcados. A correspondência oficial da colônia com as autoridades de Portugal trazia inúmeras disposições sobre o

11 P. Verger, op. cit.

comércio e o transporte dos escravos, sobre sua vida cotidiana e, particularmente, sobre a questão dos castigos excessivos. É possível saber o preço médio de um escravo na compra, pois a Coroa, que alugava os cativos para os trabalhos de descarga dos navios, se perguntava se não seria mais judicioso comprá-los, mesmo se essa medida comportasse riscos, caso eles viessem a morrer de insolação. Em 1682, um escravo homem custava cerca de cinquenta mil réis e sua alimentação diária saía a trinta réis; alugá-lo custava oitenta réis por dia.[12] Nos anos seguintes, esse preço médio só aumentaria, sobretudo depois da descoberta do ouro no interior. Em 1720 estimava-se que o preço médio de um escravo era de duzentos mil réis, ou seja, o quádruplo do preço mencionado. A história de Páscoa é contemporânea desse período de penúria e de aumento do preço dos escravos.

Salvador vivia igualmente de suas funções como capital do Brasil: atividades administrativas com o tribunal da *Relação* da colônia, tribunal da corte de apelação, e também com o tribunal intermediário do Ouvidor, que servia de centro fiscal. O tabelião da cidade, Francisco Álvares Távora, estava ligado a essa atividade administrativa e jurídica. Ele autenticava documentos, função muito importante naquela sociedade burocrática e iletrada. Contratos, cartas de alforria, promessas de casamento, reconhecimentos de dívidas: os documentos autenticados tinham um papel essencial na vida social. O ofício de tabelião era considerado intermediário, ao lado do inspetor do mercado, ainda que, como veremos, o senhor de Páscoa, Francisco Álvares Távora, parecia ser uma figura relativamente importante. Ele possuía pelo menos

---

12 Solicitação de 7 de novembro de 1682 e resolução de 24 de novembro de 1682, in S. H. Lara, op. cit., p. 451-452.

dois escravos, Páscoa e seu marido Pedro, e sua rede familiar estendia-se em escala atlântica, pois seu primo chegara de Angola. Acima desses funcionários menores ou médios encontravam-se os juízes do tribunal da Relação, formados em direito na Universidade de Coimbra, que possuíam status de oficiais superiores.

O governador residia em Salvador, capital política da colônia, que tinha o título de Estado do Brasil, unidade administrativa do império português. A cidade era também uma capital eclesiástica, sede do bispado a partir de 1551, do arcebispado a partir de 1676, e depois do comissário permanente da Inquisição de Lisboa a partir de 1692. O colégio jesuíta, magnificamente reconstruído em 1672, possuía uma riquíssima biblioteca e constituía um lugar de ensino de qualidade. Embora a colônia brasileira não possuísse universidade que pudesse conferir graus acadêmicos nem imprensa, a cidade de Salvador no século XVII tinha prestígio intelectual e grandes escritores, como o jesuíta Antônio Vieira (1608-1697) ou o poeta satírico Gregório de Matos (1636-1696), que ali viveram.[13] Em 1699, existiam treze igrejas na cidade, dentre as quais um grande convento franciscano e um convento de carmelitas. A Casa da Misericórdia desempenhava um papel essencial na organização da caridade e dos cuidados hospitalares. Os suntuosos cenários religiosos e a espetacular demonstração de fé eram características de uma cultura barroca. Mais uma vez os viajantes europeus se surpreendiam, quando não se chocavam, com essa tal *mise en scène* da devoção.

---

13 A. J. R., Russell-Wood, *Fidalgos and Philanthropists. The Santa Casa da Misericordia of Bahia, 1550–1755*, cap. 3.

## CRISTIANISMO E ESCRAVIDÃO NO BRASIL

Enquanto os viajantes se indignavam ou se extasiavam com o relaxamento dos costumes que parecia reinar na cidade de Salvador, a história do casamento dos escravos Páscoa e Pedro poderia soar paradoxal. Por muito tempo, aliás, os historiadores negligenciaram a questão do casamento de escravos, pois parecia evidente, sobretudo a partir das fontes dos viajantes estrangeiros, que os escravos não se casavam e que as mulheres escravas destinavam-se apenas ao prazer sexual de seus senhores.

No entanto, a escrava Páscoa é casada com Pedro, outro escravo de seu senhor. O casamento era frequente entre os escravos? Nem todos eram casados, mas o casamento, segundo a Igreja, era aberto aos escravos por serem, em princípio, cristãos como os outros.

Os olhares estrangeiros impressionavam-se não somente com a devoção dos portugueses que se assemelhava, segundo eles, a formas de superstição, mas também com a coexistência no Brasil da escravidão e da religião. Foi o que mais surpreendeu Amédée François Frézier, marinheiro enviado a soldo do rei da França para cartografar a América do Sul e que esteve em Salvador entre os meses de maio e junho de 1714:

> Dezenove vigésimos das pessoas que se vê aqui são negros e negras inteiramente nus, exceto pelas partes que o pudor obriga a cobrir de modo que esta cidade parece uma nova Guiné. Com efeito, as ruas estão repletas de figuras hediondas de negros e negras escravas, que a indolência e a avareza, muito mais que a necessidade, transplantaram das costas da África para servir à magnificência dos ricos, e contribuir ao ócio dos pobres, que descarregam sobre aqueles o seu trabalho; de modo que para cada branco existem vinte negros.

> Quem acreditaria! Há estabelecimentos lotados desses pobres infelizes expostos nus e comprados como se fossem bestas, sobre os quais adquire-se o mesmo poder (...). Não sei como se pode combinar tal barbárie com os preceitos da religião, que os tornam membros do mesmo corpo que os brancos, a partir do momento em que são batizados e elevados à digna condição de filhos de Deus (...). Os portugueses são cristãos com grande ostentação de religião, mais ainda que os espanhóis; a maioria caminha pelas ruas com um rosário nas mãos, com Santo Antônio no estômago, ou pendurado no pescoço (...). Efetivamente, esses sinais exteriores de religião são muito equívocos entre eles, não só por uma questão de verdadeira probidade, mais ainda pelos sentimentos católicos; em geral servem para encobrir, aos olhos do público, um grande número de judeus dissimulados...[14]

A opinião de Amédée François Frézier revela uma forma de incômodo ou de incompreensão. Para o viajante, aquela sociedade ao mesmo tempo impregnada de religião, e que praticava tão abertamente a escravidão, era algo paradoxal, quando não escandaloso. O francês, pouco acostumado a ver homens e mulheres negras, teve a sensação de que a cidade de Salvador era uma pequena África onde os negros representariam 95% da população, o que era uma cifra exagerada. Seus olhos ficavam chocados não só com "figuras hediondas de negros", como também com a "barbárie" da escravidão. Ele anotou que aqueles homens rebaixados à condição de "bestas" eram, igualmente, pelo batismo, "filhos de Deus" e membros do "mesmo corpo", ou seja, da mesma Igreja, que os brancos. Deduzia que o cristianismo dos

---

14 A. F. Frézier, *Relation du voyage de la mer du sud*, t. II, p. 521 ; ver P. Verger, op. cit., p. 90.

portugueses era pura superstição e que não passavam de "judeus dissimulados". Tal alusão mostra o peso da Inquisição e a obsessão antissemita presente naquela sociedade.

Porém, essa descrição, extremamente negativa, constitui uma boa introdução para se compreender o ambiente de Salvador na virada do século XVII. O que chocava o viajante francês de 1714, já marcado pelo novo clima intelectual e religioso da "crise da consciência europeia",[15] era a dupla presença do cristianismo espetacular e da escravidão, que fazia parte do cotidiano da cidade de Salvador.

Apesar das duras condições de vida, os escravos eram de certa maneira considerados cristãos como os outros. Eram batizados, tinham o direito de se casar na Igreja, confessavam-se e comungavam uma vez por ano, recebiam a extrema-unção, tinham direito ao funeral cristão. A Igreja do Brasil e notadamente o grande orador jesuíta Antônio Vieira, que viveu seus últimos anos no colégio de Salvador, defendia um mundo em que os homens podiam ser ao mesmo tempo escravos e "filhos de Deus". O célebre sermão do jesuíta a uma confraria de negros, pronunciado em 1633 durante a festa de São João Batista, porém reescrito ao longo de sua vida e particularmente na última década do século, quando o velho jesuíta trabalhava na publicação de seus sermões, desenvolveu o tema dos escravos cristãos e membros do corpo da Igreja, apesar da escravidão. Como todos os homens, os cativos eram filhos da Virgem Maria, membros de Cristo e da Igreja:

> Saibam pois os Pretos, e não duvidem que a mesma Mãe de Deus é Mãe sua..., e saibam que com ser uma Senhora tal soberana

15 A expressão significa a passagem de uma consciência marcada pelo dogma e pelas certezas num período marcado pela dúvida e pela razão e remete ao título da obra de Paul Hazard, de 1935. *La Crise de la conscience européenne (1680–1715)*.

é Mãe tão amorosa, que assim pequenos como são, os ama, e tem por filhos (...). E como todos os Cristãos, posto que fossem gentios, e sejam escravos, pela Fé e Batismo estão incorporados em Cristo, e são membros de Cristo; por isso a Virgem Maria, Mãe de Cristo, é também Mãe sua; porque não seria Mãe de todo Cristo, se não fosse Mãe de todos seus membros.[16]

Os escravos eram em seguida comparados à figura de Cristo, que também sofrera na terra e recebera chibatadas. Os cativos ganhavam na terra a sua salvação graças ao sofrimento e à fidelidade a Cristo. Nesse sentido, o envio forçado de populações africanas para a América era apresentada como um meio eficaz de cristianizar essas populações que, de outra forma, seriam condenadas a permanecer pagãs. No mundo português, a cristianização dos escravos era uma questão importante, pois a sociedade escravista se pensava também como católica. Zelar pela cristianização dos escravos era, portanto, uma maneira de justificar o recurso maciço à escravização, fato que na época preocupou e até mesmo escandalizou indivíduos no seio da própria Igreja.

A legislação régia do final do século XVII era repleta de recomendações específicas acerca da vida cristã dos escravos, o que mostra a sua importância: capelães precisavam estar presentes nos navios. Escravos catequistas deviam ocupar-se em instruir os escravos que não falavam a língua portuguesa; estes podiam ganhar um dia para trabalhar em seu lote de terra, a fim de reservar o domingo à missa; e os senhores tinham a obrigação de pagar no mínimo duas missas para a alma dos escravos que morriam, ou seja, 340 réis (o equivalente a cinco dias de aluguel de um cativo).[17]

---

16 Antônio Vieira, *Sermão* XIV *da Série Maria Rosa Mística*, Bahia 1633, in *Sermões*, p. 633–658.

17 S. H. Lara, op. cit.

Os escravos e os libertos eram em sua maioria cristãos, e muitos deles reivindicavam essa identidade, especialmente por pertencerem a confrarias religiosas, única forma de associação que lhes era permitida. No fim dos anos 1680, existiam em Salvador seis confrarias religiosas de Nossa Senhora do Rosário, considerada a padroeira dos escravos, ligadas às diferentes igrejas da cidade. À exceção do capelão, que em geral era um homem branco, os confrades eram negros e alguns ocupavam funções eminentes, como juiz ou tesoureiro. As mulheres também tinham um papel de destaque. Além de uma festa anual e da missa semanal, a confraria organizava enterros decentes para seus membros, com a pompa que convinha a um cristão. Depois da morte, a confraria, muitas vezes beneficiária de generosas doações de libertos, encarregava-se da celebração de missas para os defuntos.

Tudo isso chocara Amédée Frézier e talvez hoje choque o leitor contemporâneo, mas era assim: escravos e senhores pertenciam à mesma Igreja e eram igualmente cristãos.[18] Para os eclesiásticos, o fato de ser escravo e filho de Deus era compatível, e frequentemente se fazia referência ao Império Romano e aos primeiros conversos, às epístolas de São Paulo que evocavam os escravos convertidos ao cristianismo e, principalmente, a Onésimo, escravo romano de Filémon. Os escravos eram considerados cristãos como quaisquer outros; e podiam, aliás, ser denunciados à Inquisição.

Assim, é nesse mundo particular fortemente escravista e fortemente cristão de Salvador, que uma escrava casada fora denunciada pelo crime de bigamia à Inquisição por seu próprio senhor, um notário; e foi a partir dessa denúncia que se abriu um processo inquisitorial na escala do oceano Atlântico.

---

18 No início do século XIX, com a queda do Império Iorubá, muitos escravos islamizados chegaram em Salvador, mas ainda não é o caso.

# CAPÍTULO 2

# Um inquérito judicial em escala atlântica

No dia 20 de março de 1694, oito meses depois da denúncia de Francisco Álvares Távora, o tribunal da Inquisição de Lisboa decidiu abrir uma informação judicial sobre Páscoa. O prazo justificava-se, evidentemente, pelo tempo necessário para que a denúncia, recebida em Salvador em julho de 1693, chegasse a Lisboa e fosse examinada. Dois inquisidores, Sebastião Diniz Vaz e João Moniz da Silva, escreveram ao reitor do colégio jesuíta de Luanda e ao comissário da Inquisição, Antão de Faria Monteiro, em Salvador, para pedir que se procedesse um inquérito minucioso. Nada foi deixado ao acaso, e os inquiridores de Lisboa informaram seus correspondentes exatamente sobre o procedimento a ser seguido, as testemunhas a serem interrogadas, as perguntas a serem feitas, as precauções a serem tomadas para que o inquérito fosse válido.

Em suas cartas, começaram recapitulando os fatos:

> Que nesta Mesa há informação que uma negra chamada Páscoa do Gentio de Guiné, escrava de Francisco Álvares Távora, de presente moradora na Cidade da Bahia de Todos os Santos, sendo casada e recebida em face da Igreja na forma do Sagrado Concílio Tridentino em a Cidade de Luanda, Reino de Angola, com um negro chamado Aleixo, escravo de Pascoal da Mota Teles morador na Vila de Massangano, se casara segunda vez na sobredita forma em a Cidade de São Salvador da Bahia de Todos os Santos, sendo vivo seu primeiro e legítimo marido, com outro negro chamado Pedro, escravo de Francisco Álvares Távora, fazendo com ele vida marital; e deste primeiro matrimônio sabem o dito Francisco Álvares Távora, Tabelião Público na Cidade da Bahia, Luiz Álvares Távora e o Capitão Antônio Machado de Brito.[1]

---

1 Processo de Páscoa Vieira, fólio 12.

Em seguida, pediram aos comissários de Luanda e de Salvador para interrogar, além das três primeiras testemunhas, quatro ou cinco outras pessoas dignas de confiança e "cristãs velhas", ou seja, que não fossem de ascendência judaica. Três perguntas deviam ser feitas a cada uma delas. A primeira era se sabiam por que razão o Santo Ofício as faziam comparecer. A segunda era se conheciam uma "negra chamada Páscoa". A terceira, muito mais longa, focava inteiramente no crime de bigamia, ponto que interessava os juízes:

> Se sabe [a testemunha] que a dita escrava Páscoa se casasse, e recebesse em face da Igreja por palavras de presente na forma do Sagrado Concílio Tridentino em a Cidade de Luanda Reino de Angola com um escravo chamado Aleixo, em que igreja se recebeu, perante que pároco, e testemunhas, e se depois de recebidos fizeram vida marital de umas portas adentro, por quanto tempo e se tiveram filhos, e se o dito Aleixo é ainda vivo, onde assiste, ou se é já falecido, quanto tempo lá, e em que terra e igreja foi sepultado?[2]

Os inquisidores determinaram que todos os depoimentos deveriam ser colhidos sob juramento aos Santos Evangelhos. Deveriam ser relidos pelas testemunhas que colocavam a sua assinatura ou o seu sinal quando se tratasse de mulheres (esse detalhe mostra que, para os inquisidores, era evidente que as mulheres não sabiam assinar). O tribunal solicitou, enfim, que dois padres presentes durante os interrogatórios se certificassem de que os depoimentos lhes parecessem verossímeis e dignos de fé.

---

2 Processo de Páscoa Vieira, fólio 13.

Uma vez tomados os depoimentos, os comissários se encarregavam de enviar o mais rápido possível as declarações, por duas vias diferentes, a fim de evitar qualquer extravio. Porém não deviam guardar cópia, pois todo processo inquisitorial era mantido em sigilo.

Assim, o tribunal do Santo Ofício de Lisboa preparou minuciosamente o inquérito, definindo como deveriam ser formuladas as perguntas, quais eram as pessoas habilitadas a testemunhar, os tipos de juramento. Esses acertos eram necessários para um inquérito que se desenrolava tão longe do tribunal: não se poderia esquecer uma só pergunta ou detalhe que obrigasse a refazer o inquérito. A organização prévia ao inquérito explica, igualmente, o caráter repetitivo dos depoimentos que, de maneira prudente, limitaram-se às perguntas feitas e retomavam escrupulosamente as palavras dos inquisidores. Mencionar o sigilo era sem dúvida indispensável, pois o processo inquisitorial era secreto até a sentença que, ao contrário, era pública. As pessoas denunciadas não tinham conhecimento do fato até receberem a ordem de prisão. O acusado não tinha o direito de saber por que falta o tribunal o perseguia, quais testemunhas haviam deposto contra ele, ou o teor do que disseram. Mesmo esse aspecto era um motivo de eficácia da justiça inquisitorial e uma razão de seu caráter temível e aterrador.

Nem todas as denúncias ensejavam a abertura de informação judicial, diferentemente da que foi feita por Francisco Álvares Távora. Essa, em particular, parecia ter fundamento suficiente para o tribunal de Lisboa lançar um duplo inquérito em cidades muito distantes entre si. O caso de uma escrava bígama lhes parecia digno de interesse. A máquina inquisitorial se pôs em movimento, com excepcional eficácia.

## MAIO-JUNHO DE 1694: A INFORMAÇÃO JUDICIAL EM SALVADOR

Pouco mais de dois meses depois, em 28 de maio de 1694, em Salvador, o comissário da Inquisição recebeu ordem de Lisboa e a executou no mesmo dia, convocando as testemunhas em sua residência. Seu adjunto, padre Maximiniano de Amorim do Valle, foi quem tomou os depoimentos por escrito.

Mas observemos, antes de mais nada, que as diretrizes de Lisboa circularam muito mais rápido nesse sentido do que no outro. O tempo da travessia podia ser mais curto (sessenta dias), e, em geral, era a espera pela partida da frota que prolongava o tempo da viagem. Em principio, só havia uma frota por ano, e os navios navegavam em comboio, escoltados por navios de guerra, para proteger-se de ataques inimigos. As frotas de Portugal com destino ao Brasil partiam no início do mês de abril; a carta do tribunal de Lisboa contendo a decisão de abrir o inquérito datava de 20 de março, e fora, sem dúvida, enviada imediatamente. Como a Inquisição encontrava-se definitivamente instalada em Salvador, ficou mais fácil para o comissário agir. Assim que recebeu a ordem, o funcionário pôs mãos à obra: tinha-se ali um sinal de que o comissário já sabia quem precisava convocar.

Naquele 28 de maio, cinco testemunhas compareceram: o senhor de Páscoa, Francisco Álvares Távora; seu irmão, Manoel Álvares Távora; dois jovens religiosos, o padre Francisco Ferreira de Carvalho e o padre Miguel da Costa Coito, vindos de Angola; e, enfim, o doutor João Gomes da Silva, vigário da paróquia de São Pedro, frequentada por Páscoa. Faltavam as duas testemunhas que haviam acompanhado o senhor de Páscoa no mês de julho do ano anterior, quando foi apresentada a denúncia. O secretário do tribunal esclareceu que Luiz Álvares Távora, o primo vindo de Angola e por meio do qual o caso veio à tona, retornou a Angola. O capitão Alexandre de Britto, por sua vez, voltou "à corte e à cidade" de Lisboa.

O que trazem de novo os nove depoimentos colhidos naquele dia? O dos dois jovens padres originários de Angola é interessante, não apenas pelo que relatam sobre o caso, mas também por conter indícios das densas relações que existiam entre Angola e o Brasil.

O padre Francisco Ferreira de Carvalho, de 26 anos, era originário de Massangano. Declarou que conhecera Páscoa muito bem, quinze anos antes, quando ele ainda era criança. A denúncia não havia partido dele, pois só chegara de Angola a Salvador em novembro de 1693. Foi então "que ouviu dizer que a negra Páscoa havia se casado uma segunda vez com um escravo negro de seu proprietário, enquanto o primeiro marido ainda era vivo". Miguel da Costa Coito, de 25 anos, também vinha de Massangano. Conhecia Páscoa "desde que começou a fazer uso da razão, visto ser ela originária do mesmo vilarejo". Naquela sociedade de interconhecimento, os escravos eram, portanto, bem conhecidos e reconhecidos pelos portugueses de Angola. Miguel da Costa Coito acrescentou novas informações:

> Que sabe pelo ouvir dizer geralmente em Massangano, que a dita escrava é lá casada com um negro por nome Aleixo, escravo de Pascoal da Mota Teles, com o qual tem ele testemunha notícia vivia muito mal, por cuja razão o dito Pascoal da Mota Teles a vendeu para esta Cidade; e que outrossim, na partida dele testemunha, que foi em Novembro do ano próximo passado para esta Cidade, era o dito escravo Aleixo ainda vivo na Vila de Massangano. E mais não disse e do costume nada.[3]

---

3 Processo de Páscoa Vieira, fólio 30-35.

Logo, seria em virtude do mau relacionamento entre Páscoa e seu primeiro marido, Aleixo, que o senhor de ambos teria decidido enviar Páscoa à Bahia para vendê-la. Aos poucos, a história ia tomando corpo: Páscoa, na verdade, teria sido uma esposa de "vida fácil" em Angola.

A testemunha seguinte era o senhor de Páscoa, Francisco Álvares Távora. Seu depoimento continha novas informações, principalmente a de que nascera em Portugal, no Algarve. Era tabelião público e judicial da cidade e se declarava "cidadão" da Bahia, dizendo com isso que era um burguês da cidade, com o direito de voto na câmara municipal. À pergunta sobre suas relações com a negra Páscoa, respondeu que era sua escrava havia cerca de sete anos, desde 1687. Quanto à terceira pergunta sobre o casamento, declarou:

> Disse que ele testemunha como dito tem, é possuidor da dita negra Páscoa, e dela se está servindo de suas portas adentro; e quando a dita escrava veio a ele testemunha do Reino de Angola no dito tempo que atrás disse, já ele testemunha tinha um escravo do Gentio da Mina por nome Pedro com o qual se amancebou a dita negra Páscoa; e tendo ele testemunha notícia disso, os apartou pelo melhor modo que pôde, e ambos meteram suas valias a ele testemunha para que os deixasse casar, no que este testemunha veio, por evitar o concubinato, e com efeito os mandou receber pelo pároco de sua Freguesia de São Pedro, o Doutor João Gomes da Silva, que com efeito os recebeu na forma da Igreja, e recebidos, viveram juntos das portas adentro dele testemunha, fazendo vida marital, de que não houve filhos.[4]

---

4 Idem.

Essas linhas são ricas de informações, como as de que Páscoa logo construiu um novo relacionamento com outro homem, escravo na mesma casa, quando ela chegou a Salvador. O relacionamento qualificado como concubinato era ilícito com relação à norma eclesiástica do casamento. Tratava-se de uma união consensual bastante frequente nos meios populares. Seria então possível imaginar que o senhor tencionava separá-los pelo fato de o concubinato ser proibido? No mundo baiano, o casamento não parecia ser forçosamente uma prática corrente entre os escravos. Haveria, portanto, razões para se acreditar na versão que Francisco Álvares Távora apresentou aos inquisidores: teria o próprio casal de cativos apresentado argumentos para poder se casar? Nesta versão, o senhor tentava não passar por responsável pelo casamento de seus escravos.

A fórmula utilizada pelo senhor para falar de sua escrava revelava a relação forte que os ligava: ele "possui" Páscoa, serve-se dela em sua casa. Ela era uma escrava doméstica, categoria de cativos que moram na mesma residência que seu senhor, fazem o trabalho da casa sem especificar se se tratava da cozinha, de lavar e passar roupa, da limpeza, de cuidar das crianças, do serviço da dona de casa.

A última declaração do senhor de Páscoa tratou da descoberta da bigamia de sua escrava:

> Disse que passados alguns anos, vindo de Angola um primo dele testemunha por nome Luiz Álvares Távora, e dizendo-lhe que a dita negra Páscoa era casada em Massangano com um negro por nome Aleixo, escravo de Pascoal da Mota Teles, ele testemunha os separou logo, e vendeu o dito escravo para o Doutor Fernando de Góes Barros, Provisor neste

Arcebispado e delatou o dito caso ao Comissário do Santo Ofício, o Padre Antão de Faria Monteiro.[5]

O testemunho do irmão, Manoel Álvares Távora, "que ganha a vida escrevendo", não trouxe revelações importantes. Porém, seu relato sobre como veio a saber da bigamia de Páscoa permite imaginar bem a cena:

> Disse, que o que sabe é, que vindo de Angola a esta Cidade Luiz Álvares Távora, primo dele testemunha, e recolhendo-se em sua casa; quando viu a dita escrava Páscoa, disse a ele testemunha, e a seu irmão Francisco Álvares Távora, senhor da dita escrava, que a tal escrava era casada na Vila de Massangano.[6]

Assim, um português de Angola reconhecia na casa de seu primo do Brasil uma escrava africana também originária de Angola, terra que ela deixara havia sete anos. Além de conhecer aquela mulher de vista, ele sabia inclusive qual era sua situação familiar.

Enfim, o vigário da paróquia prestou seu depoimento. João Gomes da Silva nasceu em Salvador da Bahia. Usando o título de doutor, era formado em direito canônico na Universidade de Coimbra – pois não havia universidade no Brasil. Ele declarou que conhecia Páscoa havia três ou quatro anos, pois ela frequentava a sua paróquia. O depoimento foi breve, mas trouxe um novo detalhe sobre o que aconteceu depois de descoberta a suposta bigamia:

---

5 Idem, ibid.
6 Idem, ibid.

> Disse, que o sabe, é queixar-se lhe a mesma escrava Páscoa de não querer seu Senhor Francisco Álvares Távora que ela fizesse vida com o dito seu marido, por lhe a ver dito Luiz Álvares Távora, que esta denunciada era casada em Massangano de onde o dito Luiz Álvares, tinha naquele tempo vindo, e mais não disse, e ao costume nada.[7]

Páscoa, falada por todos, aparece como uma mulher de gênio forte. Não aceitou separar-se de Pedro em silêncio, mas queixou-se ao seu vigário. Se a relação com seu primeiro marido parece ter sido difícil, o casal formado por Pedro e Páscoa era unido. Ambos haviam insistido em poder se casar e foram separados contra a vontade.

No entanto, persistia uma indagação: por que Francisco Álvares Távora denunciou sua própria escrava? Aparentemente, foi instigado por seu primo Luiz Álvares Távora que, vindo de Angola, reconheceu Páscoa e o informou de seu casamento anterior. A notícia o fez denunciar Páscoa, obrigando-o a separar os dois escravos e a vender Pedro – de maneira precipitada e possivelmente por um preço abaixo do seu valor de mercado. O tabelião vendeu o escravo para um eclesiástico, juiz no tribunal do arcebispado, um homem de lei como ele, e manteve Páscoa a seu serviço. Teria ele feito isso porque a escrava era mais útil e estimada? Ou porque, sendo suspeita aos olhos da Inquisição, seu preço teria caído? Esse tipo de dúvida é permanente, quando se pensa nos cativos e na relação sempre ambígua entre senhores e escravos, mesclada de dominação, interesse econômico e relação pessoal. O caso da bigamia desorganizou a casa de Francisco Álvares Távora. O "medo", mencionado pelo tabelião em sua denúncia, era bem real e sobrepujou outras considerações.

---

7 Idem, ibid.

## O tabelião de Salvador

A posição social de Francisco Álvares Távora explica seu desejo de não correr risco junto ao terrível tribunal de Lisboa, cuja presença em Salvador se tornou mais estável com a chegada do comissário, e, a decisão de denunciar sua escrava Páscoa assim que tomou conhecimento das suspeitas de bigamia. Uma série de cartas localizadas nos arquivos do Conselho Ultramarino em Portugal, órgão administrativo central do governo do império português, nos ajudam a conhecer melhor Francisco Álvares Távora e a compreender sua atitude.[8] Trata-se dos requerimentos endereçados pelo senhor de Páscoa ao Conselho Ultramarino e das respostas desse órgão administrativo. Esses documentos nos informam que, desde 1687, Francisco Álvares Távora recebera a serventia do cartório público e judicial da Bahia. O proprietário oficial do cargo, João Pereira do Lago, estava impedido de exercer a função, pois não vivia na cidade; residia a quatorze léguas[9] num engenho de açúcar. Em 1690, a Coroa prorrogou o direito, pois o tabelião substituto, Francisco Álvares Távora, exerceu o cargo "com toda satisfação, com verdade e conservando as mãos limpas", o que significava sem corrupção.

A cada três anos, o tabelião Távora tinha como obrigação pedir confirmação à Coroa do seu direito de substituir o proprietário do cartório e, na ocasião, pagar uma taxa que, em 1690, era de 20 mil réis. Em 1693, ele fez novamente os trâmites para prorrogar sua função. No mês de dezembro, o Conselho

---

8 Arquivo Histórico Ultramarino, Fundo Bahia, Luiza da Fonseca, documentos 3.616, 3.749, 3.730, 3.804, 3.805. Agradeço Fernanda Bicalho por me ajudar a compreender esta documentação.

9 A légua portuguesa mede cerca de 6 km: ver Anexos in S. H. Lara, op. cit., p. 698.

Ultramarino deferiu o pedido, cobrando uma taxa de 40 mil réis (o valor da taxa havia dobrado). O pedido coincidiu com a delação de Páscoa ao tribunal da Inquisição. A meu ver, os dois casos se interligavam. Ao se inteirar das suspeitas de bigamia que pesavam sobre sua escrava, Francisco Álvares Távora preferiu denunciá-la para evitar um caso que viesse a prejudicá-lo, no momento em que disputava uma nova prorrogação do cargo de tabelião público da cidade.

A documentação administrativa permite, então, definir melhor a condição social de Francisco Álvares Távora. Em 1690, ao se apresentar como simples "habitante" e não como cidadão de Salvador, explicou na súplica ao rei como lhe acontecera de ocupar a função de tabelião no lugar do antigo proprietário:

> Pede a Vossa Majestade lhe faça mercê mandar passar provisão da serventia do dito ofício enquanto o dito proprietário o não puder servir e ele suplicante não estiver inteiramente pago de sete mil cruzados que lhe emprestou para fornecimento do seu engenho, sem o qual empréstimo se arruinaria e as fazendas a ele pertencentes, e ficava a fazenda real sem a conveniência que de seus dízimos lhe resulta.[10]

Esse trecho resume os mecanismos econômicos e sociais da Coroa portuguesa e de sua colônia brasileira. A atividade açucareira, que, via de regra, consumia muito capital, era ruinosa. João Pereira do Lago, proprietário da função de tabelião e de um moinho situado no Recôncavo, precisou fazer um empréstimo de 7 mil cruzados – uma soma considerável, correspondendo a

---

10 Arquivo Histórico Ultramarino, Fundo Bahia, Luiza da Fonseca, documento 3.616, 15 nov. 1690, Lisboa.

mais de 3 milhões de réis, o que representava na década de 1680 o preço de cinquenta escravos, aproximadamente.[11] Francisco Álvares Távora emprestou o valor, prova de que era rico, e, em troca, ele se reembolsaria utilizando a função de tabelião público do seu devedor. Isso rendia à Coroa portuguesa não apenas as devidas taxas por três anos a cada renovação da "substituição", mas também, como bem lembrou Francisco Álvares Távora, com conhecimento de causa, os dízimos do açúcar que o proprietário, financeiramente recuperado, produzia anualmente. A colônia carecia de dinheiro, e era remediada por um sistema complexo de créditos como aquele. As fortunas se faziam e se desfaziam, e a mobilidade social era forte no Brasil.

Coloca-se, então, a pergunta sobre qual era a origem da riqueza de Francisco Álvares Távora. A soma considerável [do empréstimo] aparece como desproporcional em relação aos proventos de um simples tabelião público. Porém, Francisco Álvares Távora era mais do que isso. As documentações inquisitorial e civil mostram que, na realidade, esse homem pertencia a uma rede familiar estruturada. Nascido em Portugal, tinha uma família espalhada em escala atlântica: seu irmão, Manoel Álvares Távora, que se dedicava às letras, morava em Salvador; seu primo, Luis Álvares Távora, residia em Luanda. Outro membro da família, Manuel Fernandes Ventura, se apresentou em 1690 ao Conselho Ultramarino como sendo cunhado de Francisco Álvares Távora. De Salvador, ele pediu igualmente para desempenhar uma função (investigador e contador do tribunal geral), que pertencia a um proprietário que não poderia desempenhá-la por se tratar de uma viúva. Esses homens que possuíam fortuna e sabiam manejar a pena e o direito funcionavam em rede, pois é possível

---

11 Tabela de correspondência das moedas nos anexos de S. H. Lara, op. cit.

observá-los interagindo, influenciando, ajudando-se mutuamente. Tinham como estratégia social encontrar ofícios que obtivessem primeiro enquanto substitutos. Dessa forma, chegavam a ocupar ofícios médios, e não os mais importantes, como o de juiz no tribunal de relação de Salvador, mas exerciam funções como o de tabelião da cidade ou de contador do tribunal intermediário. Embora ricos, sua posição social não era totalmente garantida. Ocupar esses cargos intermediários contribuía para reforçar suas bases na cidade de Salvador. O senhor de Páscoa não pertencia à aristocracia da colônia. Nascido em Portugal, talvez fosse mais representativo dos imigrantes presentes nas diversas cidades do império português que trabalhavam no comércio e na administração. Era quase sempre através do casamento que aqueles portugueses consolidavam sua posição social, aproximando-se das elites locais no Brasil, os fazendeiros. O tabelião substituto, credor de um fazendeiro arruinado, integrou-se ao corpo dos cidadãos da cidade em 1693. Em pleno processo de consolidação de seu sucesso, o tabelião e sua família não desejavam ter problemas com a Inquisição. Aliás, a hipótese de que fossem uma família de cristãos novos era plausível.[12]

Tal foi o retrato possível de se fazer do senhor de Páscoa a partir da documentação do processo e do Conselho Ultramarino.

Voltemos ao processo. A informação em Salvador encerra-se em 15 de junho, com a inclusão no processo da cópia da certidão de casamento de Páscoa e Pedro, encontrada no livro de casamentos da paróquia de São Pedro, à página 24:

---

12 Sobre a elite na Bahia, ver F. Rae e D. Grant Smith, "Bahian Merchants and Planters in the Seventeenth and Early Eighteenth Centuries".

> Aos dois de Maio da era acima, que é a de 1688. Recebi sem bênçãos a Pedro Álvares com Páscoa Vieira, ambos escravos pretos de Francisco Álvares Távora; foram testemunhas Valentim das Neves, escravo da viúva Maria das Neves, Marcos Moreno, preto forro, Vitória, escrava de Frei Agostinho Religioso Paulista, e Maria, escrava de Antônio Garcia, e a mais gente que presente estava. João Gomes da Silva.[13]

Este breve documento contém informações relevantes. Primeiramente, a data do casamento remontava não a três ou quatro anos, conforme se recordava o vigário em seu depoimento, mas a seis anos: realizou-se em 1688, apenas um ano depois da chegada de Páscoa ao Brasil. Na época, ela contava 28 anos, pois sabemos que tinha 40 anos quando foi presa em 1700. Chama a atenção a rapidez com que se deu o casamento: um ano após seu desembarque no Brasil. Tendo trabalhado com dezenas de processos de casamentos de escravos no Rio de Janeiro da mesma época, pude constatar que, na maioria das vezes, o casamento era o resultado de estratégias maduramente pensadas. Poucos africanos recém-chegados ao Brasil logravam realizá-lo. O casamento rápido mostrava, ao contrário, a capacidade de Páscoa em reconstruir laços e não ficar isolada em sua nova vida.

A certidão dava ainda o nome da paróquia onde residiam Francisco Álvares Távora e seus escravos. São Pedro era, então, uma paróquia nova da cidade de Salvador, fundada em 1679, e que se situava na parte alta, um pouco mais distante, atrás do mosteiro de São Bento.

A questão dos nomes, motivo importante na história da escravidão, pode também ser abordada graças a esse documento.

---

13 Processo de Páscoa Vieira, fólio 30-35.

Até então, Pedro e Páscoa só tinham sido nomeados nos depoimentos pelo seu prenome, ou por expressões como "a negra Páscoa", "a escrava Páscoa". Assim eram chamados na vida corrente. No registro de casamento, documento oficial com valor jurídico, foi acrescentado o sobrenome da família, Vieira para Páscoa, e Álvares para Pedro; tratava-se do sobrenome da senhora para a mulher escrava, e do senhor, para o homem escravo. Assim, quando se casavam, os escravos tinham direito a um nome completo. Vários anos mais tarde, quando Páscoa seria alforriada, apresentava-se ainda como Páscoa Vieira. Pode-se, portanto, afirmar que o casamento oficial, ao passar pela Igreja, representava um momento decisivo na aquisição de uma identidade. Tal ato público registrado era uma oportunidade para adquirir um sobrenome.

Enfim, o casamento era um ato social que se realizava perante testemunhas. O documento cita quatro delas, declarando que outras pessoas estavam presentes. Todas as testemunhas eram negras: três escravos e um indivíduo livre, dois homens e duas mulheres. O casamento de Páscoa e Pedro foi um acontecimento entre pessoas do mesmo universo, escravos, ex-escravos ou descendentes de escravos. Essas testemunhas, que não faziam parte da mesma casa, pertenciam a senhores diferentes. Pedro e Páscoa estavam inseridos numa rede de sociabilidade horizontal; tinham conhecidos ou amigos que os acompanharam por ocasião daquele importante acontecimento de suas vidas.

Há outro elemento digno de nota. Nesse registro, os senhores estavam presentes na medida em que o nome dos escravos estava seguido do sobrenome de seus proprietários, mas estes sequer eram mencionados, pois não tinham papel específico no casamento de seus escravos. Em princípio, nenhuma autorização era solicitada aos senhores se os seus escravos desejassem se casar. O direito canônico era formal sobre essa questão: os escravos podiam se casar livremente, sem precisar pedir permissão a seu senhor. Na prática, era quase sempre necessário o senhor estar de acordo, porém, em caso de desacordo, o tribunal do bispo podia conceder autorização para que o casamento se realizasse sem o consentimento do senhor, que era requerido por honestidade e não necessidade, segundo a formulação encontrada nos processos de casamentos de escravos do Rio de Janeiro.

No caso dos seus dois escravos, Francisco Álvares Távora contou como se deixou convencer por eles, que já viviam em concubinato e tencionavam se casar: ele deu sua permissão, mas o documento oficial não continha nenhum indício do seu gesto. A certidão de casamento – documento jurídico – registra apenas os elementos necessários à união: os dois noivos que se casam, na presença do vigário, diante de quatro testemunhas. A ausência de bênçãos remetia a uma certa discrição da cerimônia.

Esse documento oficial atesta claramente, portanto, que o sacramento do matrimônio era permitido pela Igreja aos escravos. Em 1568, as constituições do arcebispado de Lisboa, ainda em vigor em 1688 na diocese da Bahia, determinaram o livre acesso dos escravos ao casamento. A maior parte das uniões acontecia dentro de uma casa, entre escravos de um mesmo senhor. Era o caso de Pedro e Páscoa. Os casamentos de dois escravos pertencentes a senhores diferentes eram mais raros, pois podiam provocar tensões entre a dominação senhorial, em princípio quase ou sem limite, e a vida comum dos dois cônjuges, garantida pelo casamento.

Uma vez incluído o registro do casamento no maço da informação judicial, o inquérito na Bahia encerrou-se em junho de 1694. Havia durado exatamente três semanas, e o secretário afirmou que ele possuía onze páginas e que tudo o que ali estava escrito era verídico. Os papéis foram, então, enviados ao tribunal de Lisboa e, em princípio, nenhuma cópia permaneceu em Salvador. Cabia aos inquisidores de Lisboa decidir as etapas seguintes.

## A informação judicial em Luanda, abril de 1695

Em 12 de abril de 1695, finalmente começaria em Luanda o inquérito sobre o primeiro casamento de Páscoa, que Lisboa apressara-se em executar um ano antes, em março de 1694. Esse prazo mais longo justificava-se pelo fato de Luanda encontrar-se mais distante de Lisboa do que Salvador. As vias marítimas que levavam de Lisboa a Luanda passavam pelo Cabo Verde ou ilha de São Tomé, ou ainda pelo Brasil, por Salvador ou Recife. Em Luanda, a Inquisição não contava com um comissário permanente nem com infraestrutura sólida, circunstâncias que, sem dúvida, alargavam os prazos. O inquérito realizou-se no colégio dos jesuítas em Luanda, num "lugar secreto", e foi conduzido pelo reitor Francisco Salas.

Seis testemunhas foram ouvidas. Todos residiam em Massangano, fortaleza portuguesa situada no interior das terras, ao longo do rio Cuanza (a duzentos quilômetros de Luanda, o porto costeiro) e que foi lugar de nascimento e de residência de Páscoa até sua partida para o Brasil. Teriam aquelas seis pessoas vindo especialmente de Massangano, ou estariam eles de passagem em Luanda por outra razão e foram ali interrogados por serem de Massangano? A segunda alternativa parece mais plausível, pois nenhum deles teria realmente relação próxima com os protagonistas do caso.

Cada uma das testemunhas deu, de modo interessante, informações um pouco diferentes. Juntando os pedaços, o conjunto dos depoimentos permite reconstituir a situação conjugal de Páscoa e as razões de sua partida para o Brasil. Nesse meio composto de portugueses da África, chama atenção a proximidade com os escravos que eles diziam "conhecer muito bem". Massangano contava com cerca de duzentas famílias portuguesas, e esse interconhecimento mostrava que os escravos faziam parte da vida nas casas e eram totalmente identificados como indivíduos.

O reverendo Francisco Ferreira de Carvalho, "padre do hábito de São Pedro, natural deste reino [de Angola], e nascido em Massangano, com idade aproximada de vinte e seis anos", é a primeira testemunha e já havia sido interrogado em Salvador no ano anterior. Ser membro da confraria de São Pedro indicava tratar-se de um padre secular. À pergunta sobre o casamento de Páscoa e Aleixo, ele respondeu:

> A dita escrava Páscoa era casada com o dito negro Aleixo, isto só por notícia de os ver fazer vida marital, como era voz, e fama pública, e que por tais eram tidos, e havidos naquela Vila. E que só esta notícia tinha pelos ver servir em casa de seu Senhor Pascoal da Mota Teles, haverá dez anos pouco mais ou menos. Disse mais que não sabia tivessem filhos, e que o dito negro Aleixo ainda estava vivo na Vila de Massangano. E sendo-lhe lido o que tinha testemunhado, disse mais que estando ele testemunha na Cidade da Bahia onde se fora ordenar, ouvira dizer que a dita negra Páscoa estava segunda vez casada na dita Cidade da Bahia, e que a mesma negra Páscoa lhe dissera que estava casada, e que juntamente lhe perguntou se era ainda vivo em Massangano o dito seu marido Aleixo, ao que respondeu que sim.[14]

---

14 Processo de Páscoa Vieira, fólio 19-29.

O testemunho do jovem padre era crucial e nos informa sobre a razão de sua ida a Salvador: os seminaristas se dirigiam a essa cidade a fim de serem ordenados. De fato, a diocese de Angola e Congo naquela época estava vacante. Sem bispo, não podia haver ordenação, e por isso a necessidade de deslocar-se a outro continente. Desde 1676, a diocese africana dependia do arcebispado da Bahia e não do de Lisboa. Portanto, o candidato ao sacerdócio fora a Salvador para ser ordenado.

Porém, Francisco Ferreira de Carvalho apenas declarou saber do casamento dos dois escravos por reputação, e isso significava que não dispunha de provas de um casamento oficial. O casamento de reputação, fundado no reconhecimento da vida comum de um casal que dividia o mesmo leito e a mesma mesa, tinha valor no mundo português da época, pois era reconhecido pelo direito comum.[15] Enfim, os inquisidores tomaram conhecimento de que Páscoa, em 1693, não ignorava que seu primeiro marido ainda vivia.

A segunda testemunha, Domingos Gonçalves Ramalho, que tinha cerca de 50 anos, residia também em Massangano. Mas não fez afirmações precisas: "ele respondeu que conhecia muito bem a negra Páscoa escrava de Pascoal Motta e o dito Aleixo, porém não sabia se eram casados."[16]

---

15 As *Ordenações Filipinas*, código jurídico do reino de Portugal adotado em 1604, que retomam as *Ordenações Manuelinas* de 1521, referiam três tipos de casamento: o casamento na porta da igreja; o casamento "por voz pública e reputação do marido e da mulher por tanto tempo de modo que, segundo o Direito, isso bastava para presumir o casamento entre eles, mesmo se não se provam as palavras com presença", e, enfim, o último, que não é válido para o Código Civil, é o *casamento de feito*, que une pessoas com laços de parentesco. O casamento por pública fama, reconhecido pelo direito civil, é considerado pela Igreja como concubinato. Ver *Ordenações Filipinas*.

16 Processo de Páscoa Vieira, fólio 19-29.

O depoimento do capitão João da Veiga, de 70 anos, natural dos Açores e morador da cidade de Massangano, não traria novas revelações:

> Muito bem conheceu na Vila de Massangano a negra Páscoa, escrava de Pascoal da Mota Teles, que sabia fora embarcada para a Cidade da Bahia e que outrossim conhece muito bem a Aleixo, escravo do dito Pascoal da Mota Teles, o qual Aleixo era marido da dita negra Páscoa, e que haverá nove anos pouco mais ou menos, por via, e razão de assistir naquela Vila há tantos anos (...). Que quando foi para aquela Vila já os ditos negros eram casados, e que era voz, fama pública que faziam vida marital em casa de seu Senhor, e por tais eram tidos, e havidos por casados, e esta notícia tinha de nove anos a esta parte, disse mais, que não sabia tivessem filhos, (...).[17]

A quarta testemunha, João de Mattos, também era natural de Massangano:

> Que muito bem conhecera a negra Páscoa escrava de Pascoal da Mota Teles, e a seu marido Aleixo, escravo do mesmo na Vila de Massangano, e o tempo que os conhece, haverá mais de 20 anos pouco mais ou menos (...). Respondeu que muito bem sabia que a dita escrava Páscoa se recebeu *in facie Ecclesiae*, na forma do Sagrado Concílio Tridentino na Vila de Massangano: porém que não está lembrando que Sacerdote a recebeu, com o dito escravo Aleixo, e sabia outrossim que depois de recebidos faziam vida marital de portas adentro da casa de seu Senhor, e que assim os conheceu todo o tempo até que a dita negra foi embarcada. Disse mais, que tiveram vários filhos depois de

---

17 Idem, ibid.

> casados, e que ele testemunha fora padrinho de um filho deles, e que o dito negro Aleixo ainda estava vivo, e assistia na casa do seu Senhor Pascoal da Mota Teles.[18]

Este foi o primeiro depoimento a evocar o sacramento do matrimônio de Páscoa e Aleixo, realizado em conformidade com as regras tridentinas. Como o restante do caso o demonstrava, tratava-se de um ponto central. Para se comprovar a bigamia, a condição era ter havido por duas vezes um casamento sacramental e que os primeiros cônjuges fossem ambos ainda vivos. Todo o caso giraria em torno disso. O primeiro casamento teria sido um "verdadeiro" casamento no sentido da Igreja, ou seja, segundo as regras do Concílio de Trento? Segundo João de Mattos, o matrimônio realizara-se corretamente segundo as regras, embora fosse incapaz de dizer quem o celebrara. O nome do padre era indispensável para se localizar o registro que permitisse rastrear o evento.

João de Mattos, do qual não se conhece nem a profissão nem a idade, mas sabe-se que era um homem livre, afirmou ter sido padrinho de um dos filhos do casal Páscoa e Aleixo. A prática de escolher um padrinho entre pessoas de classe superior era frequente, uma maneira de garantir proteção. João de Mattos não esclareceu as razões pelas quais Páscoa havia deixado Massangano, porém repetiu o termo "embarcada" para o Brasil.

A testemunha seguinte era o jovem Manoel Gonçales Remolla, de 24 anos, que nasceu e residia em Massangano:

> E perguntado pelo segundo artigo, respondeu que nenhuma notícia tinha da negra Páscoa, nem sabia fosse embarcada

---

18 Idem, ibid.

> para a Cidade da Bahia, porém muito bem conhecia o negro Aleixo, escravo de Pascoal da Mota Teles (...), e que nunca perguntara se tinha sido casado e mais não disse. E perguntado pelo terceiro artigo, somente respondeu que o dito negro Aleixo ainda está vivo, e assistia na dita Vila, e em casa do seu Senhor Pascoal da Mota Teles. Disse mais que com o dito Pascoal da Mota Teles tinha mais três escravos, não sabia que o dito negro Aleixo fosse casado, nem ouviu dizer.[19]

O número de escravos que o senhor de Páscoa e Aleixo possuía era uma nova informação relevante. Diferentemente dessa testemunha, o fato de a maioria das demais se lembrarem ou terem ouvido falar de Páscoa mostra que ela não passava despercebida, a despeito da sua condição de escrava.

Diego Pejado de Oliveira, a última testemunha, de 22 anos, parecia ter conhecido bem Páscoa, apesar da sua pouca idade, e recordava-se de sua partida, já antiga. Foi da própria boca de Páscoa que ele obtivera suas informações:

> Ouvira dizer, e era voz pública que se receberam *in facie Ecclesiae*, e da boca da mesma negra Páscoa ouvira dizer: porém que não estava lembrando qual Sacerdote os recebera, e sabia outrossim que depois de recebidos faziam vida marital de portas adentro da casa de seu Senhor, como notório a todos daquela Vila.[20]

Como se vê, esses diversos testemunhos convergiam, mas nenhum trouxe uma prova direta ou específica sobre o casamento dos dois escravos.

---

19 Idem, ibid,

20 Idem, ibid,

Na sequência dos depoimentos, encontra-se uma declaração escrita do vigário de Massangano, padre Antônio de Gouvea de Almeida, datada de 18 de abril, ou seja, seis dias depois das declarações fornecidas pelas testemunhas e feitas em Massangano mesmo. Infere-se que ele deve ter sido solicitado pelas autoridades de Luanda:

> Certifico eu o Padre Antônio de Almeida, Vigário da Matriz desta Vila de Massangano Nossa Senhora da Vitória, e nela Vigário da Vara pelo Ilmº. Cabido Sede Vacante de Angola e Congo, é verdade que revi os livros dos casados desta paróquia, e neles não achei assento nenhum do casamento de Aleixo com Páscoa, escravos do Alferes Pascoal da Mota Teles; porém informando-me de muitos sacerdotes, e pessoas fidedignas desta Vila, disseram-me: como o Alferes Pascoal da Mota Teles, há anos, que embarcou desta Vila uma negra chamada Páscoa casada *in facie Ecclesiae* com o preto Aleixo seu conservo, e que os ditos pretos foram recebidos em tempo de sua primeira senhora a viúva Domingas Carvalho que os havia, que os recebeu o Padre Frei João de Romano Capuchinho Italiano e Missionário Apostólico destes Reinos, fora desta Vila no Distrito do Lembo, e o dito preto está vivo e salvo ao fazer desta, e por ser tudo assim verdade.[21]

Com essa declaração do vigário, baseada na declaração de pessoas de confiança, o inquérito avança. Os inquisidores tinham a partir dali novos nomes: a proprietária dos escravos no momento do casamento – a viúva Domingas Carvalho; o local do casamento: o distrito de Lembo; e, sobretudo, a

---

21 Idem.

identidade de quem havia celebrado o casamento: um capuchinho italiano, frei João Romano. A declaração do vigário da paróquia era o último documento do inquérito de Luanda, que se encerrou, portanto, em 18 de abril de 1695. Os documentos foram enviados a Lisboa. A reação do tribunal em relação a este duplo inquérito judicial, em Salvador e depois em Luanda, será o objeto do capítulo seguinte. Antes disso, vamos abordar os laços que existiam de um lado e do outro do Atlântico, entre a capital do reino de Angola e o Brasil, laços dos quais a vida de Páscoa e seu processo representavam um testemunho surpreendente.

## A *Angola brasílica*: os laços entre Angola e o Brasil

Páscoa não viveu em Luanda; ela apenas passou por ali para "ser embarcada", palavra que apareceu muitas vezes nos depoimentos de seu processo. Sua passagem por Luanda na condição de escrava era representativa desta cidade, descrita como imenso entreposto de onde partiam anualmente, em média, dez mil escravos em direção às Américas. Os historiadores do tráfico negreiro consideravam que, do século XVI ao século XIX, aproximadamente 6 milhões de mulheres e de homens deixaram a África rumo às Américas a partir dos portos da África central, Cabinda, Luanda e Benguela.[22]

Sob a pena dos tabeliães da Inquisição, Angola era chamada de reino, ao passo que se referiam ao Estado do Brasil. De fato, ao chegar à África ocidental e depois central, a partir

---

22 Transatlantic Slave Trade Database , op. cit.

da década de 1460, os portugueses descobriram reinos e, principalmente, o mais importante deles, o reino do Congo, onde acostaram em 1481. Desenvolveram com o soberano do Congo, que se converteu ao cristianismo em 1491, uma relação de aliança baseada nos interesses mútuos, com intercâmbio de tecnologias e de mercadorias europeias em troca de escravos.

Portugal também procurava desenvolver relações econômicas com o reino do Ndongo, uma das principais estruturas políticas ao sul do Congo. Essas relações eram intermediadas por embaixadores e por comerciantes particulares, estabelecidos no reino do Congo ou em São Tomé, ilha não povoada do golfo da Guiné onde os portugueses se instalaram a partir do século XV e que representou um laboratório para a economia de plantação. Progressivamente, Portugal daria início a um projeto de conquista do reino Ndongo, e Paulo Dias de Novais, nomeado governador em 1571, encabeçou a empreitada. Dias de Novais fundou em 1575 a primeira cidade portuguesa no continente, São Paulo da Assunção de Luanda. O soberano do reino Ndongo chamava-se N'gola, e, a partir do seu nome, os portugueses batizaram sua nova colônia de Angola.

As expressões "reino de Angola" e "conquista de Angola" designavam as terras que ficaram sob dominação efetiva do rei de Portugal. Todavia, a conquista territorial da Angola portuguesa foi um processo lento e incerto ao longo do período moderno, chocando-se com os poderes locais africanos, os reinos do Ndongo, do Congo, de Matamba, de Holo, mas também com os poderosos sobados designados pelos nomes de seus chefes ou sobas.[23] A Angola portuguesa constituía-se de seu porto,

---

23 Ver M. Demaret, "Stratégie militaire et organisation territoriale dans la colonie d'Angola (xvie-xviie siècles). Défense et colonies dans le monde atlantique, XV$^{e}$-XX$^{e}$ siècle" e L. Heywood, *Nzinga de Angola – A rainha guerreira de África.*

Luanda, e do controle de alguns territórios, a partir de uma rede de fortalezas no interior, especialmente a de Massangano, ao longo do rio Cuanza.

A cidade de Luanda contava contava com cerca de 10 mil habitantes no final do século XVII, ou seja, três vezes menos do que Salvador. Situada no litoral, em frente à ilha de Luanda, que protege a baía, era dividida em cidade baixa e cidade alta. No litoral concentravam-se comerciantes expatriados, entrepostos e acampamentos para os escravos que aguardavam ser "embarcados". A cidade alta concentrava os marcadores de identidade portuguesa: o palácio de governador, a fortaleza, a catedral e o colégio de jesuítas, onde se davam os interrogatórios da Inquisição. Ali viviam os militares, os oficiais da Coroa, os eclesiásticos e a sociedade luso-africana, composta de famílias locais, proprietários de escravos e de terras.

A história de Páscoa era uma ilustração da *Angola brasílica*,[24] expressão que evidencia a complementaridade entre os dois espaços do Brasil e da África central, ou seja, esse conjunto particular do Atlântico sul que se desenvolveu em dois litorais e um oceano. Desde os anos 1580, foi de Angola que enviaram à força grande parte dos escravos do Brasil. Rapidamente criou-se a ideia de que, sem Angola, a colônia brasileira, fundada na economia agrícola, não poderia sobreviver. Quando a Companhia Holandesa das Índias Ocidentais, a W.I.C., instalou-se no Nordeste do Brasil, a partir de 1630, fez o mesmo cálculo e tentou estabelecer-se em Angola. Em 1641, aproveitando a ruptura entre Espanha e Portugal, o que desorganizou toda a possibilidade de intervenção marítima, os holandeses tomaram Luanda.

---

24 L. F. de Alencastro, *O trato dos viventes. Formação do Brasil no Atlântico sul*, e R. Ferreira, op. cit.

Apesar das dificuldades e da guerra contra a Espanha, a Coroa portuguesa nomeou Salvador de Sá comandante de uma expedição militar com a missão de reconquistar Angola. Membro de uma grande família de portugueses do Brasil, foi governador do Rio de Janeiro e se envolveu no comércio com o Rio da Prata, que consistia no comércio de escravos em troca de dinheiro do Peru, contrabandeado por via terrestre até Buenos Aires. Depois de deixar Lisboa, Salvador de Sá dirigiu-se primeiro ao Rio de Janeiro, onde completou sua frota de quatro navios com onze embarcações suplementares, financiadas pelos senhores dos engenhos de açúcar, ávidos para retomar o tráfico negreiro com Angola. Assim, as tropas eram formadas por soldados portugueses, mas também por tropas auxiliares, constituídas de indígenas e de negros.[25]

A vitória em Luanda dos luso-brasileiros sobre os holandeses da W.I.C., em 1648, modificou o pacto colonial, favorecendo a colônia brasileira. Fechou-se um acordo com a Coroa portuguesa a fim de que os próximos governadores de Angola fossem luso-brasileiros, notadamente homens do Rio de Janeiro e de Pernambuco ativos no Brasil, fosse nas guerras contra os holandeses, fosse nas guerras contra os índios do sertão, nas chamadas "guerras dos bárbaros".

O interesse dos brasileiros por Angola residia no tráfico de escravos. Conforme já demonstrou Luiz Felipe de Alencastro, a construção do Brasil foi simétrica à destruição de Angola. Na segunda metade do século XVII, os luso-brasileiros exportavam a guerra de conquista e de destruição que eles haviam praticado contra os indígenas do sertão brasileiro para Angola e para o antigo reino do Congo.

---

25 C. R. Boxer, *Salvador de Sá and the Struggle for Brazil and Angola 1602-1686*.

Angola se "brasilianizava" em todas as áreas: na política local, no consumo e nas atividades produtivas, na administração civil, na administração eclesiástica. Enquanto os portugueses durante muito tempo mantiveram na África uma política de aliança com os chefes locais, os luso-brasileiros importaram, na segunda metade do século XVII, uma política de guerra de conquista e de destruição sistemática dos reinos vizinhos da Angola portuguesa, o Ndongo e o Congo. Angola passou a produzir mandioca, destinada à alimentação dos escravos com destino atlântico. O antigo reino africano consumia aguardente e tabaco provenientes do Brasil. Lisboa escolhia membros da elite brasileira para ocupar cargos em Angola. Em 1676, a diocese de São Salvador do Congo foi posta sob autoridade de Salvador da Bahia, promovida a arcebispado havia pouco tempo. O bispo de Angola, Dom João Franco de Oliveira (1687-1692), tornou-se arcebispo da Bahia (1692-1700). Aliás, essa transferência explica, como visto, a vinda a Salvador da Bahia de uma série de candidatos a ordenação, nascidos em Angola, e que testemunharam no caso de Páscoa.[26]

Os laços entre Angola e Portugal passavam cada vez mais pelo Brasil. Um dos sinais mais marcantes dessa interdependência era a navegação. Em virtude dos ventos e das correntes, a rota marítima entre Angola e Portugal incluía em geral o Brasil. Era o caso frequente dos capuchinhos da África central que, quando viajavam de Luanda a Lisboa, faziam escala no Brasil. A legislação nos ajuda a conhecer os tempos da navegação. Esta se fazia o ano inteiro entre Luanda e Salvador e Recife, embora dependesse da monção, ou seja, dos ventos e correntes entre Luanda e o Rio de Janeiro, limitados aos meses

---

26 A. Rubert, *A Igreja no Brasil. Expansão missionária e hierárquica (século XVII)*, p. 158.

de outubro, novembro e dezembro. O tempo da travessia era de 35 dias para o Recife, de quarenta para Salvador e de cinquenta para o Rio de Janeiro.[27] O tempo da travessia entre Bahia e Luanda, de quarenta dias, era menor que o da travessia entre Lisboa e Bahia, que durava sessenta dias e diminuía durante a monção de março. Assim, para as mulheres e os homens da época, Luanda e Salvador eram muito próximas.

Se o historiador brasileiro Luiz Felipe de Alencastro observou, a partir do fim do século XVII, uma forma de colonização de Angola pelo Brasil, os historiadores africanistas como Roquinaldo Ferreira propuseram, em contrapartida, a ideia de uma "comunidade atlântica" entre as duas margens do oceano, onde se cruzavam os destinos individuais e onde as interações eram múltiplas.[28] A demanda crescente de escravos, a partir da descoberta do ouro no Brasil, reforçou ainda mais os vínculos entre os dois espaços, mas os reinos da África central sabiam negociar e resistir à pressão dos portugueses e dos brasileiros, que ficavam confinados em Luanda e no interior, dependendo, assim, das redes africanas para o tráfico.

A história de Páscoa reflete essa "comunidade atlântica" e ilustra, a partir da vida cotidiana dos atores sociais e dos laços intensos – comerciais, sociais, culturais – as relações que existiam entre Angola e o Brasil. Não apenas Páscoa vinha de Angola como também certo número de personagens que tiveram participação em seu processo: comerciantes, soldados, eclesiásticos, oficiais da Coroa, capitães de navios, e esposas. Todos esses homens e mulheres fizeram viagem num sentido,

---

27 S. H. Lara, op. cit., p. 192.

28 A expressão "comunidade atlântica" refere-se originalmente aos laços entre a Bahia e o golfo do Benim, que são intensos, mas sem colonização (R. Law; K. Mann, " West Africa in the Atlantic Community: the Case of the Slave Coast"). A expressão também é usada para descrever a situação entre Angola e o Brasil, ver R. Ferreira, op. cit.

ou viagens de ida e volta entre as duas colônias. Uma sociedade de interconhecimento se desenvolveu dos dois lados do oceano: as pessoas se reconheciam, tinham notícias umas das outras, não somente entre iguais, mas também entre senhores e escravos. Não há dúvida de que um dos grandes interesses desse processo consiste em revelar a circulação que se desenvolve numa escala excepcional, a de um oceano, numa época em que os meios de comunicação eram bastante limitados.

A pregnância da África era, assim, muito mais forte na sociedade brasileira do que em outras sociedades americanas da época, pois a presença da África no Brasil não estava apenas ligada ao mundo dos escravos, mas também ao mundo dos portugueses. As trocas entre as duas colônias eram inúmeras e afetavam áreas diversas como a administração, o exército, o clero ou, ainda, o comércio. Obviamente, e essa é a tese de Luiz Felipe de Alencastro, a importância do tráfico de escravos, que ele chamou de "trato dos viventes", é o que explica a existência de um espaço comum entre as suas margens do Atlântico sul.

Retomando o fio de nosso processo, descobriremos agora como os inquisidores de Lisboa darão prosseguimento às duas informações judiciárias, colhidas em Salvador e, depois, em Luanda.

# CAPÍTULO 3

## "O bem da justiça"

Em 11 de setembro de 1697, em Lisboa, o promotor da Inquisição, cujo papel consistia em dar início às investigações e pedir ao tribunal para aplicar a lei, pronunciou o seu requisitório. Ele havia lido e analisado detalhadamente as informações judiciais coletadas em 1694 em Salvador, e em 1695 em Luanda; na opinião dele, o caso não deixava dúvidas: Páscoa era culpada do crime de bigamia.

Assim resumiu o caso:

> Páscoa do Gentio da Guiné, escrava de Pascoal da Mota Teles, natural da Vila de Massangano Cidade de Luanda Reino de Angola, e moradora hoje na Cidade da Bahia, para onde a vendeu o dito seu Senhor a Francisco Álvares Távora, sendo primeira vez casada e recebida em face da Igreja na forma do Sagrado Concílio Tridentino em a dita Vila de Massangano com Aleixo, escravo do dito seu 1º Senhor Pascoal da Mota Teles, com o qual fez vida marital de umas portas adentro por alguns anos, depois ausentando-se do dito seu marido se casou segunda vez na sobredita forma na dita Cidade do Salvador Bahia de Todos os Santos, sendo vivo seu primeiro e legítimo marido, com Pedro escravo do dito seu segundo Senhor Francisco Álvares Távora, com o qual também fez vida marital de umas portas adentro por algum tempo.[1]

Segundo ele, o crime estava provado pelos documentos inclusos nos dois inquéritos judiciais, documentos cuja numeração das páginas foi por ele citada, prova de que conhecia bem o processo.

---

1 Processo de Páscoa Vieira, fólio 36.

> E porque com os ditos documentos se prova o crime de bigamia contra a dita Páscoa, e superveniência do 1º marido ao 2º matrimônio e posto que do 1º matrimônio senão junte certidão dos livros dos casados, se prova que o houve legalmente, não só pelo 1º Sumário que principia desde fls. 9 usque fls. 19 em que se acha a carta do Vigário da Matriz da dita Vila de Massangano, que com a sua informação qualifica mais os ditos do dito 1º Sumário, mas também pelo 2º Sumário desde fls. 20 usque fls. 25 verso, onde o Padre Francisco Ferreira 1ª testemunha fls. 21 deporá de ciência certa a respeito do 1º matrimônio, e mais testemunhas da autuação geral, e pelo dito 2º Sumário se prova o 2º matrimônio, que também se corrobora com a certidão do livro dos casados dito fls. 25 verso.[2]

O promotor estava convencido da culpa da escrava, mas esclareceu que faltava ao processo a certidão do primeiro casamento. Porém, adiantou que os depoimentos autorizavam-no a afirmar que o primeiro casamento deu-se "legalmente". O segundo casamento, por sua vez, foi provado pela certidão do livro de casamentos da paróquia de Salvador.

Uma vez apresentadas as provas da bigamia, o procurador propôs "decretar a prisão da escrava Páscoa e que, uma vez conduzida aos cárceres secretos dessa Inquisição, se procedesse contra ela segundo o regimento e o estilo do Santo Ofício".[3]

Cabia, portanto, aos juízes inquisidores determinar os trâmites seguintes. No entanto, aquelas autoridades não se mostraram convencidas da exposição dos motivos para a acusação feita pelo procurador, e decidiram estender o inquérito. Na realidade, no verso da página do requisitório, dois inquisidores

---

2 Idem, ibid.
3 Idem, ibid.

recomendaram agir com prudência pelo "bem da justiça". Segundo eles, ainda precisariam ser verificados: o primeiro casamento em Massangano e o fato de o primeiro marido ainda estar vivo no momento do segundo casamento.

Os inquisidores propuseram, assim, que o inquérito prosseguisse e que fosse novamente interrogada uma das testemunhas citadas no caso, o capitão André Machado de Britto, que lhes parecia ter condições de informar o que acontecera em Massangano. O capitão fazia parte das testemunhas da primeira denúncia, ocorrida em 1693, e não pôde ser interrogado uma segunda vez em Salvador, na ocasião do inquérito judicial em 1694, pois havia retornado a Portugal. Encontrava-se em Setúbal, porto do litoral português, e era ali que os inquisidores pretendiam interrogá-lo sobre Páscoa e seus dois maridos. O inquisidor Antônio Monteiro Paim enviou uma comissão de inquérito ao comissário da Inquisição que residia em Setúbal. Mas a pista não resultou em nada: em 17 de setembro, um recado do comissário de Setúbal informou aos inquisidores de Lisboa que o capitão havia falecido.

## Capuchinhos italianos na África central

Três meses mais tarde, a informação judicial reiniciou com o interrogatório do capuchinho Paulo da Várzea (de Varazze, em italiano), superior do hospício dos capuchinhos em Lisboa.[4] Recém-chegados ao inquérito, os capuchinhos se tornariam personagens-chave, pois só eles poderiam fornecer a prova do primeiro casamento de Páscoa.

---

4 Processo de Páscoa Vieira, fólio 42.

O interrogatório realizou-se no palácio da Inquisição, Praça do Rossio de Lisboa, em audiência noturna no dia 2 de janeiro 1698. O frei capuchinho Paulo assim se apresentou: italiano, originário de Varazze, na região de Gênova. A primeira pergunta versou sobre suas missões e sobre Angola. Declarou que embarcara para o reino de Angola 22 anos antes, ou seja, em 1676, enviado como missionário apostólico pela Congregação da Propaganda Fide, com destino ao Congo e a Angola. Permanecera naquelas terras durante sete anos, e residiu nas fortalezas dos territórios sob dominação portuguesa. Para ser mais exato, acrescentou ainda que trabalhou quinze meses como missionário em Massangano.

Mas o que faziam religiosos italianos no mundo luso-africano? Por que a escrava de um português teve seu casamento realizado por um missionário apostólico? Como se verá, a chave do processo reside, em parte, nas questões de direito eclesiástico e de divisão dos territórios ultramarinos. Nesse sentido, a história de Páscoa inscreve-se na história da evangelização do império português.

A Propaganda Fide era a congregação pontifical encarregada da evangelização no mundo.[5] Foi criada em 1622 a fim de assumir o esforço missionário confiado às coroas ibéricas, quando das grandes descobertas do final do século XV, em troca do direito de padroado. Assim, o papado procurava desenvolver uma atividade missionária própria e tomar pé nos lugares onde o padroado ibérico encontrava-se menos enraizado. A criação da congregação da fé representou uma mudança radical no esforço empreendido para retomar o controle. O título de "missionário apostólico" foi dado aos religiosos que partiam em missão sob autoridade direta do papa e não dependiam, portanto, dos soberanos ibéricos.

---

5 G. Pizzorusso, *Governare le missioni, conoscere il mondo nel* XVII *secolo. La Congregazione Pontificia de Propaganda Fide*.

Do ponto de vista missionário, as situações de Angola e do Congo eram muito diversas. O reino do Congo era um aliado de Portugal, e não uma região colonizada. Certamente, eclesiásticos portugueses para lá se dirigiam, mas não enquanto agentes da Coroa portuguesa. Desde as primeiras décadas, congoleses convertidos iam se formar para serem ordenados padres em Portugal. Kinu a Mvemba, também conhecido pelo nome de Dom Henrique, filho do segundo rei cristão do Congo, Afonso I (reino de 1506-1543), foi inclusive nomeado bispo de Utique, a pedido do rei de Portugal, pelo papa Leão X em 1518.[6] Uma missão jesuítica, fundada em 1548 em Mbanza Kongo, foi fechada em 1554, sobretudo por causa de divergências com o soberano.

Angola caiu sob domínio de Portugal a partir de 1575 e inseriu-se, portanto, no padroado português. A Coroa enviou e financiou jesuítas que participaram da conquista do reino. Estes recebiam anualmente, a título de tributo, trezentos escravos pagos pelos sobas (chefes angolanos), que, avassalados ao reino português, juraram-lhe lealdade. Os jesuítas eram poderosos em Angola: possuíam grandes extensões de terra e inúmeros cativos, e por isso a importância de suas atividades econômicas; tinham influência política junto aos governadores e educavam os membros da elite luso-africana em seu colégio de Luanda. A igreja secular era bem presente e cada vez mais importante; constituía-se de padres portugueses, e encontramos vários deles entre as testemunhas dos inquéritos.

A Igreja de Angola é, portanto, colonial, enquanto a do Congo é local. Os reis do Congo tinham consciência da importância da

---

6 A. Brásio, *Monumenta Missionaria Africana* 1ª série, vol. I, doc.116, 119, de agora em diante MMA.

sua relação direta com o papado, especialmente para lutar contra tentativas de ingerência da Coroa portuguesa. Na verdade, a relação de aliança entre os dois soberanos deteriorou-se ao longo do século XVI, tendo sido provocada pela crescente demanda de escravos por parte dos portugueses. O soberano do reino do Congo utilizou, então, a arma da diplomacia para reforçar seu estatuto de reino cristão e pedir apoio ao papa. Ele também estabeleceu relações diplomáticas com o rei da Espanha e com a Companhia Holandesa das Índias Ocidentais (WIC) para barrar as ambições imperialistas dos portugueses. Por essa razão, a criação de uma diocese de Angola e Congo em 1596 foi objeto de várias negociações, sobretudo para decidir onde seria implantada: na capital do reino do Congo, São Salvador, ou em São Paulo de Luanda? Finalmente, foi escolhida a capital do reino do Congo.

Esse contexto de rivalidades e de laços antigos e diretos com o papado explicava a entrada dos missionários apostólicos no Congo em 1645. Tratava-se, na verdade, de um golpe tramado pelo papado contra o padroado português, forma encontrada para recuperar a evangelização da África central. Esses missionários pertenciam à ordem dos capuchinhos, um ramo da ordem franciscana, criada no início do século XVI, que pregava o retorno à regra de São Francisco de Assis em toda a sua pureza e que, progressivamente, se especializou nas missões. A partir do pontificado de Urbano VIII (1623-1644), os capuchinhos tornaram-se os missionários exclusivos do papa. O irmão desse, Antônio Barberini, superior dos capuchinhos, exercia grande influência na corte de Roma. Aproveitando-se do enfraquecimento de Portugal depois da ruptura com a Espanha e da presença holandesa em Angola e no Congo, o papado decidiu enviar missionários diretamente, sem passar pelo padroado português. Primeiro espanhóis, depois italianos, os capuchinhos confirmavam o interesse do papado pela igreja do Congo.

Depois da reconquista de Luanda aos holandeses, em 1648, um acordo foi assinado entre Salvador de Sá e o rei do Congo para autorizar os missionários estrangeiros a atuar em Angola.[7] Eram muito apreciados na colônia portuguesa, onde os jesuítas não praticavam mais a missão junto aos africanos, e o clero secular ocupava-se principalmente da comunidade luso-africana. Deslocando-se com facilidade, os missionários capuchinhos circulavam entre Angola e o Congo e tornaram-se intermediários diplomáticos importantes entre os chefes africanos e os portugueses. A eles coube negociar, por exemplo, o retorno ao catolicismo da rainha Njinga, figura de resistência à dominação portuguesa.

Em 1675, uma petição da Câmara Municipal de Massangano, local em que Páscoa ainda morava, foi dirigida aos cardeais da Propaganda Fide a fim de louvar os méritos dos missionários capuchinhos e para pedir a vinda de outros à região.[8] Os missionários apostólicos trabalhavam também em terras portuguesas sob o regime do padroado. Dependiam diretamente do papa, mas eram oficialmente admitidos naquelas regiões portuguesas por sua utilidade e baixo custo. Os missionários estrangeiros viajavam em navios portugueses; eles tinham um hospício em Lisboa, de onde partiam para a África, e retornavam a Portugal uma vez encerrada a sua missão. A viagem compreendia uma escala na Bahia, onde residiam capuchinhos franceses que se encontravam sob o mesmo regime de tolerância. Paulo de Varraze retornou a Lisboa depois de cumprir sua missão de sete anos no Congo e em Angola, e foi em Lisboa que exerceu suas funções de superior da missão do Congo e de Angola.

---

7 MMA, vol. X, doc. 154, 161.

8 MMA, vol. XIII, doc. 148.

## De volta ao inquérito

O processo de Páscoa nos coloca no cerne da complexidade missionária e política da África central. Escrava africana de uma família portuguesa, Páscoa se casara, segundo os primeiros depoimentos do inquérito, não perante o vigário da cidade onde morava, mas perante um missionário apostólico, capuchinho italiano, no distrito de Lembo. O matrimônio não foi registrado no Livro de Casamentos da paróquia de Massangano. O inquérito adquiria contornos cada vez mais técnicos, já que os inquisidores desejavam apurar se o casamento era válido. A acusação de bigamia dependia, logicamente, da validade do primeiro casamento. As perguntas dos inquisidores tinham como objetivo verificar os pontos de jurisdição; para nós, foi a oportunidade de nos debruçarmos, a partir do caso preciso de um casamento de escravos, sobre as condições das práticas recorrentes da evangelização na África central.

Os inquisidores de Lisboa dirigiram-se novamente ao superior capuchinho retornado de Angola:

> Perguntado se entre os poderes que lhe são concedidos como Missionário Apostólico tem faculdade de assistir aos matrimônios como se fossem párocos naquelas partes em que há vigários próprios e outros clérigos que sirvam de Curas de Almas ou somente nos lugares destes em que há falta de párocos.[9]

Os inquisidores querem avaliar os poderes conferidos pelo papado aos missionários apostólicos. Podiam eles ministrar os

9 Processo de Páscoa Vieira, fólio 42v.

sacramentos em qualquer lugar ou apenas onde não houvesse vigários nomeados pelo poder português?

Paulo de Varazze respondeu que, segundo as regras da Propaganda Fide, os missionários só tinham o direito de ministrar os sacramentos e assistir aos casamentos em distritos onde não houvesse vigários, e em lugares distantes de "uma ou duas dietas" das paróquias – a dieta correspondia a um dia de caminhada, ou seja, quatro ou cinco léguas, ou ainda de 24 a trinta quilômetros. A expressão "assistir aos casamentos" remete ao ritual do sacramento do matrimônio, definido claramente na última sessão do Concílio de Trento em 1563: os noivos ministram eles próprios o casamento por meio do mútuo consentimento, cabendo ao padre apenas assistir à cerimônia e registrar o ato.

As perguntas seguintes dos inquisidores versavam sobre o distrito de Lembo, lugar onde supostamente realizou-se o casamento de Páscoa e Aleixo: Paulo de Varazze conhecia o lugar? Qual era a distância entre Lembo e Massangano? Algum vigário residia ali? Os capuchinhos italianos frequentavam o local? Os inquisidores desejavam saber se o suposto casamento de Páscoa e Aleixo, tal como fora descrito no depoimento do vigário de Massangano, era plausível, e se atendia às estritas condições de validade.

Paulo de Varazze recordava-se bem do distrito de Lembo: como o lugar era melhor do que Massangano, ali passou algum tempo em convalescença quando esteve doente. Essas lembranças do missionário mostravam que a África central era uma terra difícil para os europeus, que contraíam várias doenças e, muitas vezes, morriam em pouco tempo. A taxa de mortalidade dos capuchinhos era muito elevada. Segundo o superior, Lembo ficava a quatro léguas da residência do vigário da paróquia, ou seja, a distância em que os missionários apostólicos tinham o direito, em virtude dos privilégios apostólicos, de celebrar casamentos sem riscos de avançar na área reservada dos padres comuns.

Paulo de Varazze não assistiu a casamentos durante a sua estada em Lembo, pois lhe faltou oportunidade. Acrescentou que várias pessoas viviam em concubinato "em mau estado", o que dava uma "justa razão" aos missionários para celebrar-lhes o casamento. Declarou também que os missionários anotavam sempre o nome das pessoas no livro que apresentavam ao vigário local. O superior capuchinho ressaltou ainda que os missionários às vezes tinham dúvidas sobre as distâncias exatas, para averiguar se seus privilégios se aplicavam ou não. Comunicavam-se, então, com os vigários e davam os nomes das pessoas cujo casamento haviam celebrado. E concluiu: "certamente os missionários costumam casar os escravos, para retirá-los dos concubinatos nos quais comumente viviam, e o casamento realizava-se a pedido dos senhores."[10]

Assim, às questões gerais dos inquisidores sobre as condições de possibilidade e de validade de um casamento de escravos no distrito de Lembo realizado por um missionário capuchinho, as respostas do superior foram positivas: tal casamento era possível e tinha validade.

O questionamento seguinte dos inquisidores foi mais direto. O frei teria conhecido João Romano? Sabia se ele assistira, enquanto vigário no distrito de Lembo, aos casamentos de escravos? E assim respondeu:

> Conheceu muito bem o dito Padre Frei João Romano, agora defunto e foi Missionário Apostólico no Reino de Angola, assistiu em Massangano no tempo em que ele testemunha lá

---

10 Processo de Páscoa Vieira, fólio 43-43v.

chegou e também sabe que residiu muito tempo no distrito do Lembo e frequentou as mais terras circunvizinhas, e era um Religioso muito virtuoso e que se aplicava com grande fervor na salvação das almas, procurando tirar abusos, escândalos e evitar ocasião de pecado; e com esta ocasião se persuade que receberia *in facie Ecclesiae* a muitos pretos escravos porque é sem dúvida que acharia grande número deles em mau estado por ser o vício de sensualidade o que mais se frequenta naquela terra.[11]

A última pergunta dos inquisidores dizia respeito ao vigário de Massangano. Saberia reconhecer sua escrita? Achava que ele era confiável? Paulo de Varazze disse tê-lo conhecido em Luanda e que tivera notícia, por missionários que voltavam de Angola, que ele se tornara vigário em Massangano, posto que provavelmente ocupava desde 1692; ele não podia reconhecer a escrita, pois jamais a vira anteriormente, mas acreditava que o testemunho do vigário era totalmente confiável.

Quando cheguei a esse estágio do deciframento do processo, ficou-me claro, então, que a sorte de Páscoa estava selada. Parecia-me que Paulo de Varazze dera aos inquisidores todas as garantias de que o casamento de Páscoa e Aleixo havia sido celebrado dentro das regras. Foi surpreendente descobrir, nas páginas seguintes, a prudência do tribunal.

De fato, em 24 de janeiro de 1698, os juízes examinaram novamente os depoimentos e a declaração de Paulo de Varazze. Retomo aqui a conclusão. Consideraram por unanimidade que era preciso continuar investigando legalmente o primeiro casamento de Páscoa e Aleixo, uma vez que os

---

11 Idem.

documentos que tinham em mãos não apontavam testemunhas que os tivessem visto se casar ou dessem razão suficiente para provar que o casamento fora legítimo. Sem essa prova jurídica, os juízes concluíram que não havia provas suficientes para decretar o encarceramento da mulher denunciada.

A sequência do parecer dos inquisidores continuou a me surpreender:

> Mas visto haver fama de haver sido recebida com o dito preto Aleixo; e haver notícia ser vivo escravo do dito Pascoal da Mota Teles; e dizer o Pároco da Matriz da mesma Vila na dita certidão fls. 19 que achara notícia por pessoas fidedignas que o Padre Frei Francisco Romano Capucho Italiano e Missionário Apostólico havia assistido como Pároco ao dito primeiro matrimônio; e haver declarado nesta Mesa o dito Frei Paulo da Várzea; que os Missionários Apostólicos daquele Reino têm livro especial em que assentam as pessoas, que recebem: antes de outro despacho sejam judicialmente perguntados os ditos Pascoal da Mota Teles, e o escravo Aleixo para que deponham sobre a certeza do primeiro matrimônio e constando o tempo em que foi; e o missionário que os recebeu, se procure no Convento, ou Hospício do mesmo, o livro em que assentam os casados, e dele se tire certidão, do assento do mesmo matrimônio.[12]

Assim, o tribunal suspendeu a ordem de prisão e ordenou um complemento de inquérito... que implicava novamente vários meses de navegação. Nada parecia deter os inquisidores em proceder ao interrogatório das principais testemunhas,

---

12 Processo de Páscoa Vieira, fólio 46v-47.

o primeiro marido Aleixo e o antigo senhor Pascoal da Motta Telles, a fim de conhecer as circunstâncias do primeiro casamento e encontrar uma prova legal.

Esse acúmulo de precauções, surpreendente a nossos olhos, exige uma interpretação. Como explicar tal prudência do tribunal e o especial zelo em realizar o inquérito prévio, antes de expedir uma ordem de prisão?

Tem-se aí um belo exemplo do caráter minucioso da justiça inquisitorial, que só condenava à prisão indivíduos que foram denunciados depois de estar convencida da culpa deles, tanto para afirmar sua eficácia como certamente por razões financeiras, no caso dessa justiça inquisitorial à distância. Sem dúvida, levar um acusado de Salvador até Lisboa, e mantê-lo na prisão pelo tempo do processo, apresentava um custo elevado, mesmo que o próprio acusado tivesse em princípio de pagar as despesas, especialmente graças ao confisco de seus bens pelo tribunal.

O comparecimento do acusado tinha a finalidade de restabelecer a verdade, eventualmente inocentá-lo, mas visava, sobretudo, punir e reconciliar um pecador cuja culpabilidade fosse indiscutível aos olhos dos inquisidores. O tribunal mostrava-se implacável tanto mais porque seus processos de acusação eram completos. Por essa razão, na lógica do tribunal, faltava acumular ainda mais provas da culpa da pessoa denunciada antes de decretar sua prisão. Reabrir o inquérito de Lisboa até o vilarejo de Massangano em Angola era, portanto uma decisão racional. O sistema de intermediários do tribunal – seus comissários locais, os padres requisitados, os familiares – permitia realizar esses inquéritos a baixo custo. Existiam circulações marítimas regulares entre Lisboa e Salvador, entre Salvador e Luanda, e o tribunal entregava as correspondências ultrassecretas em mãos de pessoas de confiança que viajavam dentro do império marítimo português. Logicamente, tudo isso levava tempo e prolongava o inquérito.

Tratava-se também de um claro sinal de que o tribunal não receava que as pessoas investigadas fugissem, o que era revelador tanto das redes de vigilância e da malha da justiça inquisitorial, como também do sigilo sob o qual corriam as investigações. As precauções tomadas pelo tribunal podiam igualmente ser explicadas pelas dificuldades que o Santo Ofício português conhecera nos anos anteriores.

## A prudência da Inquisição portuguesa

Examinando a informação judicial realizada em Luanda e Salvador, o procurador solicitava que Páscoa fosse tratada segundo o regimento do Santo Ofício. Naquele final do século XVII, ele já era objeto de várias controvérsias e discussões. O primeiro regimento do Santo Ofício português datava de 1552. Estipulava as penas fixas, as regras a serem observadas, as competências dos ministros e dos funcionários do tribunal, além de criar regras para as visitas inquisitoriais, a recepção das denúncias e das confissões. Dava a possibilidade de prender um acusado com base em apenas uma denúncia e instituiu o princípio do processo sigiloso, segundo o qual o acusado ignorava o nome das testemunhas de acusação e as circunstâncias do crime de que era acusado.

Roma, que procurava limitar o poder desse recente tribunal português e não desejava um tribunal tão poderoso quanto o da Espanha, tentou em vão opor-se a certos métodos do Santo Ofício português, especialmente o princípio do processo sigiloso. Novos regimentos foram adotados em 1613 e 1640. Os historiadores especialistas qualificam o procedimento como rigoroso, mas não arbitrário.[13] A coleta das provas das testemunhas (que deviam ser abundantes), a decisão da ordem de encarceramento e o interrogatório do acusado eram bem enquadrados, até a apreciação dos fatos pelos juízes e a sentença final. O uso da tortura, que podia entrar no sistema das provas, era controlado.

Porém, o Santo Ofício português tinha reputação, mesmo em Roma, de ser particularmente severo, principalmente com relação aos judaizantes. Um embaixador dos cristãos novos representava em Roma os interesses desta comunidade junto ao papa e denunciava regularmente os excessos do tribunal. Em 1674, o papa Clemente X suspendeu os processos do Santo Ofício de Portugal e ordenou a cessação dos autos da fé, cerimônias de penitência pública dos condenados. Em 1678, o Santo Ofício romano exigiu que fossem enviados a Roma, para averiguação, cinco processos de acusados judaizantes que sempre negaram sua culpa, mas foram condenados à morte. Havia, por parte do tribunal romano, a tentativa de fazer o papel de tribunal de apelação para os condenados portugueses. O inquisidor geral de Portugal recusou-se e foi destituído em 1679, o tribunal foi fechado e Roma concedeu a jurisdição sobre as heresias aos bispos. Apesar desse fechamento, os prisioneiros permaneceram nos cárceres do Santo Ofício. Foi a crise mais grave da história do tribunal português. O embaixador de Portugal advertiu ao papa que existia ali um risco de cisma. Firmou-se então um acordo: o Santo Ofício português aceitava enviar a Roma os processos originais, mas conservava suas particularidades. O papa autorizou a reabertura do tribunal em 1681, intimando-o, porém, a mudar seus métodos.

---

13 G. Marcocci; J. P. Paiva, op. cit.

Para os historiadores Giuseppe Marcocci e José Pedro Paiva, a nova fase da atividade do tribunal, qualificada de "barroca", iniciada a partir de 1681 e estendendo-se até o terremoto de Lisboa em 1755, correspondeu ao apogeu da instituição. Para satisfazer Roma, o tribunal aceitou algumas mudanças. Os processos duravam mais tempo, e o número de testemunhas ouvidas para fundamentar melhor a acusação aumentou. Foi exatamente assim no processo de Páscoa, quando os inquisidores decidiram suspender a ordem de prisão para consolidar a acusação e ouvir as testemunhas essenciais do caso: o primeiro marido e o senhor que enviou a escrava ao Brasil. Nesse momento também, o consenso em torno do tribunal do Santo Ofício era mais forte entre a população: ser afiliado enquanto familiar era uma via de ascensão e de poder. As denúncias não paravam de chegar.

Em 1687, o francês Charles Dellon publicou *A relação da Inquisição de Goa*, descrição crítica da instituição, obra que alcançou grande sucesso e contribuiu para alimentar a má reputação do catolicismo português na Europa. O autor demonstrara que a Inquisição portuguesa era mais severa que a espanhola e a romana.[14]

O processo de Páscoa desenrolou-se com todo o rigor, segundo o regimento e o estilo do Santo Ofício. O tribunal construiu sua acusação de maneira sólida e não executou levianamente a ordem de prisão. Mas, ele mantinha a sua mecânica implacável, razão pela qual era tão temido. Perseguia todos os delitos, mesmo o caso de bigamia de uma mulher escravizada, delito que era, na hierarquia do Santo Ofício, considerado como menor, suscetível de uma "leve suspeição de heresia".

---

14 C. Dellon, *L'Inquisition de Goa. La relation de Charles Dellon*.

A decisão do tribunal permite uma nova viagem a Angola, ao interior das terras, rumo à África de Páscoa, para conhecer seu primeiro marido e seu antigo senhor, sua vida antes de chegar ao Brasil e sua condenação à escravidão atlântica. A Inquisição produziu, portanto, uma documentação excepcional. Descortinava-se, assim, a história de vida de uma escrava e não somente na América, mas também na África.

# CAPÍTULO 4

## Massangano: o antigo mundo de Páscoa

No dia 6 de outubro de 1698, dez meses depois da decisão do tribunal de Lisboa de prolongar o processo, Antônio de Gouveia de Almeida, vigário da paróquia de Nossa Senhora da Vitória de Massangano, abriu o inquérito na fortaleza portuguesa.

Todas as informações obtidas sobre o vigário de Massangano, especialmente junto ao superior capuchinho Paulo de Varazze, encorajaram o tribunal de Lisboa a lhe dar um voto de confiança e a nomeá-lo "visitador", ou seja, representante provisório do tribunal para o inquérito. Identifica-se aí a economia de meios e a eficácia com a qual o tribunal conseguia realizar inquéritos em lugares distantes, sem deslocar uma só pessoa. O tribunal enviou uma série de instruções precisas a Antônio de Gouveia de Almeida a fim de que ele procedesse aos interrogatórios com ordem e método. Outro religioso, padre Manuel de Araujo de Azevedo, cumpriu a função de notário.

Naquele dia, cinco testemunhas foram ouvidas; todas pertenciam ao antigo mundo de Páscoa; os depoimentos relatavam sua vida, desde o seu nascimento até a partida para o Brasil, ou seja, de 1660 a 1686: 26 anos de uma vida de escrava no seio de uma família de portugueses na África. Quatro testemunhas eram membros da família dos proprietários, dentre eles Pascoal da Motta Telles, que enviou Páscoa ao Brasil. A última testemunha era Aleixo, o primeiro marido. Os inquisidores de Lisboa tinham como prioridade os depoimentos do proprietário e do primeiro marido de Páscoa e, por essa razão, o inquérito fora estendido.

## Retrato de uma família luso-africana

Os depoimentos dos diversos membros da família dos primeiros senhores de Páscoa permitem fazer o retrato de uma família luso-africana de Massangano, e fornecem elementos sobre a partida de Páscoa para o Brasil.

O primeiro a testemunhar: "O Alferes Pascoal da Motta Telles, natural da Cidade de Lisboa, Freguesia de Santa Ignácia; morador casado na Vila de Massangano de idade que disse ser de 42 anos pouco mais ou menos".[1] Interrogado sobre Páscoa e seu marido, ele responde:

> Conhecia a negra Páscoa a qual era casada nesta Vila *in facie Ecclesiae* com o preto Aleixo os quais foram recebidos matrimonialmente pelo Padre Frei João de Romano Capuchinho Italiano Missionário Apostólico destes Reinos fora desta Vila em uma fazenda da defunta Domingas Carvalho no sítio chamado Quicundo distrito desta Vila, que pouco mais ou menos poderá haver 22 anos que foram recebidos ainda escravos da dita viúva Domingas Carvalho que Deus haja; e por a dita negra Páscoa fugir a mandou ele testemunha sendo já sua escrava embarcar por seus procuradores na Cidade de Luanda, a qual foi remetida à Cidade da Bahia a Francisco Álvares Távora; e vindo da Cidade de Luanda, da Bahia Luiz Álvares da Távora primo do dito Francisco Álvares Távora, falando com ele testemunha que então tinha ido à dita Cidade de Luanda lhe veio a dizer o dito Luiz Álvares da Távora que seu primo Francisco Álvares Távora havia tomado a si a negra Páscoa, e havia casado com um seu crioulo preto da Mina que por nome não perca. Ao que ele testemunha logo que tem a dita notícia como a dita negra Páscoa era casada na Vila de Massangano com o negro Aleixo sapateiro escravo da viúva Andreza da Cunha sogra dele testemunha; e na mesma ocasião estava presente o dito negro Aleixo, que ainda hoje está

1 Processo de Páscoa Vieira, fólio 52v.

> vivo em poder da dita sua sogra testemunha de que é escravo; e quando embarcou a dita negra Páscoa perguntou ao dito Aleixo se queria ir com a sua mulher; respondeu, que ele não tinha cometido crime algum para ir com a dita sua mulher; e que nem ela fazia vida com ele por ser desinquieta.[2]

Esse depoimento continha várias informações precisas: a data do casamento 22 anos antes, ou seja, em 1676. A razão do embarque de Páscoa para o Brasil foi esclarecida: era um castigo por fuga, aplicado pelo seu senhor português. A venda foi feita graças aos intermediários diretos do proprietário. A fim de comprovar aos inquisidores que ele não havia separado, sem cuidado prévio, um homem e uma mulher casados, o senhor dos cativos declarou ter proposto ao marido acompanhar sua esposa ao Brasil. Era um ponto importante: um senhor não podia, em princípio, separar um casal de escravos casados. A resposta do marido demonstrou tratar-se de um casal desunido. O processo de venda ao Brasil também foi detalhadamente descrito.

Depois de ler seu depoimento, o comissário interrogou Pascoal da Motta Telles para saber se ele desejava acrescentar outros elementos. Ao voltar da cerimônia em que foi celebrada na presença do capuchinho João Romano, o senhor esclareceu: "naquela ocasião foram assim casados muitos outros escravos e ele não sabia quem tinham sido as testemunhas." O depoente ainda acrescentou novos detalhes sobre o laço de propriedade dos dois escravos:

> Quando ele testemunha casou com Dona Maria de Leão que Deus haja, filha da dita viúva Andresa da Cunha os achou já recebidos; e que depois de recebidos estando em seu poder

---

2 Processo de Páscoa Vieira, fólio 52v-53.

> fizeram vida marital de umas portas adentro; e tiveram dois filhos, os quais faleceram de tenra idade; e o dito Aleixo está vivo e assiste nesta Vila em poder da viúva Andresa da Cunha, da qual é escravo; e sabe de tudo quanto tem deposto tem certa ciência por ser genro da dita viúva Andresa da Cunha, e por o dito negro o ter servido todo tempo que esteve casado com a defunta Dona Maria de Leão, que faleceu na era de 93 anos.[3]

Assim, Pascoal da Motta Telles, militar, com grau de alferes, originário de Lisboa, dirigiu-se à África, provavelmente no contexto das "guerras de Angola", conflitos ocorridos ao longo do século XVII, que tinham como objetivo consolidar a conquista do território contra os africanos recalcitrantes em reconhecer autoridade do soberano português e contra as incursões de outros europeus. Na colônia, o oficial casou-se com uma mulher luso-africana, dona Maria de Liam, que à época do inquérito já havia falecido. Com esse casamento, ele viu se em situação de comandar escravos de que não era proprietário, mas que pertenciam a sua esposa ou a sua sogra.

Os outros depoimentos dos membros da família permitiram retraçar a genealogia dos proprietários e a transmissão da propriedade dos escravos. Todos se referiram a um nome, a viúva Domingas Carvalho, proprietária dos dois escravos, e que morrera legando seus bens aos herdeiros. Aliás, ela foi citada por Páscoa primeiramente em 1700 diante dos juízes de Lisboa, conforme vimos no prólogo.

Luis de Carvalho, padre, era sobrinho de Domingas Carvalho, com idade de 52 anos. Ele conhecia Páscoa e Aleixo desde sempre: disse tê-los visto nascer. De fato, ele tinha 12 anos na ocasião do nascimento de Páscoa, de quem era padrinho.

---

3 Processo de Páscoa Vieira, fólio 53v.

Confirmou ainda o casamento de Páscoa e Aleixo, mas declarou não ter estado presente à cerimônia.

Andreza da Cunha, irmã da testemunha anterior e também sobrinha de Domingas Carvalho, foi a segunda a depor. Tinha 60 anos e foi quem herdou os escravos de sua tia quando essa morreu; era a sogra de Pascoal da Motta Telles, que se casou com sua filha dona Maria de Leão, falecida em 1693.

> Que conhece muito bem a negra Páscoa a qual é sua afilhada, ela, e sua mãe Lucrécia foram escravas de sua tia, a viúva Domingas Carvalho por cuja morte lhe vieram a ela como herança, que lhe coube da dita sua tia a qual negra Páscoa embarcou seu genro Pascoal da Mota por ser desinquieta, e fugitiva, e deixar o seu marido o negro Aleixo por outros sujeitos; e a embarcou para a Cidade da Bahia onde ouviu ele testemunha dizer que estava outra vez casada sendo vivo seu primeiro marido que é o negro Aleixo seu escravo, e que ela testemunha tem notícia dos ditos pretos Aleixo e Páscoa por os ver nascer em casa de sua tia Domingas Carvalho, e ambos têm suas mães vivas, a saber, a mãe do Aleixo é a negra Maria, e a mãe da negra Páscoa é a negra Lucrécia, que hoje é escrava desta Matriz de Nossa Senhora da Vitória.[4]

Andreza da Cunha acrescentou uma informação complementar sobre as razões alegadas por Aleixo para não acompanhar sua mulher no exílio: "e falando ao negro Aleixo se queria embarcar com sua mulher não quis, por não deixar sua mãe nem seus parentes".

O último membro da família a testemunhar foi Liam Luis de Carvalho, nascido em Massangano: tinha 39 anos,

---

4 Processo de Páscoa Vieira, fólio 57v.

era sobrinho de Andreza da Cunha, ela mesma sobrinha de Domingas Carvalho, conforme esclareceu e afirmou conhecer os dois negros desde a infância; tinham mais ou menos a mesma idade.

A partir desses depoimentos que desenharam os laços de família e de propriedade, evidenciou-se que a viúva Domingas Carvalho, falecida no momento do inquérito, possuía vários escravos, dentre eles Páscoa, Aleixo e suas respectivas mães. Legou sua fortuna à sobrinha Andreza da Cunha e não ao seu sobrinho, o padre Luiz de Carvalho. Andreza e Luiz eram madrinha e padrinho de Páscoa. Andreza da Cunha teve uma filha, dona Maria de Liam, que se casou com um português, o alferes Pascoal da Motta Telles. Em 1686, este último agiu na qualidade de proprietário dos cativos, embarcando Páscoa para o Brasil. A escrava fazia parte do dote de Maria de Liam, mas não Aleixo, que continuou pertencendo a Andreza da Cunha em cuja casa ele vivia. Maria de Liam faleceu em 1693. A mãe de Páscoa não pertencia mais à família, mas sim à paróquia.

Nesse conjunto de depoimentos, vê-se claramente o papel das mulheres na transmissão da fortuna, na estabilidade das famílias, tanto na dos senhores como também na dos escravos. As proprietárias eram mulheres: Domingas Carvalho, e em seguida Andreza da Cunha. Com exceção do alferes Pascoal da Motta Telles, originário de Lisboa, os outros membros da família nasceram todos em Massangano: Andreza da Cunha em 1638, seu irmão em 1646, seu sobrinho em 1659.

A família possuía grande quantidade de escravos, mas esse número não impedia os proprietários de conhecê-los bem, já que eles tinham inclusive relações de parentesco espiritual com eles. As relações de família e de propriedades se misturavam. Os proprietários citam as mães dos dois escravos, Páscoa com

38 anos e Aleixo com 45; pois nas famílias de escravos a mãe era quem transmitia aos filhos sua condição; para os senhores, só importava a ascendência materna. Destaca-se dessa descrição uma forte impressão de estabilidade na linhagem e no patrimônio, fenômeno raramente presente nos relatos de vida de escravos do Brasil onde as mudanças de proprietário eram frequentes e os laços com os parentes, em geral, silenciados.

Nos depoimentos das testemunhas em Massangano, pouco se faz menção à cor da pele das pessoas, a não ser para designar, em casos específicos, os escravos. Por muito tempo, interpretei esse silêncio como o fato de que eram brancos todos aqueles que não eram apontados como sendo negros. De fato, nos arquivos do Brasil, quando não se faz menção à cor da pele dos indivíduos, é, em geral, porque são considerados brancos. Acostumada às fontes brasileiras, pensei, então, que a família Carvalho era uma família de portugueses brancos. No entanto, na sessão sobre sua genealogia, diante dos juízes de Lisboa em 1700, Páscoa referiu-se a seu padrinho e sua madrinha qualificando-os de pardos: "(...) e foi seu padrinho João Luis, homem pardo, e Andreza também mulher parda da mesma casa".[5]

Os nomes nos diferentes depoimentos correspondem: o padrinho e a madrinha de Páscoa eram os dois irmãos, Luiz de Carvalho, padre católico, e Andreza da Cunha, a proprietária dos dois escravos. Logo, a família Carvalho era uma família de pardos, com grandes posses de terras e escravos. Páscoa, que morou mais de quatorze anos no Brasil, rompeu o silêncio sobre a cor que prevalecia em Angola ao identificar seus antigos senhores como pardos. Assim, conforme os lugares, as menções à cor da pele aparecem ou, ao contrário, são silenciadas.

---

5 Processo de Páscoa Vieira, fólio 70v.

A essencialização desse critério pelos historiadores nem sempre leva em conta essa variabilidade das fontes.

A maioria das famílias luso-africanas de Angola – os *moradores* – era mestiça, como os Carvalhos. Um contemporâneo explicou que, em Angola, os homens de bem e os conquistadores casavam-se com suas escravas ou mulheres negras livres e tinham uma descendência "muito honrada e nobre". Comparou ainda essa situação com o Brasil e com a Índia, onde existia também uma nobreza mestiça.[6] Aliás, apesar da riqueza proveniente da propriedade escrava, sempre reiterada nas fontes, a família Carvalho era descrita como sendo miscigenada e possuidora de laços de parentesco espiritual que os uniam aos seus escravos. Logo, em Angola, ser senhor não significava ser branco, e ser negro não significava ser escravo. No Brasil também, mas em menor grau.

Restava ouvir o marido Aleixo, uma testemunha chave do processo, pois obviamente esteve presente no casamento. O fato era importante, já que, até então, nenhuma testemunha assistira ao casamento.

> O preto Aleixo sapateiro escravo da viúva Andresa da Cunha natural deste Reino de idade que pareceu ser de 45 anos pouco mais ou menos (...). Perguntado pelo primeiro interrogatório da ordem do Santo Ofício, que tudo lhe foi lido, e declarado na língua Ambunda por ser pouco inteligente a testemunha da língua portuguesa. Disse que ele não sabia, nem suspeitava o para que era chamado.[7]

---

6 A. de O. Cadornega, *História geral das guerras angolanas*, vol. III, p. 30.
7 Processo de Páscoa Vieira, fólio 54v.

A menção ao intérprete é um dado fundamental. Aleixo não falava bem português, o que indica que suas trocas linguísticas no âmbito da família Carvalho, da qual era escravo desde o nascimento, faziam-se na língua ambunda, igualmente conhecida sob o nome de quimbundo, idioma bantu dos Mbundu, povo da região da região sul do Congo.

> Perguntado pelo segundo interrogatório, que tudo lhe foi lido, e declarado na língua Ambunda pelo Reverendo Vigário, disse que conhece a negra Páscoa sua mulher, a qual o Alferes Pascoal da Motta Telles seu Senhor, por ser então casado com Dona Maria de Leão filha de sua Senhora Andreza da Cunha, a qual negra é sua mulher legítima, e há mais de 22 anos pouco mais ou menos, que são casados, e a dita sua mulher Páscoa a embarcou para o Brasil o dito Alferes da Motta Telles, onde teve ele testemunha notícias por muitas pessoas fidedignas que vieram da Bahia, como a dita sua mulher Páscoa era casada com um negro do Gentio da Mina escravo de um escrivão.[8]

No terceiro interrogatório ele descreveu seu casamento na propriedade de Quicundo, dentro da regra decretada pelo Concílio de Trento, diante do capuchinho italiano João Romano:

> Os recebeu com os mais escravos da casa da dita sua Senhora, e foram testemunhas o preto Mateus, já falecido, e outro preto Diogo, escravos da mesma casa, e depois de casados viveram muitos anos e tiveram dois filhos os quais são falecidos cujos nomes foram Marta e Manoel.[9]

---

8 Processo de Páscoa Vieria, fólio 54v-55

9 Processo de Páscoa Vieria, fólio 55

O testemunho de Aleixo incluiu detalhes íntimos ao relato da cerimônia coletiva de matrimônio: declinou o nome das duas testemunhas escravas de seu casamento e o nome cristão dos dois filhos que tivera com Páscoa. Mostrou-se interessado pelo segundo marido de sua esposa, uma espécie de rival do outro lado do oceano, cuja nação conhecia (negro da costa da Mina), assim como sua condição (escravo de um escrivão). Não hesitou em acoimar sua mulher, pois acrescentou a seu primeiro testemunho que ela se fizera passar por viúva no Brasil. Isso o autorizou a reforçar a culpa de Páscoa. Apesar da longa separação do casal, Aleixo não esquecera as infidelidades da esposa.

Os diferentes testemunhos oferecem um bom volume de informações sobre a vida dos luso-africanos e de seus escravos, no interior das terras de Angola. Era o antigo mundo de Páscoa, àquela altura, habitante de Salvador, mundo que é mister compreender a fim de elucidar melhor a densidade e a complexidade de sua vida de escrava.

## Massangano, fronteira de Portugal

Para se ter uma ideia da cidade onde Páscoa nasceu e viveu, o historiador dispõe de uma fonte excepcional: os três volumes da *História geral das guerras angolanas*, obra escrita em 1680-1681 e que se manteve manuscrita na época.[10] Seu autor, Antônio de Cadornega, foi um soldado português que viveu cerca de trinta anos em Massangano, de 1639 a 1671, no período da infância de Páscoa. Originário de uma família de cristãos-novos de Vila

---

10 Ver B. Heintze, *Angola nos séculos XVI e XVII, Estudos sobre fontes, métodos e história*, cap. 5: "A obra de Antônio de Oliveira de Cadornega, *Historia geral das guerras angolanas*".

Viçosa, deixara Portugal com destino a Angola em 1639, acompanhado de seu irmão, certamente para fugirem da Inquisição; os dois irmãos nunca mais retornaram a Portugal, onde a mãe e a irmã foram julgadas e condenadas por criptojudaísmo. Depois da carreira de soldado, Antônio de Cadornega tornou-se juiz. Seu livro pretendia ser uma contribuição à glória das conquistas portuguesas, integrando Angola na série de altos feitos dos portugueses no ultramar. Continha, igualmente, uma descrição ilustrada com imagens da fauna, da flora e dos costumes de Angola.[11] Essa obra de exacerbado patriotismo consistia, sem dúvida, num modo de restaurar a reputação familiar, depois das contendas com a Inquisição.

Massangano era uma fortaleza situada a quarenta léguas (cerca de duzentos quilômetros) de Luanda no *sertão* (palavra que designa o interior das terras, e igualmente de uso frequente no Brasil). Situava-se na confluência de dois caudalosos rios, o Cuanza e o Lucala. O primeiro era um eixo importante de penetração das mercadorias entre Luanda, situada no litoral, e as regiões do interior: ouro, marfim e víveres, e sobretudo escravos, ali circulavam a bordo das flotilhas. Se Luanda era uma cidade, Massangano era uma vila, categoria jurídica inferior, menos dotada de privilégios e poderes.

Situada num esporão rochoso, cercada de muralhas de madeira e de taipa, Massangano era a mais antiga fortaleza portuguesa no interior daquelas terras; foi fundada em 1583, pouco depois de Luanda, pelo conquistador de Angola, o capitão Paulo Dias de Novais. A conquista ficara inacabada naquela época. No interior, os portugueses estabeleceram seu domínio procurando impor laços de vassalagem aos chefes locais (sobas); mas

---

11 A imagem que ilustra a capa deste livro é um detalhe do desenho em cores do manuscrito de Cadornega conservado na biblioteca da Academia de Ciências de Lisboa.

sua presença permaneceu fraca e limitada a alguns pontos estratégicos, onde estabeleceram fortalezas, também chamadas "presídios": Massangano (1583), Muxima (1599), Cambambe (1603), Ambaca (1618).[12]

Dentro do império português, Massangano podia ser considerada uma "fronteira fortificada de Portugal". Essa expressão é emprestada do título de uma célebre obra manuscrita de Duarte de Armas, de 1510, um catálogo dos planos das fortalezas ou fortes de Portugal.[13] Desde o século XV, a fronteira fortificada de Portugal expandiu-se por três continentes: África, Ásia e América. Depois dos presídios da África do Norte, a fortaleza de São Jorge da Mina foi construída em 1481 e serviu de modelo; seguiram-se as fortalezas orientais de Malaca, Diu, Ormuz, mas como também das cidades brasileiras de Salvador, Rio de Janeiro, Belém, na embocadura do Amazonas, construídas ao redor de fortes. Por volta de 1640, um novo livro – *Livro das plantas das fortalezas, cidades e povoações do Estado da Índia Oriental com as descrições do marítimo dos Reinos e Províncias* –[14] traz os planos das fortalezas portuguesas do oceano Índico e da costa oriental da África.

Assim, Massangano era uma fronteira de Portugal: uma fortaleza, mas também um espaço que concentrava todas as marcas da civilização portuguesa transplantadas para um mundo africano. Serviu de refúgio aos portugueses, quando a cidade de Luanda, ainda não fortificada, fora facilmente tomada pela WIC holandesa, em 1641. O próprio Antônio de Cadornega ali se refugiou. Os portugueses de Massangano organizaram a

---

12 M. Demaret, op. cit. e L. Heywwod, op. cit., cap. 1.

13 D. Armas, *Livro das fortalezas*.

14 *Livro das plantas das fortalezas, cidades e povoações do Estado da Índia Oriental com as descrições do marítimo dos Reinos e Províncias onde estão situadas e outros portos principais daquelas partes: contribuição para a história das fortalezas dos portugueses no ultramar*.

resistência e estabeleceram a junção com as tropas vindas em 1648 de Portugal e do Brasil, chefiadas por Salvador de Sá.

Segundo Antônio de Cadornega, no início dos anos 1680, Massangano perdeu muitos habitantes, em comparação com a época da resistência aos holandeses; a vila não se assemelhava, segundo o autor, à "suntuosa" Luanda, apresentada como capital. Porém, a vila não passava de uma cidadela de soldados, onde se encontravam igrejas e edifícios religiosos. Cadornega cita a igreja paroquial Nossa Senhora da Vitória e uma igreja dedicada a São Benedito de Palermo, o santo franciscano negro ("santo negro pela cor, porém branco demais pelas obras e santidade"); uma casa da Misericórdia com um hospital; um convento ou hospício dos capuchinhos; e uma antiga residência jesuíta onde os padres de passagem podiam se hospedar. Antônio de Cadornega citou as belas estátuas de santos, as diversas confrarias que organizavam as festividades religiosas, as procissões, as festas para celebrar a Coroa, as instituições de caridade para os doentes e os pobres. O vilarejo tinha também suas autoridades, com uma câmara municipal responsável pelo "bom governo da república, do serviço real e da conservação das conquistas". Páscoa, portanto, já havia conhecido um pequeno povoado tipicamente "português" antes de chegar à Bahia.

As forças militares continuavam firmemente presentes: embora os holandeses já tivessem partido, a guerra prosseguia contra os africanos. A guarnição militar contava oficiais e soldados, 25 deles pagos pela Coroa. O capitão das tropas também tinha responsabilidades civis, como manter a ordem na vila e efetuar encontros diplomáticos com os chefes africanos do entorno, os sobas. Os senhores da região de Kissama, ao sul de Massangano, não reconheciam a soberania do rei de Portugal e mantinham relações negociadas com os portugueses, alternando alianças e conflitos.

Antônio de Cadornega forneceu números bastante precisos referentes à população: duzentos chefes de famílias portuguesas e seiscentos comungantes. Esses constituíam o grupo de pessoas que celebravam anualmente a Páscoa, confessando-se e comungando, e os vigários listavam seus nomes. Os negros da cidade eram mencionados na descrição de sua paróquia, São Benedito de Palermo. Eram chamados de *quimbares*; tratava-se de homens livres (*gente forra*), trabalhadores que moravam na vila ou nos arredores. De tão numerosos, era difícil contá-los, explica o autor português. Páscoa e seu primeiro marido Aleixo tiveram, seguramente, uma vida próxima desses homens e mulheres, negros e negras livres, que trabalhavam para os portugueses.

Jovens, Aleixo e Páscoa trabalhavam nos arredores da cidade, nas propriedades agrícolas de seus senhores. Entre os Mbundu, a agricultura era uma atividade de mulheres, logo, não seria de estranhar que Páscoa tivesse trabalhado nas plantações. Porém, ela trabalhou também como escrava doméstica. Tinha uma relação privilegiada com Andreza da Cunha, da qual era afilhada, e que se tornou sua senhora depois da morte de Domingas Carvalho; posteriormente, Páscoa foi dada de presente à filha dc Andreza quando de seu casamento com Pascoal da Motta Telles. As duas jovens tinham a mesma idade. Quando chega ao Brasil, Páscoa com idade de 26 anos, devia ser uma escrava acostumada a serviços de casa. Na época do inquérito, em 1698, Aleixo, então com 45 anos, tornou-se sapateiro e, aparentemente, não era mais enviado para as plantações. O trabalho dos escravos variava conforme a idade.

Os senhores de Páscoa eram, portanto, uma família de portugueses mestiços de Massangano, um exemplo de família luso-africana, os chamados *moradores*: tinha a patriarca, Domingas Carvalho, sua sobrinha, a viúva Andreza da Cunha, proprietária de terras e de escravos; seu sobrinho Luiz de

Carvalho, padre secular. O genro de Andreza, o alferes Pascoal da Motta Telles, era um português do reino: nascido em Lisboa, oficial de carreira, ao final de seu serviço como militar havia se casado com a filha de uma família local, que dispunha de um bom dote. Descenderia a família Carvalho, pelo lado português, da nobreza de Angola, os chamados conquistadores que foram recompensados ao longo das guerras angolanas com a cessão de terras e doação de escravos? Descenderia pelo lado africano da aristocracia do Ndongo, as famílias de sobas? Sim, a menos que o sangue africano resultasse de uniões entre senhores e escravos, frequente no seio das famílias.

Sabe-se que aquela família encontrava-se estabelecida havia pelo menos três gerações em Massangano. Em geral, eram proprietárias as mulheres, e a elas cabia transmitir a fortuna, segundo um esquema clássico em Angola no qual as viúvas, chamadas *donas*, em geral eram as chefes de família. Essas famílias locais casavam suas filhas com portugueses vindos do reino, como era o caso do alferes Pascoal da Motta Telles. Apesar da morte de sua mulher, dona Maria de Liam, ele continuou vivendo em Massangano. O casamento no império português era estratégico, pois dava aos metropolitanos a possibilidade de ter descendentes nas terras ultramarinas e enriquecer graças aos dotes de suas esposas, uma vez que os salários da Coroa eram baixos.

Nos sítios e fazendas da família Carvalho trabalhava grande quantidade de escravos. A agricultura nunca foi muito desenvolvida em Angola, se comparada a do Brasil, cuja riqueza originou-se do cultivo da cana-de-açúcar. Em Angola, as grandes propriedades praticavam a agricultura de subsistência, especialmente de mandioca, planta originária do Brasil indígena; a farinha de mandioca – ou farinha do Brasil – servia para alimentar os escravos nos navios com destino à América; na verdade, tudo estava subordinado ao tráfico de escravos, em que consistia a grande produção de Angola. Massangano era uma feira importante: as caravanas de cativos provenientes do interior, comprados ou capturados em razias, paravam e partiam novamente por via fluvial até o porto de Tombo, em seguida por via terrestre, nos últimos cinquenta quilômetros, até o porto de Luanda, onde eram embarcados para as Américas.

A família Carvalho estava certamente ligada ao tráfico, se considerarmos sua riqueza e condição social. Ao mesmo tempo portuguesas e africanas, famílias como essa situavam-se na junção dos circuitos do tráfico interno e do tráfico atlântico. A aliança com expatriados como Pascoal da Motta Telles dava acesso às redes do tráfico atlântico. Por essa razão, o alferes, que tinha procuradores em Luanda, vendera facilmente Páscoa ao Brasil por intermédio de seus contatos. Para um português, a aliança com residentes locais era uma maneira de contornar a proibição, feita aos metropolitanos, de negociar escravos nos mercados do interior.[15]

Para além dos muros de Massangano, começava um mundo africano que Antônio de Cadornega, espírito curioso e fino conhecedor, descreveu em detalhes. A fauna: onças, leões, serpentes representavam os perigos cotidianos, às portas do vilarejo. Dois soldados portugueses assistiram, às escondidas, a uma cerimônia em que o diabo, presente na forma de uma cobra gigantesca, sinalizou a presença daqueles estranhos.

Os ancestrais eram personagens poderosos e presentes. Cadornega conta um episódio de resistência à cristianização, ocorrido a duas léguas da vila, nas terras do soba Mulumba a Cambolo. Um capuchinho italiano, frei Antônio de Romano,

---

15 M.Candido "Marriage, Concubinage, and Slavery in Benguela, 1750-1850".

acompanhado de uma intérprete mulher, fora ver o chefe e pediu-lhe para submeter-se às leis da Igreja, citando o exemplo de Njinga, a rainha dos Mbundus, que abraçara novamente a fé católica. Mulumba a Cambolo respondeu que "ele já havia por duas vezes comido sal", expressão que significava o batismo para os africanos, mas que se encontrassem para ele uma madrinha (*mama amungoa*) que lhe desse alguma coisa, ele estaria disposto a batizar-se novamente. O capuchinho respondeu que, se já era batizado, "que ele conserve a lei de Deus e os costumes da santa mãe Igreja como a rainha Njinga", que, na época, além de ainda encontrar-se viva, era também suserana do chefe africano. Mulumba a Cambolo retorquiu que aguardava ver a rainha para acreditar no que lhe diziam, e que desejava "ir para o mesmo lugar aonde foram seus ancestrais". O capuchinho lhe respondeu que foram para o inferno e estavam ardendo no fogo infernal; o chefe africano então replicou que ele queria ir ao encontro deles. Diante do fracasso dos seus argumentos, o capuchinho partiu sacudindo a poeira de suas sandálias, gesto simbólico que remetia aos Atos dos Apóstolos, significando ser impossível salvar as pessoas contra sua vontade. O episódio encerrou-se com uma ameaça ao missionário: "O heresiarca obstinado lhe disse: Tu vens aqui bater a minha porta com teus pés? E se eu te matasse?"[16]

Esse exemplo aparece no relato de Cadornega para mostrar a resistência africana à presença europeia. A figura de Njinga, mencionada pelo religioso, era, além disso, bastante ambígua, pois essa rainha mbundu, batizada uma primeira vez em 1627, rejeitou o cristianismo e aliou-se aos bandos Jaga, povos guerreiros do interior do continente, e aos holandeses, para lutar contra os portugueses. Vencida pelas tropas portuguesas

---

16 A. de O. Cadornega, op. cit., vol. III, p. 267-268.

em 1660, a rainha reconciliou-se com a Igreja, especialmente influenciada pelo frei Antônio de Romano, que contou sua história sob o nome de Antônio da Gaeta. Esse episódio edificante é contemporâneo à infância de Páscoa, nascida escrava de portugueses por volta de 1660, e se desenrola bem perto de Massangano. É possível que Páscoa tenha ouvido falar dessa rainha, símbolo da resistência aos portugueses, pois muitos escravos de portugueses fugiram para juntar-se a ela.[17]

Fora dos muros do vilarejo, a presença portuguesa era menos forte. Foi exatamente ali que se realizou o casamento de Páscoa e Aleixo, ministrado por um capuchinho, por volta de 1678, em Quilundo, região vizinha de Massangano.

A cultura fortemente africana desse mundo luso-angolano era, evidentemente, atestada pelo uso da língua quimbundo. O primeiro marido de Páscoa, Aleixo, nascido escravo na família de Andreza da Cunha, não falava suficientemente o português para ser interrogado nessa língua. Em contrapartida, o vigário de Massangano tinha bons conhecimentos de quimbundo para traduzir todas as perguntas e respostas. As informações linguísticas, raras nas fontes, são muito preciosas. No Brasil, a língua da sociedade colonial era o português, com exceção de São Paulo e do Maranhão onde, naquela época, ainda se falava a língua tupi. No interior de Angola, as trocas linguísticas entre portugueses e africanos em geral se faziam em quimbundu.[18] Páscoa, como veremos, dominava a língua portuguesa – era uma escrava *ladina*, culturamente adaptada ao mundo lusitano. Foi no Brasil que aprendeu o idioma? Ou teria sido durante sua vida como escrava doméstica junto a sua senhora Maria de Liam?

---

17 L. Heywwod, op. cit.
18 R. Ferreira, op. cit.

Os escravos angolanos do Brasil, nascidos na África, ou recém-chegados, continuavam falando quimbundo quando desembarcavam. O padre Antônio Vieira, num sermão pronunciado na capela do colégio da Bahia em 1688, afirmou que a língua dos africanos era correntemente falada em Salvador: "a língua etíope, com a qual, apenas nessa cidade, ensina-se a doutrina e são catequizados 25 mil negros, sem falar da multidão dos que vivem fora da cidade".[19] A primeira gramática da língua quimbundo foi publicada em Lisboa em 1697,[20] coincidindo com a época do inquérito sobre Páscoa. É muito interessante notar que foi escrita por um jesuíta do Brasil, Pedro Dias (1621/22-1700), nascido em Portugal, mas que fez sua carreira no Brasil sem jamais pisar em Angola. Foi, portanto, junto aos escravos angolanos do Brasil e de jesuítas nascidos em Angola que Pedro Dias aprendeu o quimbundo. Se o uso dessa língua no Brasil foi atestado, nas fontes judiciais brasileiras, contudo, os escravos expressavam-se sempre em português, sinal de que a aculturação linguística efetuou-se rapidamente no Brasil.

## Escravidão africana e tráfico atlântico

A vida de Páscoa é exemplar pois essa mulher conheceu diferentes formas de escravidão, primeiro em Angola, nas mãos de senhores portugueses, e depois no Brasil. A questão dos diferentes tipos de escravidão na África e nas Américas e de sua influência recíproca é um tema central para compreender

---

19 A. Vieira, *Exortação I em véspera do Espírito Santo*, 1688, *in* António Vieira, *Sermões*, tomo VI.

20 P. Dias, *Arte da língua de Angola*.

melhor a escravidão atlântica, por muito tempo estudada pelos historiadores unicamente do lado americano,[21] e a história de Páscoa joga novas luzes neste contexto.

Como assinala Catarina Madeira-Santos, "se é verdade que Angola foi o grande reservatório da mão de obra americana e que o tráfico ocupou um lugar central, é impossível desprezar o fato de que, paralelamente, funcionava ali outro sistema de dependência". Existiam diversas formas de escravidão na sociedade angolana, cada uma designada por nomes diferentes, com uma gradação. A escravidão tradicional era, em alguns casos, uma forma de dependência por meio da qual o sistema familiar podia incrementar sua importância numérica, seu poder e sua riqueza, graças a elementos externos. Uma instituição desse tipo abria perspectivas de integração gradual no tecido familiar. Mas o escravo podia ser igualmente uma mercadoria que se tinha a autorização de vender. O comércio de escravos entre diferentes reinos e chefes locais vinha de longa data. A presença dos europeus, evidentemente, reforçou essa prática: desde o século XVI os portugueses faziam deste comércio sua principal atividade.

O tráfico europeu e a escravidão africana mantinham estreita relação, pois era principalmente por meio do comércio que os europeus garantiam o fornecimento de cativos. Em princípio, e por razões pragmáticas, os europeus só compravam escravos vendidos "legitimamente" pelos africanos. Na verdade, os europeus escravagistas interessaram-se desde o início pelas formas africanas de escravidão para justificar um

---

21 Existe uma bibliografia importante sobre o tema. Sirvo-me aqui principalmente de B. Heintze, op. cit., cap. 11. Sobre as novas tendências historiográficas, ver R. Ferreira, op. cit., cap. 3, e C. Madeira-Santos, "Esclavage africain et traite atlantique confrontés: transactions langagières et juridiques (à propos du tribunal de *mucanos* dans l'Angola des XVIIe et XVIIIe siècles)".

negócio que colocava questões de ordem moral para alguns indivíduos. Para os defensores do tráfico, a escravidão era natural e endêmica nas sociedades africanas, o que autorizava o desenvolvimento do comércio de escravos. Assim, um projeto de 1593 proposto por jesuítas do Brasil e de Angola para a fundação de um colégio jesuíta em Angola expôs essa visão econômica da escravidão africana:

> Não há escândalo nenhum em os padres de Angola pagarem suas dívidas em escravos. Porque assim como na Europa o dinheiro corrente é ouro, e prata amoedada, e no Brasil o açúcar, assim o são em Angola e reinos vizinhos os escravos. Pelo o que quando os padres do Brasil nos mandam o que lhes de cá pedimos, como farinha, e madeira para portas e janelas, e quando os donos das fazendas que vêm a esta parte e nos vendem biscoito, vinho e outras coisas, não querem receber de nos a paga em outra moeda, senão na que corre pela terra, que são os escravos (...).[22]

No início do século XVII, atendendo a um pedido de informação sobre as condições do comércio de escravos por parte do padre Alonso de Sandoval, jesuíta de Cartagena das Índias no império espanhol, o jesuíta Luís Brandão escreve de Angola:

> Vossa Reverência escreve-me perguntando se os negros que partem para a Nova Espanha são justamente cativos. A isso respondo que me parece que Vossa Reverência deve ter escrúpulos quanto a isso. (...). E assim nós, e os padres que estamos no Brasil, compramos esses escravos para nossos

---

22 MMA XV doc. 127, Fundação de um colégio da Companhia em Angola em junho de 1593, citação p. 337.

serviços sem nenhum escrúpulo (...). Porém, constato que é verdade que nenhum negro admite ser justamente cativo e sendo assim, Vossa Reverência não deve perguntar-lhes se são licitamente capturados ou não, pois lhe responderão sempre que foram roubados ou capturados injustamente, acreditando assim resgatar sua liberdade. Acrescento ainda que nos mercados onde são comprados esses negros, alguns foram de fato injustamente pegos, seja porque foram roubados, ou porque os senhores daquelas regiões os vendem por razões mesquinhas, que não justificam sua escravização. Contudo, esses não representam um grande número, e procurar entre dez ou doze mil negros que cada ano deixam este porto, alguns injustamente capturados, é uma operação impossível, apesar de toda diligência empregada. E perder tantas almas que partem daqui, muitas das quais se salvam, para não contar dentre elas alguns escravos injustamente capturados, além disso sem lograr saber quem são eles, não me parece ser realmente um serviço que se possa prestar a Deus, por representarem um pequeno número, e as almas salvas são numerosas e licitamente capturadas. Quanto à escravização dos negros, encontram-se aqui várias modalidades, segundo suas leis e costumes, e a maioria deles tem títulos suficientes para serem capturados. Porém quanto a isso, não posso dizer mais a Vossa Reverência, visto que o assunto é extenso e não posso tampouco lhe contar seus ritos e costumes, pois não tenho mais tempo nem saúde para fazê-lo.[23]

23 A. de Sandoval, *Un tratado sobre la esclavitud*, p. 143-144. Ver comentário em C. Zeron, *Ligne de foi. La Compagnie de Jésus et l'esclavage dans le processus de formation de la société coloniale en Amérique portugaise*, p. 181-182.

Portanto, segundo esses defensores da legalidade do tráfico, haveria homens legitimamente escravizados em conformidade com o direito costumeiro africano e, em seguida, vendidos aos portugueses, que tomavam posse deles legalmente. O interesse dessas citações é mostrar a dimensão da interação entre o tráfico negreiro atlântico e a escravidão africana. Os dois regimes de cativeiro estavam relacionados, influenciavam-se, alimentavam-se mutuamente, mas também se diferenciavam.

Os autores atuais, antropólogos e historiadores, ressaltam que existiam, assim, diversos níveis de dependência em Angola, que se refletiam na língua quimbundo: os *morinda* eram considerados livres e só podiam ser vendidos se tivessem cometido um crime; os *quizico* eram cativos, mas não podiam ser vendidos; enfim, os *mubika* eram escravos sem um estatuto especial e os escravos domésticos eram *mukama*; quanto aos *peças*, eram os escravos destinados ao tráfico atlântico, os que eram "embarcados".

A família Carvalho possuía grande quantidade de escravos, como se sabe. Como os teria adquirido? Existiam vários meios para efetuar a aquisição: por tributo, pela guerra e pelo comércio. Na realidade, os conquistadores de Angola eram retribuídos pelo tributo dos sobas, que pagavam em escravos, não ao rei de Portugal, mas a alguns portugueses que se viam assim recompensados por seu papel na conquista de Angola. A *guerra preta*, que era permanente entre a Angola lusitana e o reino do Mdongo, e prosseguiu ao longo do século XVII, fornecia anualmente seu lote de prisioneiros de guerra, que os soldados portugueses repartiam entre si.

Porém, o comércio era o meio mais frequente para se obter escravos. Eram comprados nos mercados internos (*pumbos*), onde alguns eram trazidos das terras continentais, fosse por mercadores africanos, fosse por mercadores portugueses que enviavam seus próprios escravos de confiança (*os pombeiros*) no interior das terras para negociar *peças* tanto para o comércio atlântico, como para o comércio local. Como muitas famílias de luso-africanos, os Carvalhos deviam certamente praticar o comércio de escravos, já que Pascoal da Motta Telles fala de seus homens de negócios em Luanda, a quem ele pediu para vender Páscoa para o Brasil. Massangano era um ponto importante no comércio de escravos, local de passagem para as caravanas que saíam do interior em direção à Luanda.

O que é singular na história que nos ocupa é o fato de Páscoa mudar de condição. Ela, que vivia a escravidão numa família luso-africana, foi repentinamente jogada no regime atlântico. Todas as testemunhas insistiram na palavra "embarcar". Embarcar significava partir para o oceano, separar-se de sua família, ser deportado. Correspondia a um castigo e ninguém, sem estar condenado a isso, desejava ser embarcado.

## O que significava ser escravo na África?

Páscoa e Aleixo eram escravos de uma família luso-africana, mas eles evoluíam num mundo culturalmente africano, em particular pela língua quimbundo e, provavelmente, pela religião; moravam na terra onde tinham nascido. Suas famílias eram estáveis e pertenciam de mãe a filha e filho à mesma família proprietária. Eram vistos e se percebiam como *mubika*, escravos sem status especial. Páscoa, cujo padrinho e madrinha eram da família dos senhores, e que tinha sido dada como dote à filha de sua senhora, provavelmente era até considerada uma escrava doméstica, *mukama*. Nenhum dos dois era *peça* destinada ao comércio e à venda atlântica. Isto explica por que, quando Páscoa foi condenada, Aleixo se recusou a partir: considerava que tinha o direito de permanecer com sua mãe e seus parentes.

Havia uma verdadeira fronteira entre a escravidão interna e a escravidão externa, e existiam regras que organizavam os diferentes mercados, assim como a passagem de um para o outro. O governador português de Angola zelava pelo respeito a essas regras, o que implicava um bom conhecimento dos costumes africanos. Aliás, ele entrava em acordo com o rei Ngola, do reino de Ndongo, sobre os costumes a serem respeitados para manter a paz. Em princípio, a população local estava, portanto, relativamente protegida da perspectiva do rapto e da venda forçada, a fim de evitar rebeliões. O sistema da escravidão não devia ser feito num clima de caça ao homem e à mulher, anárquico e desordenado, que seria prejudicial ao comércio. Quando aconteciam tais episódios, era possível recorrer às autoridades.

Existia uma instituição africana nos reinos e sobados dessa região, o tribunal de Mucanos (do quimbundo *mukanu*: litígio resolvido oralmente), que regulamentava os litígios de todos os tipos: dívidas, direitos de linhagem, posse de terras e circulação das mulheres. As multas, estabelecidas com o princípio da compensação, eram frequentemente pagas em escravos. Em caso de assassinato, o culpado devia "pagar a morte que ele havia causado", que equivalia a um determinado número de escravos. O tribunal de Mucanos julgava se as escravizações eram legítimas, tanto do ponto de vista africano quanto do ponto de vista europeu: no século XVI, nos mercados do reino do Ndongo, um funcionário real era encarregado de verificar se não havia indivíduos livres entre os escravos. Esses podiam dar queixar para se preservarem de serem vendidos, e a pessoa reconhecida culpada de uma escravização ilícita era severamente punida. O jesuíta Luís Brandão fala desse procedimento em sua carta a Sandoval, citada anteriormente.

Para evitar os conflitos em torno das escravizações ilegítimas, as autoridades coloniais instauraram em Luanda um tribunal de Mucanos, presidido pelo próprio governador de Angola, que julgava a partir do direito consuetudinário africano. Em cada fortaleza, eram estabelecidos tribunais mistos, dotados de intérpretes; e talvez por ter o hábito dessas instituições mistas, é que o pároco de Massangano era capaz de desempenhar o papel de intérprete.

Páscoa não foi julgada pelo tribunal de Mucanos quando foi condenada à escravidão atlântica; ela já era escrava de um português, e foi seu senhor que escolheu a sanção. Nos depoimentos da família Carvalho, cujas origens africanas são atestadas, eles dizem que ela foi embarcada legalmente. De fato, o crime que ela cometera – "ir com outros homens", pelo menos quando se tratava de mulheres de chefes – era punível, segundo o direito consuetudinário, pela venda para o tráfico atlântico. Para uma mulher escrava, abandonar seu marido para ir com outros homens não tinha a mesma gravidade, mas, ao fazê-lo, Páscoa afastou-se do grupo e merecia um castigo.

Assim, o envio de Páscoa para o Brasil era, de alguma maneira, uma dupla sanção, segundo o direito consuetudinário africano e segundo as regras de uma sociedade escravagista à moda europeia: a jovem estava sendo punida pelo adultério e pelas fugas que prejudicavam seu proprietário. As fugas repetidas eram, nas sociedades escravistas europeias, passíveis do castigo da venda para longe. Em 1686, ano do embarque de Páscoa, seu senhor era Pascoal da Motta Telles, um português que só era membro da família Carvalho pelo casamento. Por não ter ligações antigas com Páscoa, como os outros membros da família, aplicou uma pena de senhor de escravos português. Aos olhos de todas as testemunhas interrogadas, a condenação era "legal".

Compreende-se melhor, então, que Páscoa, ao deixar um regime servil por outro, ao afastar-se de uma família de portugueses de Angola para ser vendida em Salvador a um senhor português, sofre uma mudança de status significativa: perde sua família, a mãe, o padrinho e a madrinha, seus ancestrais, a terra natal, sua língua, seus costumes africanos. É claro que, segundo Antônio Cadornega, o burgo de Massangano tinha inúmeros pontos em comum com uma cidade de prestígio como Salvador: igrejas, fortes militares, casas de caridade existiam de um lado e do outro do oceano. Ambos são mundos portugueses dos trópicos. Mas há uma verdadeira ruptura entre ser escrava no local de seu nascimento, junto de sua família, na África, num mundo luso-africano, e ser escrava no Brasil, sozinha, após deportação.

## A escravidão atlântica

"Embarcar" representa um salto para o desconhecido, que começa com uma partida no oceano hostil. "Embarcar": a palavra provocava medo e era uma arma psicológica para manter obedientes os escravos de Luanda e do interior. O embarque implicava a separação brusca do meio familiar, a travessia do oceano, a venda a um novo proprietário, a adaptação a uma nova terra, a ruptura com sua linhagem.

Aqueles que estavam destinados a atravessar o Atlântico ficavam confinados nos entrepostos sem luz e eram pouco alimentados, à espera de um navio. Recebiam no lado direito do peito a marca a ferro em brasa do *pombeiro* que os trouxera do interior, sinal de que as taxas reais tinham sido pagas; e do lado esquerdo do peito a marca do negociante que os transportava para a América – uma cruz, se o escravo era batizado. O medo de partir era tal que alguns pensavam que os homens brancos se alimentavam de homens negros. É o que conta o frei capuchinho Antônio Cavazzi.[24] Não era o caso de Páscoa. Escrava *ladina*, ou seja, já aclimatada ao mundo português, ela não desconhecia tudo do mundo para o qual estava indo. Provavelmente escapou dessas marcas infamantes de escravidão porque permaneceu numa rede privada. Foi vendida diretamente pelos gerentes de seu senhor a outro senhor no Brasil, pertencente a uma família da qual alguns membros estavam em Angola.

Sobre a travessia de Páscoa, o processo nada diz. Luiz Felipe de Alencastro afirma que quase não existem descrições da navegação negreira para o mundo português, embora as viagens tenham sido extremamente numerosas, como se uma lei do silêncio se tivesse abatido sobre o que devia ser uma experiência terrível.[25] Se existem poucas fontes narrativas sobre o assunto, a legislação, no entanto, permite que se faça uma ideia dessas viagens dos navios negreiros. Uma lei de 1684 (dois anos antes da travessia do Atlântico de Páscoa) determina as precauções necessárias ao périplo,[26] uma vez que o rei d. Pedro II ficara consternado com as condições lamentáveis reservadas aos escravos. Assim, foi lembrado aos capitães que eles deveriam limitar o número de "cabeças" e prever alimentação e bebida

---

24 A. Cavazzi, *Descrição histórica de três reinos: Congo, Matamba e Angola*, vol. 2, p. 146.

25 L. F. de Alencastro, op. cit.

26 Lei de 18 de março de 1684, in S. H. Lara, op. cit., p. 191-195.

em quantidade suficiente. A tripulação deveria comportar um médico e um capelão. Uma carta do rei endereçada ao governador do Brasil acompanhava a lei:

> Sendo informado que na condução dos negros cativos de Angola para o Estado do Brasil obram os carregadores e mestres das naus a violência de os trazerem tão apertados e unidos uns com os outros, que não somente lhes falta o desafogo necessário para a vida cuja conservação é comum e natural para todos ou sejam livres ou escravos, mas do aperto com que vêm sucede maltratarem-se de maneira que, morrendo muitos, chegam impiamente lastimosos os que ficam vivos;[27]

As terríveis condições das travessias acabavam escandalizando, mas as autoridades nem sempre tinham os meios concretos para pôr fim aos abusos. No entanto, as penas e as multas previstas na lei de 1684 para os capitães de navios e os negociantes que não respeitavam os regulamentos eram muito pesadas: os escravos excedentes eram confiscados, uma multa correspondente ao preço de dois escravos era imposta para cada escravo que ultrapassava a cota autorizada e um exílio de dez anos era previsto no estado da Índia; os delatores desses abusos eram estimulados por recompensas.

Se as narrativas sobre a travessia são raras, os historiadores podem, entretanto, consultar as fontes fiscais, já que cada transporte de escravo era taxado. Há muito tempo essas fontes fiscais foram trabalhadas e permitiram dar conta quantitativamente do tráfico entre a África e as Américas. A Transatlantic Slave Trade Database indica que, entre 1676

---

27 Carta do Rei de 29 de março de 1684 ao governador do Brasil. Ibid., p. 195-196.

e 1700, 68.159 escravos chegaram à Bahia, a maioria proveniente do golfo do Benim. Se examinarmos os navios que partiram de Luanda na época em que Páscoa fora embarcada, veremos que poucos tiveram como destino a Bahia. Em 1685, o navio Nossa Senhora da Conceição e Almas, cujo capitão era Antônio Falcão Pereira, transportou 260 escravos dos quais 230 chegaram vivos a Salvador; essa viagem tem o número 48.933 na Slave Data Base. A viagem 48.935 foi a do navio Senhor Cristo e Nossa Senhora da Conceição (1685), cujo capitão era João Cardoso; transportou também 260 escravos dos quais 230 chegaram vivos a Salvador. A regularidade dos números mostra que se trata de uma média, e os historiadores avaliam que, naquela época, a mortalidade dos escravos girava em torno de 10% a cada travessia.[28]

Páscoa poderia ter tomado o navio Senhor Cristo e Nossa Senhora da Conceição, já que, tendo partido em dezembro de 1685 de Luanda, chegou em 1686 à Bahia. Todas as testemunhas falavam de 1686 como a data de sua chegada ao Brasil; ora, não se encontra menção a nenhum navio negreiro de Luanda para Salvador nesse ano. De fato, é bem possível que Páscoa tenha viajado num navio comum. As relações entre Angola e a Bahia eram tão frequentes que os escravos aclimatados a esse mundo português podiam ser transportados a título individual em outros navios de ligação; tendo em vista o que se disse, Páscoa não passou pelas redes comuns do tráfico, mas por um sistema privado de negociantes e de compradores.

28 É a taxa que a Slave Database aplica aos navios provenientes de Angola ou do Benim para o Brasil na década de 1680.

Portanto, assim é o mundo que Páscoa deixou aos 26 anos: a fortaleza de Massangano e as propriedades que a cercavam, um mundo luso-africano em pleno coração da África; ela levava consigo suas lembranças, sua língua, suas crenças, suas relações.

Para os inquisidores, que queriam saber se o casamento de Páscoa e Aleixo havia acontecido de fato conforme as normas tridentinas, e se Aleixo ainda estava vivo quando sua mulher contraiu um novo casamento no Brasil, a investigação em Massangano fez com que o processo avançasse: a audiência do primeiro marido era a prova de que estava vivo em 1688, quando Páscoa voltou a se casar. O primeiro marido confirmou que foi de fato casado com Páscoa, e a família dos ex-senhores afirmou o mesmo. No entanto, restava uma incerteza quanto à própria forma do casamento: aconteceu de fato nas formas tridentinas? Para esta questão, o vestígio escrito, o registro, seria a prova final.

Em 6 de outubro de 1698, depois de ter interrogado as cinco testemunhas, o visitador, pároco Antônio de Gouveia de Almeida, acompanhado pelo notário, padre Manoel Araújo de Azevedo, vão ao hospício Nossa Senhora da Conceição dos capuchinhos italianos para tentar encontrar nos registros um vestígio escrito do casamento. O padre superior, frei Barnabo de Mazarino, explica-lhes que cada missionário tem seu próprio registro onde anota os casamentos, e que frei João Romano levou com ele o livro quando deixou Angola para ir a Portugal; mas acrescenta que talvez ele o tenha trazido quando retornou na qualidade de prefeito das missões de Angola e do Congo.

Alguns meses mais tarde, em 26 de fevereiro de 1699, estando no hospício capuchinho de Santo Antônio de Luanda, o frei Francisco de Pavia, novo prefeito das missões apostólicas dos capuchinhos italianos, atestou por escrito que não encontrara o livro dos casamentos do padre falecido, frei João Romano. Portanto, continuava não havendo prova escrita formal que o casamento de Páscoa e Aleixo fora efetivamente celebrado segundo os ritos do concílio de Trento.

O maço da investigação foi enviado ao tribunal de Lisboa pelo Brasil, em dois navios para maior segurança, sem que permanecesse uma cópia em Angola, já que o procedimento era sigiloso. A partir de então cabia aos juízes de Portugal decidir a continuidade a ser dada ao processo e a eventual detenção de Páscoa. Antes de examinar a decisão deles e a sequência do processo, voltemos a Salvador para um interlúdio muito revelador da personalidade de Páscoa e de seu segundo marido, Pedro Arda, de sua combatividade e de sua vontade de viverem juntos.

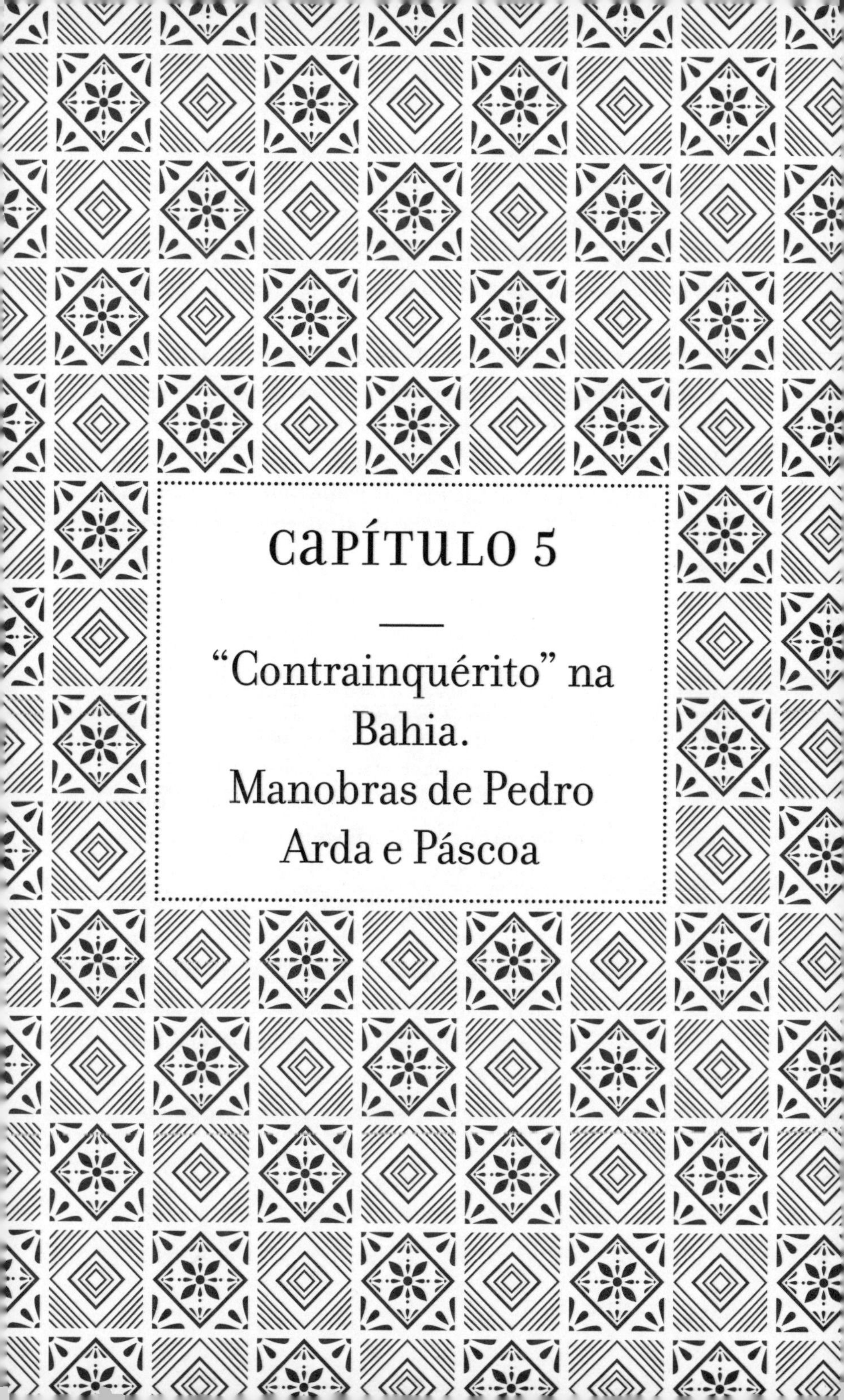

# CAPÍTULO 5

## "Contrainquérito" na Bahia. Manobras de Pedro Arda e Páscoa

Enquanto em Lisboa e em Massangano o tribunal da Inquisição dava prosseguimento à investigação sobre o primeiro casamento de Páscoa, os principais atores relacionados ao caso, Páscoa e seu marido baiano, Pedro Arda, não permaneceram passivos. Eles iniciaram um contrainquérito junto ao tribunal do arcebispo de Salvador.

Aparentemente, o marido de Páscoa, Pedro Arda, é quem realizava as manobras, mas agindo com a anuência de Páscoa. Este episódio do contrainquérito, que ocorreu em pouco mais de uma semana, no final do mês de janeiro de 1697, mas que foi preparado durante o ano de 1696, permite conhecer melhor os protagonistas da história. Tais documentos lançam uma nova luz sobre o episódio, por serem de natureza distinta do resto do processo. Não emanam da burocracia inquisitorial: alguns foram produzidos pelo tribunal episcopal de Salvador, outros eram cartas que foram incluídas no processo. O conjunto dessa documentação, constituída por seis fólios frente e verso, estava ordenado no final do processo, como se, para a Inquisição, fosse um anexo. Em função da narrativa, subverto essa ordem arquivística e coloco esse episódio baiano na sequência cronológica, no momento em que o inquérito inquisitorial patinava.

Em janeiro de 1697, em Salvador, o caso estava em ponto morto. Se retomarmos a cronologia: em julho de 1693, Francisco Álvares Távora, notário público da cidade, senhor dos dois escravos, denunciou Páscoa e separou os cônjuges ao vender o marido Pedro Arda. Em maio e junho de 1694, uma investigação judiciária foi feita pelo comissário da Inquisição e foram ouvidas testemunhas. A partir de junho de 1694, aparentemente, nada de novo ocorreu em Salvador para o casal separado. Como o procedimento inquisitorial era secreto, pode-se pensar que ninguém estava a par do que se tramava no tribunal, com exceção do delator e das testemunhas ouvidas pelo comissário. O contrainquérito confirmava a hipótese de que a investigação inquisitorial desenvolveu-se no maior segredo.

## A súplica de um marido

Em 23 de janeiro de 1697, o vigário geral do arcebispado transmitiu ao arcebispo da Bahia uma carta que apresentava um pedido em nome de Pedro Arda. Eis o documento *in extenso*:

> Diz Pedro Arda, que sendo escravo de Francisco Álvares Távora e casado em face da Igreja, com uma preta, por nome Páscoa, escrava também do mesmo Senhor, o vendeu a ele Suplicante ao Doutor Provisor Fernão de Góes de Barros sem a dita sua mulher nem lhe declarar que ele Suplicante era casado, e querendo ele Suplicante ao depois obrigar por via do Reverendo Vigário Geral ao Suplicado a que desse licença a dita sua mulher, para fazer vida marital com ele Suplicante. Respondeu, que a dita sua mulher era casada no Reino de Angola, e como tal não estava bem casada com o Suplicante, antes por essa razão, e evitar a ofensa de Deus o vendera, a ele Suplicante por apartá-lo da dita sua mulher; e porque são passados, três para quatro anos, e de então para cá, se tem averiguado, que a dita sua mulher, nunca foi casada em Angola, e assim lhe constou ao mesmo Suplicado por informação verdadeira de um seu sobrinho do Suplicado que veio, o ano passado, do dito Reino, e de presente consta o mesmo pelas cartas juntas, escritas a dita Páscoa, mulher dele Suplicante e na Ribeira da Praia desta Cidade assiste o Alferes Antônio Rodrigues, e sua mulher, ambos vindos do dito Reino de Angola que

> sabem claramente desta verdade; termos em que não deve ele Suplicante ser preterido o uso do matrimônio, com a dita sua mulher, tanto com prejuízo de sua consciência, e desconsolação de seu ânimo, pelo grande amor que lhe tem, além de que estando ele Suplicante casado, e em posse pacífica, e boa fé, com a dita sua mulher, não podia o dito seu primeiro Senhor por si, esbulhar a ele Suplicante sem provar primeiro concludentemente a nulidade suposta de ser casada no dito Reino de Angola a dita Páscoa sua mulher, pelo que, pede a V. Ilmª. pelas Chagas de Cristo, e por Serviço de Deus obrigue ao dito Suplicado pelos meios que mais convenientes forem, a que dê licença a dita sua mulher para fazer vida marital com o Suplicante na forma que em semelhantes casos o dispõem o Direito.[1]

Pedro Arda dirigiu-se, portanto, a seu ex-senhor Francisco Álvares Távora para suplicar-lhe que o deixasse viver com sua esposa Páscoa de quem fora separado. O pedido ao senhor não tendo sido atendido, o escravo voltou-se para o tribunal eclesiástico para que fosse reconhecido seu direito. Depois de tê-lo ouvido, o vigário geral pôs por escrito o pedido de Pedro Arda e transmitiu-o ao arcebispo.

O argumento de Pedro Arda é que ele fora vendido a um juiz do tribunal eclesiástico sem que o ex-senhor tivesse prevenido o novo senhor de que ele era casado. Tendo pedido para ser reunido a sua legítima esposa, foi-lhe respondido pelo senhor Francisco Álvares Távora que Páscoa já fora casada em Angola e que, por essa razão, o casamento deles não era válido. Pedro Arda voltou à carga porque, segundo ele, o casamento em Angola não foi provado e porque ele detinha,

---

1 Processo de Páscoa Vieira, fólio 102-102v.

ao contrário, testemunhas e provas do celibato de Páscoa. O final da carta retoma com ênfase a reivindicação do escravo para levar uma vida marital com sua esposa.

A carta é de autoria de Pedro Arda, mas foi escrita por um terceiro, daí alguma confusão dos papéis. Súplicas eram frequentes, na forma de documentos endereçados às autoridades por pessoas que queriam chamar a atenção para seus casos particulares. No mundo português, os humildes e os pobres não hesitavam em se dirigir às mais altas autoridades, ao rei e aqui ao arcebispo, representante de Deus em terras brasileiras, nomeado conjuntamente pelo rei de Portugal e pelo papa de Roma. Por parte das autoridades que recebiam frequentemente com complacência esses pedidos, a prática da súplica era uma forma de governo, para demonstrar de maneira ostensiva a integração de todos na sociedade, mesmo os menos importantes.[2]

Pedro Arda apresentou o fato de poder viver maritalmente com sua esposa como um direito. Trata-se aqui do direito à vida marital dos esposos legitimamente casados, isto é, o direito de não serem separados. Em princípio, tal direito era garantido aos escravos legitimamente casados pelo direito canônico, pelo qual o arcebispo é o responsável em terras brasileiras. Pedro Arda, escravo do tabelião da cidade, e depois do juiz eclesiástico, conhecia seu caso. Exigia esse direito reconhecido aos escravos, nessa sociedade escravagista, mas que não deixava de ter inúmeras dificuldades na prática; o direito ao casamento era reconhecido aos escravos, mas não devia entravar o direito dos proprietários de escravos de vender, alugar ou deslocar escravos que eram seus bens.

A casuística discutiu um ponto específico: como fazer coexistir o direito legítimo que um senhor tem sobre seu escravo

---

2 A. J. R. Russel-Wood, "Vassalo e soberano: apelos extrajudiciais de africanos e de indivíduos de origem africana na América portuguesa".

com o direito de um esposo sobre seu cônjuge? Na época medieval, Pierre Lombard e Tomás de Aquino, autores clássicos sobre o casamento, concluíram que o direito divino do casamento prevalecia sobre o direito do senhor sobre seu escravo. É evidente que os membros do tribunal eclesiástico da Bahia conheciam essa literatura canônica.[3]

Concretamente, a questão dizia respeito aos direitos dos senhores de vender seus escravos e, portanto, de separar os escravos casados. Ora, no momento do casamento, a Igreja era responsável pela troca dos consentimentos dos esposos, que consistia numa promessa de vida em comum. Havia, pois, uma forte tensão em torno dessa questão do direito dos escravos de viverem juntos. Conforme as situações, a solução variava. Assim sendo, em Portugal, no momento do casamento de seu escravo, os senhores se comprometiam por escrito a não separar os cônjuges e, por isso, a não vendê-los. No Brasil, os senhores não se comprometiam tão claramente em favor da manutenção da união marital. A tensão entre direito à vida marital dos esposos e direito do proprietário sobre seu bem explicava o fato de os casamentos entre escravos de senhores diferentes serem raros. Os casamentos de escravos se realizavam, na maioria das vezes, entre escravos do mesmo senhor, ou entre escravo e pessoa livre, mais frequentemente, um liberto. Nesse caso, o cônjuge livre assinava um contrato, um "termo de seguimento", em que ele se comprometia a seguir seu cônjuge escravo para onde seu senhor o enviasse. Essa solução ambígua permitia respeitar ao mesmo tempo o direito dos escravos se casarem

---

3 A distinção 36, questão única das *Sentences* de Pierre Lombard (1158-1160) comporta quatro pontos sobre o casamento dos escravos. O comentário de Tomás de Aquino (1224-1274) sobre a questão de Pierre Lombard apresenta cinco artigos, a cada vez, com a exposição das dificuldades e sua solução. S. Tomás de Aquino, *Commento alle sentenze di Pietro Lombardo*, vol. 9.

com quem escolhessem e o direito dos proprietários de disporem como quisessem de sua propriedade.[4] A venda de escravos era um direito importante para os senhores porque, em caso de dificuldade financeira, o escravo, capital financeiro móvel, podia ser vendido muito facilmente.

A súplica de Pedro Arda, portanto, estava muito bem estruturada no plano jurídico: ele sabia o que podia pedir e o fez. Dirigiu-se à autoridade adequada, uma vez que o responsável pelo direito canônico na colônia era de fato o arcebispo, o qual podia obrigar os senhores a deixar os escravos coabitarem.

No mesmo dia, em 23 de janeiro de 1697, o juiz do tribunal eclesiástico João Calmon decidiu aceitar a demanda de Pedro Arda.

> Que se notifique ao Suplicado senhor da Suplicada, com pena de excomunhão maior não impeça o uso do matrimônio, visto o Suplicante ser casado com a dita Suplicada.[5]

No dia seguinte, o porteiro do tribunal "certifica que a pedido de Pedro Arda por meio da petição acima e por meio do julgamento do vigário geral", notificou em pessoa a Francisco Álvares Távora o conteúdo do julgamento e da referida petição.

A ameaça da pena de excomunhão maior utilizada pelo tribunal era a arma da justiça episcopal. Uma interdição do sacramento da comunhão constituía uma pena muito pesada, que significava uma exclusão da comunidade cristã, assim como uma privação de acesso aos sacramentos, logo, do acesso direto a Deus. Como vemos, a pedido de um simples escravo, pôs-se em ação o sistema dos castigos religiosos.

---

4 Ver C. de Castelnau-L'Estoile, "'Os filhos obedientes da Santíssima Igreja'" Escravidão e estratégias de casamento no Rio de Janeiro do início do século XVIII".

5 Processo de Páscoa Vieira, fólio 102v.

No dia em que foi notificado pelo porteiro do tribunal, 24 de janeiro, Francisco Álvares Távora enviou uma carta ao tribunal que foi anexada ao processo.[6] Embora escrita por um tabelião público, a carta era difícil de ler, tanto por causa da letra quanto do estilo. Francisco Álvares Távora estava numa situação delicada. De um lado, era ameaçado de excomunhão maior por parte do arcebispo, se não reunisse os dois escravos. Por outro lado, sabia pertinentemente que um procedimento inquisitorial tinha sido iniciado desde que ele denunciou sua escrava Páscoa, com base nas declarações de seu primo de Angola. Em sua carta ao tribunal eclesiástico, nada dizia sobre o procedimento inquisitorial a respeito do qual se comprometeu, por meio de juramento sobre os Evangelhos, a manter segredo. Contentou-se em esclarecer que separou os dois escravos sem prazer e sabia que não os podia "descasar": a palavra é forte e sublinha uma vez mais a ideia das ligações indissolúveis do casamento. Dizia ter feito um acordo com seu escravo Pedro Arda e que, se este conseguisse provar que sua mulher era solteira antes do casamento deles, ele iria readmiti-lo a seu serviço. Por isso, pedia ao tribunal que todos os documentos e depoimentos evocados por Pedro Arda fossem verificados da maneira mais formal e jurídica possível. Estava disposto a pagar as custas desses procedimentos, mas não queria "tomar para si" a decisão de autorizá-los a viverem juntos sem a garantia do tribunal. O senhor desejava se proteger e ter cobertura se, porventura, a Inquisição, sobre a qual ele não diz nada, voltasse à carga a respeito do caso da bigamia de Páscoa.

Essa carta, ao que tudo indica, informava sobre as relações reais entre Francisco Álvares Távora e seus dois escravos. Parece ter sido a contragosto que o notário os separou e denunciou

---

6 Processo de Páscoa Vieira, fólio 105.

Páscoa como bígama; provavelmente ele não teve escolha diante da pressão exercida por seu primo, vindo de Angola. Estava disposto a reuni-los.

Em 28 de janeiro, quatro dias mais tarde, provavelmente por ocasião de uma nova sessão bissemanal do tribunal do arcebispado, o escravo Pedro Arda retornou ao tribunal para autentificar o que ele considerava como as provas do celibato de Páscoa na época em que ela morava em Angola.

> Diz Pedro Arda que fazendo notificar ao Suplicado Francisco Álvares Távora, pela petição junta, e seu despacho não põe dúvida a satisfazer ao despacho, e somente põe dúvida a que o Suplicante justifique o relatado dela, e nestes termos como lhe seja dificultoso ao Suplicante a dita justificação; pede a V. M. lhe faça mercê admitir a dita justificação assim do referido, com a dita carta junta, justificado o que baste ser julgada por Sentença.[7]

Antes de examinar essas provas que contêm muitas surpresas, vamos nos deter no procedimento de Pedro Arda. Ele apresentou como motivação o direito, e também razões espirituais, pois a ausência de sua mulher acarretava "o prejuízo de sua consciência," e "desconsolo de seu ânimo"; evocava igualmente "o grande amor que lhe tem". Essa declaração de sentimentos diante dos juízes eclesiásticos não era banal – raramente encontrei algo semelhante nos 75 processos de proclamas de casamento que estudei. Ela retoma, no entanto, a doutrina da Igreja sobre o casamento. Pedro Arda declarou que amava sua mulher e apresentou o casamento não apenas como o caminho para a salvação espiritual, uma maneira de se colocar a serviço da Igreja por

---

7 Processo de Páscoa Vieira, fólio 103.

conformidade com seus preceitos, mas também como uma maneira de expressar o amor de um homem por uma mulher.

Naquela sociedade escravagista em que os cativos tinham tão poucos direitos, o casamento assumia um significado social importante para os escravos. O contrainquérito orquestrado por Pedro e Páscoa demonstrava uma verdadeira capacidade de agir: Pedro foi capaz de se expressar diante das autoridades competentes, de utilizar os argumentos jurídicos, de se servir habilmente da justiça episcopal contra a justiça inquisitorial. De fato, os bispos reivindicavam a jurisdição sobre os casos de bigamia, já que todas as questões ligadas ao casamento eram da competência de seus tribunais. A pretensão da Inquisição de se apropriar dos casos de casamentos duvidosos e de bigamia não era sempre do agrado deles.[8] O procedimento dos escravos foi ainda mais hábil na medida em que o comissário da Inquisição de Lisboa acabava de se instalar definitivamente em Salvador. Os dois tribunais tinham, portanto, pontos de tensão. A tentativa de Pedro Arda de pôr em ação a justiça episcopal demonstra uma bela intuição.

## Mas quem é, afinal, Pedro Arda?

Como Pedro Arda não foi interrogado nem pela Inquisição nem pelo tribunal do episcopado, desconhecemos sua idade, suas origens, seu passado. Apesar disso, se retomarmos as declarações de uns e outros desde o início da informação judiciária,

---

8 B. Feitler, op. cit., informa que, durante a época do bispo Monteiro de Vide, houve total colaboração entre o arcebispo e a Inquisição quanto à repressão à bigamia, É possível pensar que no periodo anterior, não havia sido sempre assim, mas trata-se apenas de uma hipótese minha.

assim como o registro de casamento da paróquia de São Pedro de 1688, pode-se tentar traçar um retrato do personagem.

Escravo de um notário e depois de um juiz no tribunal eclesiástico, Pedro Arda é apresentado pelo primeiro marido de Páscoa como "o escravo de um escrivão". Sem dúvida, em razão da profissão de seus senhores, estava suficientemente informado sobre o direito e os procedimentos para poder pôr em ação esse contrainquérito.

Será que ele sabia ler e escrever? Nessa sociedade com alta taxa de analfabetismo, determinados escravos sabiam ler, outros, menos numerosos, também sabiam escrever. Essa diferença entre o domínio da leitura e da escrita era assim vista no Regulamento da Confraria dos Pretos de Nossa Senhora do Rosário da cidade do Rio de Janeiro de 1760: o frei escrivão "que deve saber ler" mantém os registros e emprega um secretário que ocupa o papel subalterno, mas essencial, de escrever e de assinar, porque os "Irmãos (isto é, os negros membros da confraria) não sabem fazer isso".[9] Existiam, é claro, exceções, e alguns escravos sabiam escrever muito bem. Assim, no Rio de Janeiro, em 1712, casou-se o escravo Feliciano Fernandes de Mattos,[10] que se dizia "escrivão"; ele foi escravo de diferentes eclesiásticos e de homens da lei. Frequentou as escolas jesuítas de Pernambuco e da Bahia, e todas as testemunhas que atestaram seu celibato eram ex-colegas de escola, livres ou alforriados, frequentemente mestiços. Quanto a Feliciano Fernandes de Mattos, ainda era escravo, mas assinava seu processo de proclamas com uma assinatura magnífica, o que demonstra sua habilidade nas artes da escrita.

---

9 Arquivo Histórico Ultramarino, AHU/CU, códice 1950, "Regulamento da Confraria de Nossa Senhora do Rosário e São Benedito dos Homens Negros..."

10 Ver C. de Castelnau-L'Estoile, *Un catholicisme colonial. Le mariage des indiens et des esclaves au Brésil, XVIe-XVIIIe siècle...*, p. 473.

Pedro Arda não deixou vestígios de sua assinatura por ocasião de suas providências diante do tribunal episcopal. Mesmo sem saber escrever, ele também aparece claramente como um "escravo de talento", dotado de competências fora do comum. Quando seu proprietário se separou dele, ele foi vendido para um juiz do tribunal eclesiástico, Fernão de Góis de Barros; é um indício de que era apreciado pelos homens da lei. Diante do tribunal do arcebispo, manejou os elementos jurídicos com destreza. Todas as suas súplicas, no entanto, parecem ser orais: ele se apresentou ao tribunal eclesiástico e foi o vigário geral quem finalmente redigiu a carta que se encontra no processo e que foi endereçada ao arcebispo. De qualquer maneira, o episódio mostra que determinados escravos, a despeito de sua servidão, conseguiam na sociedade escravagista brasileira desenvolver competências intelectuais variadas, e eram empregados em funções relativamente importantes; não deixavam de ser dependentes de seus senhores e podiam ser vendidos, porque valiam muito.

Pedro Arda foi apresentado por todos como um escravo da costa da Mina, situada no atual Benim. No registro oficial de seu casamento, em 1688, ele usava o nome do senhor e era chamado de Pedro Álvares, mas, na vida cotidiana e mesmo diante da justiça episcopal, apresentou-se como Pedro Arda. Arda é o nome de uma nação africana e designa ao mesmo tempo a origem geográfica e o local de partida do tráfico. O nome Arda, Ardra ou ainda Arada remete precisamente ao reino de Allada, vizinho do reino do Daomé. No Brasil, Arda e Mina remetem geralmente aos escravos originários da chamada Costa do Ouro, desde o cabo Apolônio até o Benim. Foi nessa região que os comerciantes baianos fizeram o comércio de escravos com maior frequência. Trocavam tabaco e cachaça por escravos, vendidos em grande número nessa costa por diferentes reinos em guerra.

O jesuíta Antonil, que escreve em 1700, na época do processo de Páscoa, estabeleceu as diferentes nações dos escravos do Brasil e lhes atribuiu qualidades diferentes:

> E porque comumente são de nações diversas, & uns mais boçais que outros, & de forças muito diferentes, se há de fazer a repartição com reparo & escolha, & não às cegas. Os que vêm para o Brasil são Ardas, Minas, Congo, de São Tomé, de Angola, de Cabo Verde, & alguns de Moçambique, que vem nas naus da Índia. Os Ardas & os Minas são robustos. Os de Cabo Verde & de São Tomé são mais fracos. Os de Angola, criados em Luanda, são mais capazes de aprender ofícios mecânicos que os das outras partes já nomeados. Entre os Congos há também alguns bastantemente industriosos & bons, não somente para o serviço da cana, mas para as oficinas & para o meneio da casa (...).[11]

Foi especificado, porém num único depoimento, o do antigo senhor de Páscoa em Massangano – portanto, uma testemunha muito indireta – que Pedro Arda era um escravo mina crioulo, isto é, nascido no Brasil. Seria, portanto, da segunda geração de escravos oriundos da Costa de Mina. Sua excepcional capacidade de circular no labirinto judiciário eclesiástico seria compreendida mais facilmente se levarmos em conta a informação de que ele nasceu no Brasil. Nesse caso, a escolha do nome da nação de seus ancestrais africanos Arda como sobrenome poderia ser interpretada como um sinal de sua ligação à cultura africana: aos ancestrais de sua linhagem, mas também aos cultos tradicionais, os vodus, originários precisamente de Allada. A cultura e a religião dos africanos da região da Mina

---

11 A. J. Antonil, *Opulência e cultura do Brasil*, p. 122-123.

disseminaram-se na Bahia, porque eles se tornaram majoritários no tráfico no final do século XVII. Transportada para o Brasil, essa cultura está na origem da religião afro-brasileira, o candomblé baiano. É difícil aprofundar tal temática, já que o processo não evoca essas questões, mas a relação íntima de Pedro com Páscoa, uma africana, pode ser interpretada como a vontade de recriar elos com a África, mundo de suas origens.[12] Evidentemente, Angola e Mina são duas regiões diferentes e afastadas, porém, as culturas africanas não vivem de acordo com o modelo da exclusão e da rejeição, mas, de preferência, com o modelo do empréstimo e da partilha, sobretudo em termos de divindades, já que o panteão vodu sempre aceitou as divindades de outros povos.

Nesta história, notam-se inúmeros indícios do amor entre os esposos, Pedro e Páscoa. Desde que se conheceram, tornaram-se concubinos. Logo desejaram se casar e não aceitaram a separação que lhes foi imposta. Quatro anos mais tarde, vendo que os rumores de bigamia de Páscoa não tiveram continuidade, tentaram viver juntos novamente, à custa de procedimentos complexos.

A ação de Pedro Arda diante do tribunal baseava-se em provas, que ele detinha, do celibato de Páscoa em Angola. Falava de cartas e de testemunhas. A pedido do senhor, ele as apresentou ao tribunal; por sorte, o tribunal do arcebispo conservou-os e anexou-os ao processo inquisitorial; por isso, foi possivel para o historiador ter acesso a eles. Na primeira leitura do processo, eu estava muito curiosa em conhecer as provas do celibato de Páscoa de que falava Pedro. De fato, para quem descobre os documentos do tribunal eclesiástico no fim do processo, depois da

---

12 J. H. Sweet, *Recreating Africa Culture. Kinship and Religion in the African-Portuguese World, 1441-1770*.

condenação final por bigamia, essas provas do celibato parecem no mínimo estranhas. De fato, todos os outros depoimentos foram no sentido de um primeiro casamento em Angola.

Definitivamente, essas provas têm para nós o interesse de mostrar que a convicção dos inquisidores baseara-se numa leitura do caso feita por eles, e que era possível ter outras versões da história. Sobretudo, elas mostraram que, em janeiro de 1697, o arcebispo, o senhor e o marido estavam convencidos de que Páscoa era realmente solteira quando se casou em Salvador. Talvez a própria Páscoa estivesse persuadida disso. Este contrainquérito demonstrava também que, em janeiro de 1697, o inquérito inquisitorial era secreto, subterrâneo, distante, e não tinha nenhuma repercussão pública em Salvador.

Além de seu interesse como contraponto ao processo e à visão que os inquisidores tinham do caso, essas provas traziam uma nova abordagem sobre as relações intensas entre Angola e o Brasil, e sobre a escravidão em terras americanas, classicamente considerada como uma ruptura definitiva entre a África e a América. Em que documentos se baseava a certeza de Pedro Arda?

## Uma carta de Angola

Pedro Arda apresentou primeiramente uma carta de Angola, procedente de Massangano, escrita num estilo popular pelo padre Manoel de Azevedo, que se apresenta como padrinho de Páscoa. A carta estava endereçada à própria Páscoa:

> Minha afilhada. Vossa mãe me veio à casa e me disse que vós éreis casada nessa terra e mais que não fazias vida com vosso

> marido por se dizer a vosso Senhor que éreis casada nesta terra de Angola. Sendo tudo uma falsidade a fim de bem podeis dizer a vosso Senhor e o mostrar esta que vos pode deixar viver com vosso marido assim como manda a Santa Madre Igreja que assim o juro o ver no Sacerdote que passa tudo na verdade em como quando conste desta terra éreis solteira e estavas muito bem casada. Nosso Senhor vos ajude e vos conserve em seu estado e eu vos envio minha bênção e a de Deus que vos cubra e vai minha sobrinha a Senhora Francisca Carvalho da Mota com seu marido que são boas testemunhas para vosso abono e não mando nada por não ter de presente o seu aniagem apresado do que me alcançareis havendo ocasião. Deus vos Guarde. Massangano, 28 de Maio de 1698. Vosso padrinho, o Padre Manoel Luiz de Azevedo[13].

Esta carta apresenta várias informações inéditas sobre a vida cotidiana dos escravos, sobre suas relações familiares, sobre os circuitos que existem entre a África e a América. É também a primeira vez, desde o começo do caso, que Páscoa está em primeiro plano. Por enquanto, ela sempre interveio como a ausente, aquela de quem todos falavam, mas que não se via agir diretamente. Desta vez, ela era a destinatária da carta de seu padrinho. A carta deixava entender que ela fora também sua instigadora e passara o pedido por intermédio de sua mãe. É preciso concluir daí que uma escrava em Salvador podia enviar mensagens para sua família em Angola.

Há alguns anos, os historiadores têm insistido na multiplicidade das ligações entre o Brasil e a África. Assim sendo, os escravos utilizavam inúmeras pessoas, sobretudo libertos que viajavam entre o Brasil e a África, para pedir notícias das

---

13 Processo de Páscoa Vieira, fólio 104.

famílias e para adquirir tecidos, sabões e produtos africanos. Esse documento mostra que o fenômeno existe desde o final do século XVII, embora fosse conhecido, sobretudo, nos séculos XVIII e XIX.[14] Ele revela uma intensidade de intercâmbios: cartas e pessoas passavam de Angola para o Brasil e vice-versa, e notícias eram trocadas. Os escravos faziam pedidos de objetos, como o tecido de que falava a carta. As cartas eram transportadas e apresentavam o nome do destinatário. Na chegada, eram armazenadas num espaço público, e os destinatários eram notificados de que uma carta havia chegado em seu nome. Caso fossem analfabetos, pediam para que alguém lhes lesse a carta.

Lendo o processo, eu sabia que Páscoa ainda tinha mãe em Angola, mas sem essa carta, conservada bem no final do maço, nunca teria desconfiado de que a escrava se comunicava com a mãe, a partir do Brasil, embora tivesse deixado Angola havia cerca de dez anos. Em momentos como este, o historiador descobre que os documentos de arquivos contêm verdadeiras pepitas, impossíveis de imaginar.

A carta do padrinho, padre Manoel de Azevedo, me deixou perplexa durante muito tempo. Quem seria esse padrinho? De fato, durante a investigação inquisitorial em Massangano, em outubro de 1698, que, portanto, é posterior a essa carta datada de maio de 1696, outro padre, Luiz de Carvalho, irmão da proprietária dos dois escravos, se apresentou como padrinho de Páscoa. É esse mesmo Luiz de Carvalho que Páscoa designou como seu padrinho por ocasião dos interrogatórios. Como explicar, então, que o padre Manoel de Azevedo se apresentasse

---

14 O livro de R. Ferreira, op. cit., analisa justamente os múltiplos intercâmbios entre Angola e o Brasil. João José Reis mostrou essa realidade para os escravos da costa de Mina, por exemplo, em seu artigo sobre a revolta hauçá em que se veem os mercadores ambulantes (mascates) libertos fazerem a ligação entre o recôncavo baiano e a África ocidental, trazendo notícias e produtos. J. J. Reis, "La révolte haoussa de Bahia. Résistance et contrôle des esclaves au Brésil".

como padrinho de Páscoa? Seria possível ter dois padrinhos? Será que se tratava de uma mentira? Quem era esse padre de Angola, Manoel de Azevedo, disposto a ajudar Páscoa, que se encontrava em situação delicada no Brasil?

Vários documentos publicados na imensa coleção de fontes históricas do padre Antônio Brásio, os *Monumenta Missionnaria Africana*, sugeriram-me pistas para interpretar a carta do padre Manoel de Azevedo, que, entretanto, continuam sendo hipóteses.

Em 1679 e 1680, membros da cúria romana criticaram abertamente a situação da cristandade em Angola; denunciavam em particular os padres locais, considerados permissivos demais, e destacavam suas boas relações com suas ovelhas, que apreciavam essa indulgência. O superior capuchinho da Propaganda Fide assim escreveu num documento interno:

> Os missionários acenaram em seus relatórios que os negros gostariam de ter como oficiantes sacerdotes nativos do Congo, Angola etc. Mas a experiência demonstra que poucos conseguem ser bem-sucedidos nesta tarefa, já que por uma natural inclinação aos mesmos vícios (apesar de pessoalmente se absterem rigorosamente) parece que eles procedem com suma indulgência em relação aos penitentes, sem distinguir plenamente em que casos os sacerdotes podem usar a misericórdia e em que casos a rigidez.[15]

No ano seguinte, o prefeito da Propaganda Fide dirigiu-se ao bispo do Congo e de Angola para expressar a mesma ideia, insistindo no fato de que os pais atuavam como leigos:

---

15 MMA XIII, doc. 202, Outras advertências de Frei Fortunato, 1679.

> Ilustre e Reverendo Monsenhor,
>
> É o dever de um bom pastor vigiar o próprio rebanho, para que não desvie do verdadeiro caminho, se encaminhando em direção à danação das almas. Neste perigo encontram-se os povos da Angola, quando dão sepultura eclesiástica por interesse material a pessoas que não apenas morreram sem sacramentos, como eram idólatras, supersticiosos, concubinos e sem manifestação de remorsos, recusando-se a trabalhar ao serviço dos povos; ainda, quando celebram o casamento de alguma filha, a chamam na Igreja de sua filha. Os religiosos ainda exercem o comércio...[16]

Para os dignitários da cúria romana informados pelos missionários apostólicos, os padres locais, originários de famílias luso-africanas eram pastores medíocres, corruptos, laxistas e preguiçosos. Pelo próprio fato de serem indulgentes, eram particularmente populares junto às populações negras!

O padre Manoel de Azevedo, ao que tudo indica, é um desses padres locais, pouco exigentes e próximos de suas ovelhas. Talvez até tenha sido pago para produzir essa carta. Mas podia ser que ele tivesse agido de boa fé e considerasse que Páscoa não era casada. Em 1696, ele podia desconhecer que existia uma informação judiciária inquisitorial contra Páscoa, uma vez que o visitador ainda não estivera em Massangano até aquela data, e que o procedimento era secreto.

Pode-se observar que, quando da informação judiciária inquisitorial de outubro de 1698, o pároco de Massangano estava acompanhado por outro padre que fazia as vezes de notário e se chamava padre Manoel de Araújo de Azevedo. É bem possível

---

16 MMA XIII, doc. 209, Carta do prefeito da Propaganda Fide ao bispo de Angola e Congo, 16 jul. 1680.

que fosse o mesmo: o patronímico é próximo e, em português, os nomes longos podem ser abreviados, sendo o último o mais importante. Se for o mesmo padre, ele deve ter ficado muito preocupado com o que poderia lhe acontecer, pois havia atestado dois anos antes que Páscoa era solteira. Na ocasião de seu interrogatório diante dos juízes, Páscoa esclareceu que foi batizada por um padre de Massangano cujo nome ela não declarou. Seria esse padre Manoel de Azevedo, que ela não cita para protegê-lo, sabendo que poderia ser comprometido por essa carta?

Os juízes da Inquisição não pareciam ter se interessado pelo autor da carta enviada a Salvador. Para eles, era uma peripécia no decorrer de um processo em que só estavam concentrados no caso de Páscoa. O contrainquérito evidentemente comprovava para eles a malícia de Páscoa, mas não insistiram na carta do padrinho. Esta interessa mais ao historiador do que ao juiz.

Em 30 de junho de 1697, também foram ouvidas as testemunhas citadas por Pedro Arda. Três delas compareceram ao Fortim de São Filipe, na beira-mar de Salvador, diante do inquisidor e do escrivão do tribunal eclesiástico.

O tenente Antônio Rodrigues Viana, de setenta anos, foi condenado em Angola ao exílio e enviado para trabalhos forçados em Salvador; permaneceu no forte. Afirma ele:

> A Suplicada Páscoa conteúda na petição nunca foi casada na Vila de Massangano Reino de Angola até o tempo que se embarcou para esta Cidade, e isto sabe ele testemunha por conhecer a dita preta Páscoa há mais de 20 anos.[17]

Reconheceu em seguida a escrita e a assinatura do padre Manoel Luiz de Azevedo, atestando assim a veracidade da carta.

---

17 Processo de Páscoa Vieira, fólio 106.

A esposa do tenente depôs em seguida. Francisca Carvalho da Mata se apresentou como uma mulher parda de 25 anos.[18] Como seu velho marido, a jovem atestou que Páscoa nunca fora casada em Angola até o momento em que embarcou para a cidade de Salvador. Detalhe interessante: ela se disse parente de Domingas da Cunha, proprietária de Páscoa.

A cor de Francisca Carvalho da Mata, definida como parda nesse documento feito na Bahia, confirma que a família dos Carvalho em Angola era de fato uma família de pardos. Nos depoimentos das testemunhas em Angola, nada indicava a cor da pele da família Carvalho. Vê-se o quanto a significação da cor da pele dependia das situações sociais e dos contextos. Como todas as mulheres desse processo, Francisca Carvalho da Mata não sabia escrever, e foi seu marido que assinou por ela. Provavelmente, foi esse casal que trouxe de Angola a carta do padrinho.

A terceira testemunha, Manoel Cardoso, também é um exilado condenado a trabalhos forçados. Esse solteiro de 23 anos é um homem negro liberto; originário de Massangano, chegou à Bahia em junho do ano anterior. Não é muito eloquente e se contentou em confirmar tudo o que foi dito pelo suplicante Pedro Arda em sua petição. Assina com uma simples cruz.

São esses os testemunhos vindos de Angola que atestavam o celibato de Páscoa. O procedimento da justiça episcopal era muito menos rigoroso e exigente que a da Inquisição. Aqui as testemunhas não tinham que prestar juramento sobre os Evangelhos nem responder a um interrogatório preciso. As contradições nos depoimentos não eram apontadas.

Finalmente, em 1º de fevereiro de 1697, o juiz João Calmon entregou o veredito:

---

18 Processo de Páscoa Vieira, fólio 106-106v.

> Vistos estes autos petição do justificante Pedro Arda, e mais documentos juntos, Sumário de testemunhas, pelos quais se mostra e prova que a justificada Páscoa, de que na petição se faz menção, é natural de Massangano, e que até se embarcar para esta Cidade da Bahia, não contraíra matrimônio algum, termos em que fica desvanecida a presunção de que fosse casada em Massangano; portanto visto a dita prova mando que o justificante Pedro Arda faça vida marital com a justificada Páscoa sua mulher como legítimos casados que são, enquanto não constar o contrário por outra alguma via, visto outrossim a boa fé em que está por não ser demitido do uso do matrimônio; para o que se lhe passe sua Sentença sendo necessário, e pague as custas. Bahia, 1º de Fevereiro de 1697.
> João Calmon[19]

Pedro Arda e Páscoa venceram a batalha, obtendo da justiça episcopal de Salvador da Bahia o direito de viverem juntos novamente. Portanto, Pedro não foi revendido a seu antigo senhor. Alguns anos mais tarde, Páscoa, em Lisboa para seu processo, diria que Pedro pertencia ainda ao juiz eclesiástico, e que ela se tinha alforriado.

Esse contrainquérito demonstra *a posteriori* o caráter eminentemente secreto do procedimento inquisitorial. Os atores parecem ignorá-lo, com exceção do senhor que denunciou o escravo, mas que finalmente se deixou convencer por Páscoa e Pedro de que o casamento deles era legítimo. Francisco Álvares Távora até arcou com as custas da justiça,

19 Processo de Páscoa Vieira, fólio 107v.

prova de que estava interessado no caso, e Pedro voltou a trabalhar para ele, mesmo que não mais lhe pertencesse.

O elo que unia Páscoa a Pedro Arda era forte. Dez anos após seu casamento, os dois escravos fizeram de tudo para se reencontrarem. Pedro ousou ir ao tribunal episcopal. Páscoa fez com que funcionassem suas redes de relacionamentos até em Angola para obter provas. Aquilo que os historiadores costumam chamar de *agência*, ou de capacidade de ação, dos escravos é aqui notável. O contrainquérito realizado pelo casal dava também a impressão de que deveria ser bastante fácil escapar da justiça episcopal e apresentar provas duvidosas. Aliás, foi o argumento utilizado pela Inquisição para exigir que os casos de bigamia fossem de sua competência. Segundo ela, a justiça episcopal não era capaz de julgar esse tipo de questão delicada, sobretudo quando o caso ocorria em dois continentes separados por um oceano e a justiça episcopal, evidentemente, não tinha meios de verificar as provas trazidas pelo "suplicante" Pedro Arda.

O processo de Páscoa contém pistas desse episódio de reunião do casal separado. O tribunal da Inquisição de Lisboa tinha a posse de todos esses documentos, porque o tribunal eclesiástico da Bahia deve tê-los enviado quando Páscoa foi detida. Teria havido tensões a respeito desse caso entre o comissário da Inquisição e o juiz episcopal ou, ao contrário, colaboração? Nada sabemos sobre isso. Para os inquisidores, persuadidos da culpa de Páscoa, o contrainquérito era um indício de sua duplicidade.

Para o historiador, o episódio é rico de ensinamentos. Não apenas permite conhecer melhor três dos principais protagonistas, o marido, a mulher e o proprietário deles, como também revela um aspecto muito pouco conhecido da história da escravidão: a continuidade de ligações estreitas entre o antigo e o novo mundo. Evidentemente, para os escravos originários de lugares muito isolados do continente, a escravidão atlântica era uma verdadeira ruptura, mas para aqueles que provinham dos reinos africanos que tinham uma relação continuada com o Brasil e Portugal, e ainda mais aqueles que vinham da própria colônia portuguesa de Angola, podiam manter os elos. Toda a história de Páscoa é uma ilustração da densidade das relações que existiam entre o Brasil e Angola.

Assim sendo, o interlúdio baiano terminou de maneira bem sucedida em 1º de fevereiro de 1697, uma vez que o casal separado finalmente se reencontrou. No entanto, distante de Salvador e da indulgência dos juízes episcopais, os inquisidores de Lisboa prosseguiram na investigação com muito rigor. Vimos que, em março de 1697, um mês depois da reunião dos dois cônjuges, o procurador propôs lançar uma ordem de prisão por bigamia, mas os juízes suspenderam a detenção e decidiram, em setembro de 1697, reiniciar a investigação em Angola. Essa ocorreu em Massangano, de outubro de 1698 a fevereiro de 1699.

Enquanto os esposos se reencontravam, o cerco se fechou em Páscoa: o tribunal da Inquisição acumulou provas de seu primeiro casamento em Angola. Os depoimentos colhidos em Massangano e em Luanda em 1698 e 1699 chegaram a Lisboa. E, diferentemente do tribunal eclesiástico da Bahia, o tribunal da Inquisição de Lisboa acabou por ficar convencido da bigamia de Páscoa.

O capítulo seguinte é dedicado ao próprio processo, desde a detenção de Páscoa até o confronto com os juízes. Páscoa chega finalmente ao primeiro plano da cena. É sua voz que, de agora em diante, vamos ouvir, é ela quem vai dar a sua própria versão de sua história de vida.

# CAPÍTULO 6

## Supostamente culpada: uma mulher diante de seus juízes

No maço dos documentos do processo de Páscoa conservados nos arquivos da Inquisição, a ordem dos fólios não segue a ordem cronológica da história. Assim, o primeiro fólio do maço não é a denúncia, mas a ordem de prisão. Este mandado marca o início oficial do processo, visto que muitos inquéritos judiciais preliminares não resultam em um processo.

Datada de 12 de fevereiro de 1700, a ordem de prisão de Páscoa é um formulário: um impresso em que as zonas em branco foram preenchidas com uma escrita manuscrita. A ordem de prisão, portanto, era sempre a mesma. Para manter essa dupla grafia, que atrai o olhar, lemos abaixo em itálico a parte manuscrita e em redondo a parte impressa. Esta é a ordem de prisão:

> *Páscoa, negra escrava.* Os Inquisidores Apostólicos contra a herética pravidade, e apostasia nesta Cidade de Lisboa, e seu distrito, e mandamos a qualquer Familiar ou Oficial do Santo Ofício, que *na Cidade da Bahia, ou onde quer que for achada uma preta chamada Páscoa, do Gentio de Guiné, escrava de Francisco Álvares Távora Tabelião Público na mesma Cidade da Bahia e casado com um preto chamado Pedro, escravo também do dito Francisco Álvares Távora,*
>
> a prendais *sem sequestro de bens* por culpas que contra ela há neste Santo Ofício, obrigatórias a prisão, e presa a bom recado, com cama e mais fato necessário a seu uso e até *20$000 réis* em dinheiro para seus alimentos, trareis e entregareis, debaixo de chave ao Alcaide dos cárceres *secretos* dela. E mandamos em virtude de santa obediência, e sob pena de excomunhão maior, e de 500 cruzados para as despesas do Santo Ofício, e de procedermos como mais nos parecer, a todas as pessoas, assim Eclesiásticas, como Seculares, de qualquer grau, dignidade, condição e preeminência que sejam vos não impeçam fazer o

sobredito, antes dando por vós requeridos, vos deem todo o favor, e ajuda; mantimentos, pousadas, camas, ferros, cadeias, cavalgaduras, barcos, e tudo o mais que for necessário, pelo preço, e estado da terra, cumpriu assim com muita cautela, e segredo, e a não façais. Dado em Lisboa no Santo Ofício da Inquisição, sob nossos sinais, e selo dele. *Em os 12 dias do mês de Fevereiro de 1700 anos. Felipe Barbosa a subscreveu.*[20]

É assinada por três inquisidores: Pedro Hasse de Belém, Antônio Monteiro Paim e Luís Álvares da Rocha. A desproporção entre a acusada, simples escrava negra, e a toda poderosa máquina burocrática inquisitorial salta aos olhos, neste simples documento pré-impresso. Uma vez terminada a informação judiciária no segredo do tribunal, a ordem de prisão é pública, mesmo que as acusações contra a incriminada permaneçam secretas. Nada nem ninguém pode se opor à vontade do tribunal, sob pena de punição maior. A ordem designa os que agem em nome do tribunal: os oficiais, os familiares, o guarda. Essas pessoas podem obter provisões por toda parte, de toda espécie de bens, a preço justo. O prisioneiro deve ser alimentado e alojado ao longo do caminho, mas às suas próprias custas. Em certos casos, pode ser acorrentado. Páscoa supostamente não tinha bens. Portanto, foi presa sem arresto de bens. Ela mesma, no entanto, devia garantir os custos financeiros de sua detenção; devia pagá-los pelo equivalente a 20 mil réis, uma quantia muito significativa para uma escrava.

O documento seguinte é o relato da detenção pelo familiar do Santo Ofício, funcionário civil do tribunal cuja função era de atuar principalmente nos sequestros de bens, notificações,

---

20 Processo de Páscoa Vieira, fólio 4.

prisões;[21] está datado de 20 de agosto de 1700 e foi redigido em Salvador. Foram necessários seis meses, portanto, para a transmissão da ordem inquisitorial de Lisboa e para sua execução no Brasil:

> Ilustríssimos Senhores. Pelo mandado junto prendi a negra Páscoa, hoje forra, cativa que foi de Francisco Álvares Távora, a qual vai embarcada em o navio, Jesus Maria José, de que é mestre e capitão João Fernandes Lima como consta do conhecimento junto, por pobre pelo que parece, e sem bens, não vai o que disporá o mandado, dê a passagem e sustento da viagem o dito mestre e capitão o faz a sua custa de V. S. Il$^{mas}$. A. C. Senhorias (...) na paga do dito mestre e capitão farão o que forem servidos, é o que se me oferece avisar este ponto com todo o cuidado e diligência para tudo o mais que se me for encomendado, as pessoas de V. S. Il$^{mas}$. Senhorias, de Deus muita vida e saúde para aumento da Santa Fé Católica e extirpação das heresias. Bahia, 20 de Agosto de 1700 anos. O Familiar do Santo Ofício, Carlos Antunes de Matos.[22]

A detenção de uma escrava ou forra sem bens não acontece sem causar problemas financeiros. Como pagar a viagem? O familiar, o capitão e o antigo senhor não querem pagar as despesas. Aparentemente, o capitão não teve escolha, mas esperava ser reembolsado na chegada. Constatando sua responsabilização por Páscoa, redigiu a seguinte declaração:

> Digo eu João Fernandes Lima mestre e capitão que sou da nau Jesus Maria José que Carlos Antunes de Matos Familiar do

---

21 A. C. Rodrigues, *Limpos de sangue. Familiares do Santo Ofício, Inquisição e Sociedade em Minas Colonial*.

22 Processo de Pásco Vieira, fólio 8.

> Santo Ofício me entregou presa uma negra por nome Páscoa, do Gentio de Guiné, casada e escrava que foi de Francisco Álvares Távora, os olhos grandes, não muito alta e cheia de corpo com alguns sinais artificiosos a qual dita negra me declarou entregasse presa da parte do Santo Ofício, e que a entregasse, em Lisboa ou em outra qualquer parte de Portugal, à ordem dos Senhores Inquisidores da Santa Inquisição de Lisboa o que prometo e me obrigo levando-me Deus a salvamento e a dita negra, entregá-la a quem os ditos Senhores ordenarem, de que dei dois deste teor.[23]

Graças ao capitão do navio, descobrimos a aparência de Páscoa. Na época em que não existia fotografia de identidade, as descrições físicas dos passageiros de um navio eram frequentes e serviam para evitar erros sobre a pessoa. Antes de ouvir Páscoa, o leitor é assim convidado a vê-la e a imaginá-la. Uma mulher de rosto expressivo, já que o capitão nota seus olhos, e cujo corpo aparentemente não está deteriorado demais por uma vida de trabalho: não muito alta, corpulenta, o que corresponde aos critérios da beleza física da época. Páscoa tem 40 anos, mas o capitão não menciona traços de velhice em sua descrição. Ela tem "sinais artificiais". Quais são eles? Serão marcas de escravo para indicar a quem ela pertenceu, marcas de que foram pagas as taxas de seu transporte da África para a América, de que ela foi batizada? Mais provalvemente, são incisões, sinal de que ela fora iniciada na África, e que marcam a entrada das meninas na idade adulta. É um signo forte de identidade africana.

A partir desta simples frase do capitão, a imaginação viaja. É claro que não existe o retrato de Páscoa. Em contrapartida,

---

23 Processo de Páscoa Vieira, fólio 9.

num desenho executado em Angola por volta de 1680, encontra-se a silhueta de uma linda mulher, graciosa, não muito alta e encorpada. Trata-se de uma ilustração do manuscrito da obra de Antônio de Cadornega, conservado na biblioteca da Academia de Ciências de Lisboa.[24] Ora, lembremos que Cadornega morou em Massangano na mesma época que Páscoa. A cena representa uma cerimônia religiosa, o julgamento do Bulongo, uma espécie de ordálio: a mulher, cercada por homens, ocupa o centro da imagem. Esse belo retrato de uma africana decora a capa do nosso livro. Parece-me ser um bom suporte para imaginar a aparência física de Páscoa.

O familiar do Santo Ofício esclarece que Páscoa é forra. Será que seu senhor a libertou no momento da detenção, pois, ao fazê-lo, Francisco Álvares Távora não seria mais legalmente responsável por ela, o que o eximiria de pagar as custas da travessia. É o que acreditei por longo tempo. No entanto, durante seu primeiro interrogatório em Lisboa, Páscoa diferencia bem a sua alforria da data de sua prisão.

As alforrias gratuitas eram raras e estavam ligadas a situações excepcionais. Em geral, os escravos compravam sua liberdade de seus senhores. Os escravos de fato conseguiam fazer economias ao trabalhar além das tarefas exigidas pelos proprietários. Acumulavam um pecúlio e se libertavam. O preço, fixado pelo senhor, era objeto de negociações; às vezes, era decidido com muita antecedência. No caso de má conduta do escravo, a alforria era adiada. Isso permitia aos senhores fazer um bom negócio: durante anos, seus escravos trabalhavam duro e eram dóceis na esperança de poder acumular dinheiro e manter boas relações com o senhor, a fim de poder, chegada

---

24 A. de O. de Cadornega, *História geral das guerras angolanas*, p. 272-273: "O juramento da bulongo", manuscrito da Academia de Ciências de Lisboa, tomo 3 (cota vermelha 78).

a hora, pagar o preço de sua liberdade. Com o dinheiro de sua libertação, que frequentemente equivalia ao preço de compra, os senhores adquiriam imediatamente um novo escravo.

Esse sistema de alforria, muito importante em Salvador, era a válvula de escape do sistema escravagista;[25] dava esperança aos escravos que viam nessa possibilidade uma provável melhoria de sua condição, e só era possível porque o tráfico renovava regularmente o "estoque humano". Assim sendo, o horizonte de alforria facilitava a integração e a submissão dos escravos. Páscoa, então, conseguiu se libertar, o que prova ao mesmo tempo as boas relações com o seu senhor e uma capacidade pessoal de cuidar da sua própria vida.

A detenção em 20 de agosto de 1700 deve ter sido uma surpresa. Desde 1º de fevereiro de 1697, os cônjuges Páscoa e Pedro estavam autorizados a viver juntos. Provavelmente pensavam que os rumores de bigamia pertenciam ao passado. Imagino o familiar da Inquisição Carlos Antunes de Melo, mostrando a ordem de prisão, e detendo Páscoa, que estava ocupada com os trabalhos domésticos. O marido Pedro tinha ido trabalhar. Os vizinhos assistiam à cena e comentavam...

Da segunda travessia do Atlântico feita por Páscoa, dessa vez para o hemisfério norte, o único vestígio era a carta do capitão João Fernandes Lima. Por sua declaração, não parece que a prisioneira estava acorrentada; ela própria o informou que devia ser entregue aos senhores da Inquisição em Portugal. Bastava a reputação de ser prisioneira do Santo Ofício. As tratativas a respeito das custas fazem pensar que a viagem não foi muito confortável. Páscoa deve ter dormido nos porões do navio, numa rede, como os simples marinheiros, e ter tido direito à alimentação básica. Durante os dois meses e meio que durou a travessia, ela

---

25 S. Schwartz, "The Manumission of Slaves in Colonial Brazil: Bahia, 1684-1745".

foi uma viajante suplementar que o capitão não podia recusar. O nome do navio, Jesus Maria José, remete à Sagrada Família, todo um símbolo para essa prisioneira do tribunal da fé católica, acusada de desrespeito ao casamento.

Em 11 de novembro de 1700, Páscoa chegou a Lisboa; foi encarcerada nas prisões secretas do Santo Ofício. Depois da África e do Brasil, Páscoa descobriu a Europa, e teve ali seu primeiro contato com o frio úmido do outono europeu. Tendo chegado pelo rio e pelo bairro do porto, ela atravessou o labirinto das ruas que levavam até a praça do Rossio, na extremidade norte da cidade onde se situa o palácio Estaus, sede do tribunal da Inquisição. A cidade de Lisboa era então uma cidade aberta, "global", diríamos hoje, onde se negociavam produtos do mundo inteiro e onde se acotovelavam populações muito diversas, dentre as quais um grande número de negros, conforme se vê nas representações da época, como a vista do Chafariz del Rei, onde estão representados tantos negros quanto brancos.[26] A presença de uma mulher negra nas ruas de Lisboa não suscitava curiosidade especial. Depois de Massangano, Luanda, Salvador, Páscoa estava no centro do Império português, na cidade que serviu de modelo e de referências para as demais.

## Confissões e admoestações de Páscoa

No dia seguinte pela manhã, em 12 de novembro, ela foi ouvida pela primeira vez pelo juiz Duarte Ribeiro. O notário escreveu na margem: "primeira sessão em que ela se confessa".

---

26 A. M. Gschwend, K. Lowe, *The Global City. On the Streets of Renaissance Lisbon*, p. 27: vista do Chafariz del Rei, pintura anônima, c. 1570-1580.

Depois de ter jurado pelos Santos Evangelhos dizer a verdade e guardar segredo, Páscoa começou por enunciar sua identidade, dando seu nome, o de seus diferentes senhores, o lugar de nascimento e de residência, sua idade, como ouvimos no prólogo.

Em seguida, foi admoestada pelo inquisidor, que a intimou a confessar todas as suas faltas e dizer qual era a sua intenção quando as cometeu, e, sobretudo, a não mentir; se não, ela não mereceria a misericórdia concedida aos que confessavam a verdade e correria o risco de ser castigada com todo o rigor do direito.

Páscoa retomou:

> Que estando ela no Reino de Angola sendo já batizada por um Padre lhe parece que era Clérigo, na Vila de Massangano Reino de Angola, sendo escrava da dita Domingas Carvalho que já é defunta foi com outros negros para uma fazenda da dita sua Senhora chamada Quicundo; foi a dita fazenda um Padre Capucho e sentando-se em um banco mandou chamar a umas negras e negros e pondo-se todos ao redor dele lhe mandou se benzessem por outro negro que sabia a língua, pois eles a não entendiam chamado André, escravo de sua Senhora chamada dona Maria e tirando o dito Padre da manga uma bocetinha em que levava uns anéis fez que cada um dos pretos com sua preta fosse chegando a ele e metia um anel no dedo da preta e outro no do preto depois de que os trocava passando o que tinha o preto no seu dedo para o da preta, e o desta para o do preto dizendo que os casava, e desta sorte casou todos os pretos e pretas da dita fazendo do Quicundo e de outras mais circunvizinhas; e a ela lhe coube casar com um preto de casa chamado de Aleixo, com o qual fez vida marital por alguns anos não sabe quantos e dele teve dois filhos. Depois do que morrendo a dita sua Senhora, ficou ela confitente sendo

escrava de Pascoal da Motta genro da mesma sendo Senhor dela confitente, que a vendeu para o Brasil para poder de Francisco Álvares de Távora que a comprou na Bahia, e por na dita casa haver um filho chamado Luiz Álvares de Távora com quem andou algum tempo em mau estado e juntamente com um preto da mesma casa chamado Pedro Arda do qual teve um filho, e por se ver no dito mau estado se resolveu a casar com o dito Pedro Arda, e correndo-se Banhos na Bahia por três semanas se recebeu em face da Igreja na Freguesia de São Pedro da dita Cidade da Bahia com o dito Pedro Arda dando as mãos um a outro e dizendo que se recebiam por marido e mulher em presença do Vigário da dita igreja chamado o Padre João Gomes, e recolhidos de umas portas adentro fizeram vida marital, e tiveram dois filhos. Depois do que dizendo-se que ela era casada em Massangano a apartaram do dito seu marido Pedro Arda o qual vendeu o dito seu Senhor ao Provisor da dita Cidade. Depois do que ela procurou forrar-se, e fazendo-se justificação de que ela não tinha sido casada em Massangano mandaram outra vez que fizesse vida marital com o dito seu marido Pedro Arda, e confessando-se ela declarante, deu por três ou quatro vezes conta a seus confessores da forma em que fez o dito primeiro casamento, e todos lhes disseram que não sabiam como podia ser o dito primeiro casamento dando anéis e com troca de uma e outra parte e sem haver palavras como ela dizia, mas que se era assim que não estavam casados, e sendo depois presa foi mandada vir a esta Inquisição onde confessa o que lhe sucedeu nesta matéria, e da culpa que nela cometeu pede perdão e com ela se use de misericórdia, porquanto nem sabia rezar Padre Nosso e Ave Maria quando veio para a Bahia.[27]

---

27 Processo de Páscoa Vieira, fólio 67v-69.

Terminava aqui a primeira confissão de Páscoa; ela a pronunciou aparentemente de uma só vez, sem ser interrompida pelo juiz. Era a versão dos fatos que ela preparou a partir do momento da detenção em Salvador quatro meses antes, no decorrer da travessia do Atlântico e durante a primeira noite passada na prisão da Inquisição de Lisboa. Sua linha de defesa era clara: o primeiro casamento em Angola não foi válido, porque não houve as palavras de troca de consentimento que constituem o casamento, segundo o direito canônico e as regras tridentinas. O único casamento válido foi o contraído com Pedro Arda em Salvador, e Páscoa descreveu todos os elementos do ritual de casamento conforme o Concílio de Trento: os proclamas públicos durante três semanas, a cerimônia na Igreja, a presença do vigário, a troca de consentimento pelo gesto e por palavras. Habilmente ela esclarece que os quatro confessores a quem contou sua história não reconheceram em seu primeiro casamento um casamento válido.

Ao descrever detalhadamente a cerimônia que ocorrera em Quicundo 22 anos antes – o que seu marido Aleixo não havia feito –, ela desqualificou a cerimônia dos anéis como um simulacro de casamento, reservado às mulheres e aos homens negros, como era praticado por determinados senhores e seus capelães nas fazendas, denunciados pelo padre Antonil em seus escritos nessa mesma época.[28] Acrescentou, em sua defesa, que mal era cristianizada no tempo em que morava em Angola. Evidentemente era batizada, mas não conhecia a língua portuguesa nem as preces fundamentais da Igreja.

Nessa primeira declaração, notam-se vários elementos novos: a ligação quando chegou ao Brasil, com o filho de seu senhor, Luiz Álvares Távora, sobre o qual até então ninguém

---

28 A. J. Antonil, op. cit., livro I, cap. IX, p. 124-125.

falara, os dois filhos que teve com Pedro, ainda não mencionados, enfim, seu papel primordial na sua alforria e no contrainquérito que permitiu a reunião dos cônjuges depois da separação.

Essa longa declaração confirmou a sensação que me acompanhava desde o início: Páscoa era uma mulher hábil e inteligente. Ela sabia o que os Inquisidores esperavam dela, e sua confissão foi sutilmente conduzida. Ela apostou na sinceridade ao evocar suas relações ilícitas. Apresentou-se como "cristã recente", instruída tardiamente na doutrina. Sua descrição da cerimônia dos anéis é inteiramente construída para que os inquisidores não possam confundi-la com um casamento.

O juiz considerou que essa primeira confissão foi um bom começo, mas acrescentou que era preciso que voltassem a sua memória todas as faltas e esperava-se dela uma "verdadeira confissão". Ela respondeu que não tinha nada a acrescentar. Foi novamente admoestada e enviada à prisão, não sem antes ter ouvido a leitura de sua confissão e ter reconhecido a veracidade dela. Não sabendo assinar, deixou o escrivão fazê-lo por ela.

Algumas horas mais tarde, ela foi de novo convocada em audiência para uma segunda sessão intitulada "Genealogia". Eis sua declaração:

> E que seus pais se chamam Manoel Carvalho e Lucrécia Carvalho pretos e escravos da dita Domingas Carvalho, não sabe se são vivos ou defuntos, naturais e moradores da dita Vila de Massangano. E que seus avós são já defuntos, não sabe como o chamavam aos paternos. E os maternos se chamavam Bastião e Gracia também cativos da mesma casa naturais e moradores na dita Vila de Massangano Reino de Angola.[29]

---

29 Processo de Páscoa Vieira, fólio 70.

A menção aos avós para uma escrava era algo absolutamente extraordinário e indicava certa estabilidade familiar. Sendo os termos "cativos" e "escravos" empregados alternativamente, Páscoa sem dúvida refere-se a termos quimbundos que designavam situações sociais distintas.

Depois ela apresentou sua identidade de cristã:

> E que é cristã batizada e o foi em casa de seus Senhores sendo já rapariga botando-lhe água pela cabeça e metendo-lhe sal na boca e foi por um Padre preto cujo nome não sabe nem se era Pároco que batizou também a outros pretos, e foi seu padrinho João Luís homem pardo e Andreza também mulher parda da mesma casa.[30]

Este curto trecho foi essencial para a compreensão do contexto luso-africano de Massangano. De fato, João Luís, o padrinho, é o padre João Luís Carvalho que depõe por ocasião da investigação judiciária em Massangano, enquanto a madrinha Andreza é Andreza da Cunha, sobrinha de Domingas Carvalho e sogra do senhor, Pascoal da Motta Telles, a qual se apresenta como a senhora de Páscoa diante do comissário da Inquisição em Massangano.

Páscoa prosseguiu:

> E que é crismada e o foi na Bahia de Todos os Santos pelo Arcebispo do dito Estado chamado Dom Frei Manoel Pinheiro de Souto Maior. E que tanto que chegou aos anos da descrição ia às igrejas, ouvia missa e se confessava e comungava e fazia as mais obras de Cristã.

---

30 Processo de Páscoa Vieira, fólio 70v.

> E logo foi mandada pôr de joelhos e se persignou e benzeu disse o Padre Nosso, Ave Maria, Salve Rainha, Creio em Deus Padre, os Mandamentos da Lei de Deus e os Mandamentos da Santa Madre Igreja que repetiu mal.[31]

Ela foi novamente admoestada, em seguida assinou sua declaração, antes de ser enviada de volta para a prisão. Dessa vez, permaneceu ali por um bom período, tendo todo o tempo para refletir na melhor defesa a ser adotada.

Três semanas mais tarde, em 2 de dezembro, ela foi ouvida na sua terceira confissão. Perguntaram-lhe se ela se afastou por um tempo da fé católica ou se duvidou de certos mistérios. Respondeu que não. Foi então interrogada sobre os sacramentos: será que sabia que foram ordenados por Cristo "como instrumento para comunicar a graça aos que os recebem com dignidade"? Páscoa respondeu que é filha da Igreja e que tudo o que ela ensina lhe parece bom.[32] As perguntas então se tornaram mais precisas:

> – Perguntada se sabe que o matrimônio é um dos sete Sacramentos da Igreja instituído por Cristo Senhor Nosso e um vínculo que senão desfaz senão por morte de um dos casados. – Disse que sim. – Perguntada se sabe ou ouviu dizer a alguma pessoa em algum tempo que podia uma mulher casar sendo vivo seu primeiro e legítimo marido ou um homem casar sendo viva sua primeira e legítima mulher. – Disse que sempre ouviu dizer que um homem casado não podia casar outra vez, ou que uma mulher casada não podia casar sendo vivo seu primeiro e legítimo marido. – Perguntada se tem ou

---

31 Processo de Páscoa Vieira, fólio 70v-71.
32 Processo de Páscoa Vieira, fólio 72.

teve para si que era lícito casar segunda vez, e que o segundo matrimônio era válido sendo vivo o primeiro marido ou mulher. – Disse que sempre teve para si não podia casar quem era casado nem era válido o matrimônio sendo viva a primeira mulher ou marido. – Perguntada se sabendo e tendo para si que não podia casar quem era casado, e não valia o segundo matrimônio sendo vivo o primeiro marido, que razão teve ela para casar com Pedro Arda ou de Távora sendo vivo ainda seu primeiro marido Aleixo Carvalho. – Disse que não teve para si que era casamento legítimo o que fez com Aleixo, porque foi feito com anéis, e não com as palavras e não correram pregões, nem houve padrinho nem madrinha no dito casamento de Aleixo Carvalho que fez em Massangano, o que tudo houve com o segundo casamento que fez na Bahia com o dito Pedro Arda ou de Távora. – Perguntada se quando o Padre Capuchinho casou a ela declarante com Aleixo em Quicundo junto a Massangano de Angola dando um a outro anéis, como diz, foi para sinal de que não tivesse nenhum dele por outro marido ou mulher. Se lhe perguntou a ela e ao mais se eram casados, ou se lhe pedisse que não casassem com outrem enquanto fosse vivo o marido ou mulher. – Disse que quando se fez o dito casamento não sabia ela e os mais pretos a língua portuguesa, e só por intérprete lhe disse o Padre a ela, e aos mais pretos que ficavam casados e mandando-lhes fazer o sinal da Cruz lhe deu o anel sem mais outra cousa, nem enquanto esteve em Massangano sabia a doutrina Cristã e somente sabia o sinal da Cruz e na Bahia aprendeu a mais doutrina Cristã.[33]

A defesa de Páscoa continuou na mesma linha, mas o juiz a pressionou para que ela acabasse por se contradizer.

---

33 Processo de Páscoa Vieira, fólio 72v-73.

– Perguntada se quando na Bahia lhe ensinaram a doutrina Cristã e antes de casar com o dito Pedro Arda de Távora ouvia dizer que uma mulher casada não podia casar com outro homem sendo vivo seu primeiro marido. – Disse que depois de casar com o dito Pedro Arda é que ouviu dizer o sobredito. – Perguntada se quando correram pregões na Bahia para ela declarante de casar com o dito Pedro soube ela que os ditos pregões eram para se saber se ela ou o dito Pedro eram casados. – Disse que sabe que os ditos pregões eram para que quem fosse casado na Igreja não pudesse casar com outrem, e como ela não era casada senão por anéis na forma que tem dito não lhe pareceu que tinha impedimento para casar com o dito Pedro na Bahia. – Perguntada se está lembrada dizer nesta Mesa em os 12 do mês passado que dera por três ou quatro vezes conta aos seus confessores da forma que tinha feito o primeiro casamento. – Disse que lembrada estava dizer o sobredito aos seus confessores na Confissão Sacramental depois de estar apartada do segundo marido. – Perguntada se quando se disse na Bahia que ela era casada em Massangano foi a perguntas para apartarem do dito seu marido Pedro. – Disse que não foi as perguntas que se escrevessem, e que foi dar parte ao Padre Cura depois que seu Senhor a apartou do dito Pedro, dizendo-lhe a forma em que fez o dito casamento que é a que tem relatado. – Perguntada se depois de mandarem apartá-la do dito Pedro segundo marido fez diligência por saber se era vivo o dito primeiro marido Aleixo. – Disse que não fez diligência por ele nem ouviu dizer se era vivo ou morto. – Perguntada como pode ser que sendo ela já batizada muito antes que casasse com o dito Aleixo em Quicundo de Massangano e vindo depois aprender a doutrina Cristã a Bahia e vendo correr banhos[34]

34 Procedimentos formais para o casamento. (N.E.)

para casar com o dito Pedro, como pode ser que não soubesse ou se lhe dissesse que não podia casar sendo casada, sendo certo que não podia somente ser casada com os anéis como diz senão também que se lhe havia dizer que não podia casar com outrem. – Disse que passou somente o que dito tem.[35]

Páscoa, por prudência, não ousou mais responder, porque tudo o que dizia se voltava contra ela.

O juiz então pressionou-a e explicou a ela mais claramente a posição dos inquisidores:

– Perguntada que intenção teve ela em fazer o dito segundo matrimônio sem saber se era vivo o dito primeiro marido e não dar conta de que tinha feito o dito casamento com ele. – Disse que lhe pareceu que o primeiro matrimônio não era válido. Foi lhe dito que ela Ré foi admoestada nesta Mesa com muita caridade quisesse confessar inteiramente as suas culpas e declarar a verdadeira tenção que teve em casar segunda vez sendo vivo seu primeiro marido, e não fazer diligência por saber se era morto. O que ela até agora não tem feito, e lhe fazem a saber que sendo ela cristã batizada muitos anos antes de casar primeira vez, não é de presumir que um Padre Capucho a recebesse com a cerimônia que diz dos anéis sem lhe declarar a obrigação que tinha de não casar com outrem sendo vivo o primeiro marido, nem também é de presumir que fizesse o dito casamento só com anéis, mas que para lembrança de que era casada. E vindo depois para a Bahia havendo de casar com o dito Pedro correndo pregões para se saber se algum deles era casado devia ela dar conta da forma do dito primeiro casamento para se averiguar a validade dele, pois já era instruída nos Mistérios da Fé e em não fazer a dita

35 Processo de Páscoa Vieira, fólio 73v-74v.

> declaração e ocultar a forma verdadeira do dito primeiro casamento se presume conforme o Direito que o fez maliciosamente e por sentir mal de nossa Santa Fé Católica que pelo batismo professava, e especialmente do Sacramento do Matrimônio vendo para si podia casar segunda vez sendo vivo o primeiro marido.[36]

Apesar desta longa admoestação do juiz, Páscoa continuou intangível em suas posições e recusou-se a confessar qualquer má intenção. A sessão terminou e Páscoa voltou para sua cela.

A quarta sessão ocorreu no dia seguinte, no dia 3 de dezembro, mas a despeito da insistência do juiz que lhe pedia que confessasse suas más intenções para com a fé católica, Páscoa recusou-se a ceder e continuou a negar qualquer mau sentimento.[37]

## Acusação e julgamento

Em 4 de dezembro, o libelo criminal acusatório do promotor lhe foi lido. Continha um resumo muito preciso e exato de sua confissão, que Páscoa aceitou e reconheceu. O libelo precisava no início e no fim o que significava a bigamia com relação à religião católica. Eis o primeiro capítulo:

> Porque sendo a Ré cristã batizada, e como tal obrigada a ter e crer tudo o que tem, crê e ensina a Santa Madre Igreja de Roma e a sentir bem dos Sacramentos, ela fez pelo contrário e com grande irreverência, e desprezo do matrimônio se casou segunda vez sendo vivo seu primeiro e legítimo marido.[38]

---

36 Processo de Páscoa Vieira, fólio 75-75v.

37 Processo de Páscoa Vieira, fólio 76-76v.

38 Processo de Páscoa Vieira, fólio 77.

No último capítulo, o procurador acusou-a de não ter feito uma verdadeira confissão de suas faltas, mas, ao contrário, uma confissão "muito diminuta, simulada e fingida"; acusou-a igualmente de não ter confessado a verdadeira intenção que teve ao se casar uma segunda vez, "que se pode presumir, em conformidade com o direito, ser um mau sentimento com relação à fé católica". O libelo acusatório terminou com a ameaça: "a acusada não merece que se tenha com ela nenhuma misericórdia, mas, ao contrário, todo o rigor da justiça". Páscoa manteve suas posições e recusou-se a confessar sua culpa. Ela voltou para a prisão.

Em 14 de dezembro, Páscoa assistiu à publicação das provas de justiça. Até então, o procedimento fora secreto e a ex-escrava desconhecia o que os juízes inquisitoriais sabiam sobre sua vida. Pediram para que ela ficasse de pé e escutasse o escrivão ler publicamente as provas acumuladas contra ela.

Treze depoimentos foram citados no ato de acusação. Os ato res foram identificados na margem do documento, mas seus nomes permaneceram secretos para a acusada. Foram citadas as testemunhas de Luanda de 1695, as de Massangano de 1698, depois as de Salvador em 1694. Assim, o juiz colocou a informação dos diferentes depoimentos na ordem da vida de Páscoa, a vida em Angola e depois no Brasil. Destacava-se, nesses diferentes depoimentos coincidentes, que Páscoa fora casada com Aleixo em Massangano cerca de vinte anos antes, o casamento fora celebrado na forma do Santo Concílio de Trento pelo capuchinho frei João Romano, que eles tiveram uma vida conjugal, tiveram filhos e que Aleixo continuava vivo, e que em seguida Páscoa voltou a se casar em Salvador com Pedro, um negro escravo, na forma do Santo Concílio de Trento em 1688.

Em 14 de dezembro, o tribunal da Inquisição de Lisboa reuniu-se para decidir sobre o julgamento.

O inquisidor, Nuno da Cunha de Atayde, falou em primeiro lugar. Era um personagem muito importante que foi chamado a se pronunciar sobre o caso de Páscoa. Cônego de Lisboa, conselheiro do rei d. Pedro II, tornaria-se inquisidor geral de 1707 a 1750. Foi ordenado cardeal pelo papa Clemente XI em 1712. Segundo ele, o crime de bigamia não estava provado por falta de certificado escrito e de testemunha ocular do primeiro casamento diante da Igreja, de acordo com a forma do Concílio. Reconheceu que havia a hipótese de que frei João Romano, missionário apostólico, tivesse de fato celebrado legalmente o casamento. Considerou também que era inverossímil que o padre tivesse casado a acusada, sem que ela fosse instruída na doutrina cristã. Acrescentou que faltava a prova legal, mesmo que o primeiro marido fosse uma das testemunhas. Evocou o fato de a acusada não ter confessado na Bahia que ela já havia sido casada em Angola, embora os rumores o afirmassem. Acrescentou que, sendo Páscoa "uma pessoa rústica", podia-se presumir que ela não tivesse compreendido esse primeiro casamento que não tinha nenhuma das solenidades de casamento na forma do Concílio, mas simplesmente uma doação de anéis. Propôs que, ponderando todas essas circunstâncias, Páscoa fosse absolvida.

Os inquisidores João Duarte Ribeiro e Luís Tavares da Rocha tomaram então a palavra, enquanto acusação. Consideraram que o casamento na fazenda de Quicundo foi válido de fato, e citaram Aleixo e as duas testemunhas que ele havia citado como estando presentes. Questionaram a narrativa da acusada que afirmou que o primeiro casamento foi realizado com anéis, sem declaração de consentimento, e destacaram que ninguém além da acusada disse isso e que as testemunhas a contradisseram. Acrescentaram que era inverossímil que os confessores da Bahia lhe tivessem dito que não era um casamento, e não podiam acreditar que um religioso missionário apostólico realizasse o matrimônio com uma troca supersticiosa de anéis, quando este veio para introduzir o uso dos sacramentos e libertar dos abusos aqueles que eram católicos, há anos, como era o caso da acusada. Acrescentaram, a respeito do segundo casamento, que, por ocasião da publicação dos proclamas, ela não relatou o ritual de casamento que celebrara com Aleixo, e quando começaram os rumores sobre esse primeiro casamento, ela disse que não tinha sido casada, ocultando o ritual do primeiro casamento. Consideraram que, nesse caso, houve malícia, a fim de celebrar um segundo casamento proibido pelo direito natural, e que a acusada compreendia esse direito natural, embora fosse negra de Angola, ainda mais porque ela tinha "entendimento e capacidade".

Os inquisidores, portanto, julgaram-na culpada do crime de bigamia e da presunção de mau sentimento a respeito da fé católica e do sacramento do matrimônio. Consequentemente, consideraram que ela devia receber uma sentença em conformidade com o crime de bigamia, com leve suspeita na fé (*abjuratio de levi*). Levando em conta o fato de que fora recentemente convertida, os juízes propuseram, entretanto, moderar a pena, instruí-la na fé católica e afligir-lhe somente três anos de exilio em Castro Marim, uma fortaleza ao sul de Portugal.

O documento que contém os dois julgamentos inquisitoriais diferentes, absolvição ou condenação de leve suspeita na fé, é assinado por nove pessoas, o que é raro e mostra que o processo de Páscoa suscitou o interesse da instituição e dos juízes. Houve um verdadeiro debate, de juristas extremamente qualificados, para julgar a bigamia da escrava.[39] Três dias mais

39 Agradeço a Bruno Feitler, especialista em procedimentos inquisitoriais, a ajuda para interpretar essa parte do processo.

tarde, em 17 de dezembro, o Conselho Geral do tribunal, composto por cinco inquisidores, votou e escolheu o julgamento de condenação. Em 22 de dezembro, o julgamento foi notificado a Páscoa na sala do tribunal.

Segui de perto aqui a fonte e, por conseguinte, o desenvolvimento do processo. As minutas copiadas pelo escrivão fazem perceber o caráter implacável dos interrogatórios dos juízes e as hesitações da acusada, sentindo que vacilava sua linha de defesa. Os arquivos da Inquisição, sobretudo aqueles que continham os processos completos como os do Santo Ofício português, e não resumos de processos como os da Inquisição espanhola, reproduzem a violência psicológica do enfrentamento entre os juízes e a acusada e também o caráter minucioso do processo. O que a análise histórica pode acrescentar ao documento bruto?

## A tenacidade de uma mulher

O processo durou quarenta dias, ao longo dos quais Páscoa permaneceu nos porões da Inquisição, uma experiência marcante e desestabilizante. Encontrou sete vezes os juízes. As duas primeiras, em 12 de novembro, para confessar espontaneamente suas faltas e para apresentar sua genealogia. Em seguida, Páscoa permaneceu muito tempo sem sair da cela, sem encontrar juízes até o dia 2 de dezembro, ou seja, vinte dias no decorrer dos quais ela provavelmente se enfraqueceu física e psicologicamente. Em todo caso, era a estratégia dos juízes e funcionava na maioria dos casos, uma vez que, com frequência, os acusados preferiam confessar o que o tribunal esperava deles.

Três confrontos ocorreram nos dias 2, 3 e 4 e dezembro; todas as vezes, Páscoa foi encurralada: os juízes queriam ouvi-la dizer que voltou a se casar com conhecimento de causa, que ela sabia que estava fazendo algo de repreensível, que era uma má cristã que não respeitava os sacramentos da Igreja. Mas Páscoa resistiu sozinha diante de todos esses homens. Prudente, ela sempre se ateve à mesma versão: seu primeiro casamento não era um casamento, uma simples cerimônia dos anéis e não um casamento tridentino em que ela e Aleixo teriam expressado publicamente seu consentimento.

Os confrontos de Páscoa com seus juízes revelam a força dessa mulher, resistindo e recusando a versão dos inquisidores. Apesar da detenção na Bahia, da separação de seu marido, da viagem transatlântica como prisioneira, do encarceramento nos porões inquisitoriais, das repetidas sessões de interrogatório, Páscoa se recusou a fornecer a versão de sua história que os inquisidores queriam ouvir.

No caso do processo por bigamia de Catarina Pereira, uma mulher branca da Bahia do início do século XVIII, que se casou com um escravo em segundas núpcias enquanto seu primeiro esposo ainda estava vivo, a acusada parecia mais frágil, aceitando muito rapidamente a versão dos inquisidores. Essa mulher casou-se com um primeiro marido, que foi levado preso antes de ter podido consumar o casamento; portanto, ela considerou nulo esse primeiro matrimônio. Quando se casou pela segunda vez com Ignácio Pereira, escravo do padre Sebastião Pereira, ela não pensava estar agindo mal. Muito pobre, explicou aos juízes que era para sobreviver. Mas, diante da insistência dos juízes, Catarina Pereira acabou por confessar um crime de fé, quando, obviamente, a necessidade a levou a esse segundo casamento.[40]

---

40 PT/PP/TSO-IL/028/01009.

Por comparação, Páscoa parece mais forte. Será que por já ter sido escrava duas vezes e ter sabido reconstruir sua vida é que ela conseguiu resistir à máquina inquisitorial? Durante todo o processo, os inquisidores foram ameaçadores. Sua resistência ia impedir a instituição de dar mostras de misericórdia, disseram-lhe eles inúmeras vezes. De fato, Páscoa estava certa em não confessar uma má intenção; sua sentença foi menos severa do que a de Catarina Pereira, condenada a cinco anos de exílio (em vez de três) e ao açoite.

Os inquisidores não empregaram a tortura para fazer com que Páscoa confessasse. O uso da tortura era muito codificado na justiça inquisitorial, limitado a um papel de auxílio na administração da prova. Não se tratava de destruir o acusado fisicamente, mas, na lógica do ordálio, pô-lo à prova para obter a confissão. A tortura não era utilizada para todos os crimes.

Ao ler o processo, tem-se a impressão de que tudo estava mais ou menos determinado previamente. Embora Páscoa propusesse uma versão verossímil – seu primeiro casamento não era de fato um casamento –, os inquisidores encontraram o ponto fraco e a interrogaram com razão sobre seu completo silêncio a esse respeito. Por que não tinha dito nada sobre a cerimônia dos anéis ao vigário de sua paróquia em 1688, quando de seu casamento com Pedro? Desde que os inquisidores tiveram a prova de que Aleixo estava realmente vivo no momento do segundo casamento, e a investigação em Massangano o provou, eles estavam seguros do que faziam. Compreende-se desde então o cuidado com que a investigação foi conduzida, a tenacidade do tribunal em realizar os interrogatórios em lugares distantes de Lisboa vários meses de navegação. Uma vez terminada a investigação, a culpa de Páscoa não estava mais em jogo, visto que eles estavam persuadidos. O processo se manteve menos para julgar ou não a culpa da detenta – esta já parecia estabelecida aos olhos dos inquisidores – do que como uma pedagogia do medo:[41] mostrava-se ali o caráter implacável da justiça inquisitorial e seu poder de reconciliação. O tribunal sabia e tinha resposta para tudo. Foi capaz de conduzir uma investigação de sete anos e em três continentes para inculpar uma simples escrava. No entanto, a posição do juiz Nuno da Cunha de Atayde, futuro inquisidor geral, pronto a absolvê-la por falta de provas tangíveis, mostra também a prudência do tribunal e certa moderação.

A Inquisição não se preocupou de maneira alguma com uma parte das informações que surgiram durante a investigação, como o fato de Páscoa ser indisciplinada, fugitiva, de frequentar intimamente outros homens que não seu marido, elementos que foram evocados na investigação em Angola, e o fato de ter relações carnais com o filho de seu senhor quando chegou ao Brasil, enquanto tinha, ao mesmo tempo, uma ligação com o escravo Pedro, que se tornaria seu marido. Para o historiador, a evocação dessas diferentes ligações é de grande interesse. Impostas ou consentidas, as ligações com os homens fazem parte da vida de uma mulher escrava. A dominação escravagista significava frequentemente estar disponível sexualmente para o senhor e, aqui, para seu filho, o que pode passar pela pura violência ou por uma forma de submissão, em que a mulher escrava joga com sua feminilidade para melhorar sua situação.[42]

Quanto à Inquisição, ela não se interessava pela moral, mas pela heresia. A bigamia era um delito bem conhecido, que só acarretava uma "ligeira suspeita" de heresia. Os inquisidores não recorriam à tortura, castigos físicos, ou fogueira, evidentemente.

---

41 B. Bennassar, *L'Inquisition espagnole, XVe-XIXe siècle*.

42 Sobre as questões de sexualidade, remeto a S. Steinberg (org.), *Une histoire des sexualités*. Na sociedade angolana, ver M. Candido, op. cit.

No entanto, mesmo num processo menor como foi o de Páscoa, os inquisidores não deixavam de ser implacáveis: conduziram uma longa investigação, detiveram a acusada, instruíram um processo contra ela e rejeitaram sua versão dos fatos.

Os leitores provavelmente já terão notado: os inquisidores mencionavam o fato de Páscoa ser uma mulher inteligente e de capacidade. Só o inquisidor, Nuno da Cunha de Atayde, para absolvê-la, utilizou o argumento que, sendo ela uma negra de Angola, não podia ser senão uma pessoa "rústica". Os outros consideravam, ao contrário, que ela compreendeu muito bem o que era o casamento. Quanto às capacidades intelectuais de Páscoa, só se pode concordar com eles. Ao longo do processo e dos interrogatórios, Páscoa deu mostras não apenas de resistência, mas de inteligência. Ela sabia não falar demais, detinha-se quando os juízes a levavam para terrenos escorregadios. Por estratégia, ela insistia na ausência de evangelização correta dos negros na África, na sua ignorância.

A maneira como os interrogatórios de Páscoa ocorreram muito nos informa sobre seu temperamento e seu caráter de mulher que não desiste. Mas, sobre o conteúdo das informações, eles apresentaram novos detalhes sobre sua vida que ainda não conhecíamos, e que enriquecem essa abordagem. Inicialmente, seu nome: desde que se libertou, era chamada de Páscoa Vieira, e não mais de negra Páscoa. No tempo da escravidão, ela já possuía esse nome para os documentos oficiais, como em seu certificado de casamento de 1688. É o patronímico da esposa de Francisco Álvares Távora. Isso reforça a ideia de que era uma escrava doméstica e que trabalhava para a dona da casa.

Páscoa era capaz de remontar sua genealogia a seus avós maternos, cujos nomes conhecia. Aqui também, em comparação com os escravos africanos no Brasil, o fato é excepcional. Em geral, esses cativos não tinham linhagem ascendente além dos pais, e ainda, a partir da idade adulta, voltava frequentemente a fórmula: "meus pais já falecidos". O mundo dos escravos em Angola era mais estável do que no Brasil. É interessante, portanto, a maneira de Páscoa se inscrever numa linhagem.

Outra informação fundamental foi a menção aos filhos. Ela evocou seus dois primeiros filhos em Angola sem dar-lhes os nomes. Morreram antes de sua ida para o Brasil. Fala também de dois outros filhos que teve com Pedro, um antes do casamento no tempo de seu concubinato, o outro, depois. Os filhos de escravos seguiam o status da mãe, segundo o princípio do direito romano chamado de a lei do ventre: assim sendo, se a mãe deles era escrava, eles pertenciam ao senhor da mãe. Mesmo quando o casal era legitimamente casado, o marido não tinha autoridade paterna sobre seus filhos. Os filhos até então haviam sido pouco evocados, nunca mencionados por Pedro Arda, o marido, em sua tentativa de retomar a vida marital com a esposa. Páscoa, entravada em suas histórias de casamentos, não pôde sem dúvida se prolongar sobre a questão de seus filhos; a discreta menção a eles, já que não havia interesse para a Inquisição, não queria dizer que não tivessem importância para ela. Se considerarmos a maneira como Páscoa manteve ligação com a mãe em Angola, como se lembra dos avós e dos padrinhos, pode-se considerar que as ligações familiares tinham valor para ela, e que seus filhos eram também importantes.

Enfim, Páscoa se apresenta como boa cristã. Seu autorretrato é em díptico: de um lado, sua vida de cristã em Angola, do outro, no Brasil. Páscoa é, portanto, também um notável exemplo para estudar a conversão dos africanos, seguindo John Thornton, como um processo contínuo, iniciado na África e continuado no Novo Mundo.[43] Inúmeros africanos vinham para a América já

---

43 J. Thornton, *Africa and Africans in the making of the Atlantic World, 1400-1680*, cap. 9.

tendo tido contato com a religião cristã. Existia um cristianismo africano, no cruzamento de duas tradições religiosas, a africana e a cristã. Essa mistura seria, segundo Thornton, espontânea, voluntária, em razão de semelhanças entre os dois mundos do além, povoado de santos para os católicos, de divindades territoriais e de espíritos dos ancestrais entre os africanos. Apesar das guerras e do tráfico escravagista, o cristianismo era um traço preeminente da vida religiosa e política da África central, e não somente a religião dos europeus.

Tendo nascido escrava de portugueses em Angola, Páscoa já era cristã quando chegou ao Brasil, mas uma cristã africana. O batismo cristão de Páscoa era aparentemente mais africano do que europeu. Ela esclareceu que já era moça quando o recebeu, que tinha sido um padre negro que o administrou. O clero secular de Angola e do Congo contava de fato com certo número de padres africanos. Páscoa descreveu precisamente o ritual: "a água sobre a cabeça e o sal na boca", que era a expressão com a qual os africanos designavam o batismo cristão. O sal, que era um modo de afastar os espíritos do mal, tinha sido adotado pelos africanos para designar o conjunto da cerimônia do batismo, e a tradução em quicongo e quimbundo do batismo era "comer o sal", como se vê nos catecismos.[44] Esse rito tinha se tornado muito popular na África central, e os missionários contavam como os africanos vinham lhes pedir para comer o sal. Provavelmente, por ocasião desse batismo, que deve ter acontecido num dia de Páscoa, é que Páscoa recebeu seu nome cristão. Um nome bastante raro para uma mulher, e carregado de significação, pois remete à maior festa cristã, no cerne do mistério da religião cristã: a ressurreição de Cristo.

---

44 M. Cardoso, *Doutrina cristã de Marco Jorge de novo traduzida na língua do Congo*; J. R. Macedo, "Escrita e conversão na África central do século XVII: o catecismo kikongo de 1624".

Em Angola, dizia ela, insistindo em sua ignorância, ela não sabia as orações e apenas conhecia o sinal da cruz. Seu casamento foi uma cerimônia dos anéis da qual ela não compreendeu muita coisa. Não falava a mesma língua que o missionário: o português. O missionário foi auxiliado por um escravo da casa, que ela nomeia, e que era o único que conhecia o português. Ele traduzia as palavras do padre em quimbundo. Os capuchinhos sempre estavam acompanhados por escravos, os seus ou os dos outros, para desempenhar o papel de intérprete e de catequistas.[45] Portanto, no tempo de Angola, Páscoa era cristã, mas sem compreensão profunda dessa religião, e sua prática se resumia a dois elementos: o batismo como cerimônia do sal e o sinal da cruz, traços do catolicismo que obtinham sucesso maior entre os africanos. Páscoa não esclarece se esse cristianismo estava misturado com outras crenças e muito mesclado com práticas africanas. A Inquisição não era o lugar para isso.

No Brasil, Páscoa tornou-se uma cristã segundo as prescrições tridentinas, isto é, católica e romana. De alguma maneira, ela se "confessionalizou", no sentido de que aprendeu a conhecer o conteúdo de sua fé ao ser instruída pela Igreja. Diante dos inquisidores, foi capaz de recitar todas as orações, Pai Nosso, Salve Rainha, Credo, assim como os dez mandamentos divinos. Só não sabia os mandamentos da Igreja, que em geral eram menos conhecidos, a não ser que o fossem por profissionais como os padres. Seu nível de instrução na doutrina católica era muito bom.

No Brasil, ela recebeu a Crisma, um dos sete sacramentos, que permitia ao cristão adulto perseverar em sua fé. Lembrou-se do nome do bispo que a confirmou, Dom Frei Manuel da

---

45 C. Almeida, "Escravos da missão. Notas sobre o trabalho forçado nas missões dos capuchinhos no Kongo (finais do século XVII)".

Ressurreição (1688-1691).[46] Por meio de sua declaração, sabe-se que Páscoa se confessava anualmente. Ainda aqui, é preciso levar em conta a fonte. Diante dos juízes da Inquisição, tinha todo o interesse em se apresentar como boa cristã, dando sinais tangíveis dessa familiaridade com o universo religioso cristão. Isso não significa que não praticasse ou não acreditasse também em religiões africanas. Essas são inclusivas e acrescentam com relativa facilidade novos deuses, tomando emprestado elementos de outras religiões africanas ou de religiões vindas do exterior, como o cristianismo ou o islamismo. Pedro Arda pôde manter-se fiel às divindades vodus de Allada, e Páscoa, às divindades de Angola (nzambi), professando seu catolicismo.

Será que Páscoa foi sensível ao prestígio religioso de Pedro Arda, que proclamou sua ligação com Allada em seu próprio nome? Será que Pedro foi seduzido pela angolana de 26 anos que chegava diretamente da África, terra dos espíritos e dos ancestrais, ele que talvez tivesse nascido no Brasil e apenas conhecesse indiretamente esse mundo? É difícil saber, porque o processo nunca abordou essa temática, mas é certo que o universo religioso de Páscoa e de Pedro era múltiplo, constituído por diversas tradições que se justapunham, se acumulavam e interferiam umas nas outras. Sobre o conteúdo das crenças e mesmo das misturas das práticas, a Inquisição pouco intervinha, pois essas questões eram delicadas. Ela somente perseguia as crenças dos africanos em caso de escândalo público.[47] Era muito menos atenta com relação às práticas religiosas africanas do que às práticas de inspiração hebraica, por exemplo.

---

46 A. Rubert, op. cit., p. 158.

47 Domingos Álvares, Luzia Pinta, Maria Egipcíaca, que foram perseguidas por feitiçaria, evidentemente, são exceções à regra.

Os inquisidores pediram a Páscoa que confessasse que ela não respeitava o que a Igreja ensinava sobre o casamento. Não procuravam todos os desvios religiosos possíveis numa escrava africana do Brasil. Por isso, o historiador não pode em nenhum caso querer reconstituir, a partir do processo de Páscoa, o cotidiano e as ideias de uma escrava do século XVII,[48] em termos de culturas e crenças. Pode-se simplesmente dizer que Páscoa era cristã e que foi influenciada por um duplo cristianismo, africano e português. Tinha um bom conhecimento do cristianismo e compreendeu suficientemente o sentido do casamento, segundo a Igreja, para ser capaz de resistir às "armadilhas" dos inquisidores. Certamente ela estava marcada pelas crenças da África central, dentre as quais algumas eram compatíveis com o cristianismo. Talvez tenha adotado, ao partilhar a vida com Pedro Arda, as divindades vodus da África ocidental.

Durante seu processo, Páscoa era uma mulher sozinha diante dos homens do tribunal, chamados, no momento da sentença, de "senhores inquisidores".

Em sua vida, inúmeras mulheres tiveram um papel importante. Sobretudo em Angola, a figura tutelar é matriarcal: é Domingas Carvalho, viúva que possui e distribui as heranças. Enquanto mulher escrava, Páscoa tomou o nome da esposa de seu senhor. Foi a sua mãe que ela pediu que agisse para obter um certificado de celibato.

---

48 A frase faz referência ao subtítulo do livro de Carlo Ginzburg, *O queijo e os vermes. O cotidiano e as ideias de um moleiro perseguido pela Inquisição*, São Paulo, Companhia das Letras, 1987 [1976], grande clássico da historiografia, que é um estudo das crenças de um moleiro, a partir de um processo inquisitorial.

Mas são os homens os principais atores de sua vida e de seu processo: os senhores, primeiramente Pascoal da Motta Telles, que a embarcou para o Brasil, depois Francisco Álvares Távora, autor da denúncia, o familiar da Inquisição que a deteve, o capitão do navio que a transportou a Portugal. Havia os diferentes homens de sua vida, maridos e amantes: Aleixo, o primeiro marido de Angola, os homens com quem ela fugiu, seu primeiro amante em Salvador, Luiz Álvares Távora, filho de seu senhor, finalmente Pedro Arda, o marido afetuoso. Havia também os eclesiásticos que marcaram toda a sua vida: o padre negro que a batizou, o capuchinho italiano que a casou, o arcebispo da Bahia que a crismou, o pároco da Bahia que a casou uma segunda vez, os padres que a confessaram, os inquisidores que a interrogaram e a julgaram. As testemunhas que a acusaram eram principalmente homens, com exceção de uma mulher, Andreza da Cunha, sua antiga senhora em Angola. Por ocasião do contrainquérito na Bahia, outra mulher da família Carvalho atestou seu celibato.

Nesse mundo em que os homens desempenhavam quase todos os papéis, Páscoa era, ao mesmo tempo, vítima das instituições da escravidão, das instituições da repressão eclesiástica e dos homens que as encarnavam, que por duas vezes a deslocaram contra sua vontade, fizeram-na atravessar o oceano, privaram-na de sua liberdade, impuseram-lhe castigos. Mas com a leitura atenta do processo, vê-se que ela soube se defender e que desenvolveu formas de resistência.

Em Angola, como não se entendia com seu marido Aleixo, ela fugiu, enganou-o e relacionou-se com outros homens. Em Salvador, quando chegou da África, embora tivesse apenas 26 anos, manteve uma relação com o filho de seu senhor e, ao mesmo tempo, com um escravo. A ligação com o filho do senhor poderia remeter a uma relação de violência sexual muito frequente na escravidão e a hipótese não pode ser excluída. A maneira pela qual Páscoa a "confessou" aos inquisidores como uma falta de sua parte faz pensar mais numa relação consentida. Nesse caso, isso significa que Páscoa, ao chegar a sua nova vida, engajou-se em relações íntimas com dois homens diferentes, um senhor e um escravo. Provavelmente, foi para ela uma maneira de procurar melhorar sua condição, de encontrar protetores, de recriar rapidamente elos para lutar contra o isolamento que podia sofrer uma escrava recém-chegada. O uso de seu poder de sedução junto aos homens teria sido uma maneira de se defender e de se proteger. Isso se assemelha também a um costume descrito por Baltasar Barreira: em Angola, homens e mulheres, livres ou escravos, contraíam novas uniões maritais cada vez que chegavam a novos lugares. A relação com o filho do senhor remete também às relações ancilares tão comuns na cidade da Bahia, que suscitam curiosidade, desaprovação ou inveja por parte dos viajantes estrangeiros.

Finalmente, Páscoa pediu a seu senhor autorização para se casar com Pedro Arda, com quem havia tido um filho. Em menos de dois anos, ela recriou uma família, ligações sociais, não estava mais só. Enfim, diante da Inquisição, a partir da denúncia até o processo, deu provas de uma notável lucidez. Entre 1696 e 1697, em parceria com o marido Pedro Arda, iniciou um contrainquérito destinado a rejeitar a acusação de bigamia. Se, diante do tribunal do arcebispo, Pedro Arda pareceu desempenhar um papel de primeiro plano, foi porque Páscoa soube contatar a mãe e o padrinho como testemunhas.

Diante dos juízes, ela deu sinais de constância ao não se desviar de sua linha de defesa. Apesar das provações, da travessia, da solidão, do encarceramento, resistiu e não cedeu diante dos juízes. Não, ela não estava casada em Angola. Não, a cerimônia dos anéis não era um casamento. Não, ela não deu seu consentimento diante de testemunhas para levar uma vida em comum com Aleixo até que a morte os separasse. Não, frei João Romano não realizou um casamento de acordo com as regras da Igreja tridentina em 1676, em Quicundo. Era essa toda a questão deste processo, já que não se encontrou nenhum outro vestígio a não ser o testemunho de Aleixo.

Para os leitores de hoje, a questão do casamento de Páscoa e Aleixo e, depois, o de Páscoa e Pedro é importante não para saber se Páscoa era, ou não, realmente uma mulher bígama, mas para compreender porque a bigamia de uma escrava era um escândalo nessa sociedade escravista. Para nós, Páscoa não cometeu outro erro a não ser o de tentar refazer sua vida, enquanto era jogada de um lado para outro, revendida, deslocada contra sua vontade. Portanto é preciso tentar compreender o empenho dessa instituição eclesiástica. Por que fazer três investigações judiciais para resolver esse caso banal? Por que o casamento dos escravos tinha tal importância? Por que se interessar tão de perto pela vida de homens e mulheres considerados, entretanto, como pessoas sem direitos, com o status de mercadoria e de bem móvel?

# CAPÍTULO 7

## O casamento escravo e suas implicações

Para captar todas as suas implicações, é necessário situar a história de Páscoa num contexto mais amplo. Quais eram as regras comuns referentes ao casamento dos escravos? É preciso refletir sobre esse caso, não mais apenas pelo que ele nos diz a respeito de uma escrava em particular, mas a respeito da sociedade que a produz: brasileira, escravista e católica. Uma sociedade escravista construída sobre o tráfico e a chegada maciça, ano após ano, de dezenas de milhares de escravos provenientes da África. Uma sociedade escravista que se pensava como fundamentalmente católica, fiel à lei cristã, e para a qual escravidão e religião eram perfeitamente compatíveis.

Esse processo por bigamia diz respeito igualmente à história de Angola. Páscoa defendeu a tese que seu casamento na África era apenas uma cerimônia dos anéis e não um casamento segundo as prescrições do Concílio de Trento. Ao examinar as condições da evangelização da África central e da atividade dos capuchinhos, o que se pode pensar do argumento de Páscoa? Era plausível, ou seria preciso rejeitá-lo por ser capcioso, como fizeram os inquisidores de Lisboa? Assim sendo, questionar as implicações do casamento dos africanos, no âmbito da sociedade escravista católica brasileira, implica interessar-se pela sociedade africana como ponto de partida. É nisso que o caso Páscoa é exemplar: ela mostra que é preciso se interessar pelos dois lados do Atlântico para escrever a história da escravidão e dos escravos.

## OS DEBATES TEOLÓGICOS NO BRASIL DO SÉCULO XVI

Muito se escreveu sobre a questão do casamento dos escravos no Brasil desde o século XVI.[1] Para os eclesiásticos, era importante poder casar os escravos, uma maneira de provar que o estado de escravidão não impedia a salvação das almas. O casamento coroava um percurso em direção à salvação: os escravos levados para os mundos católicos eram aí convertidos e instruídos na fé para receber os sacramentos. Para a Igreja, era preciso casar os escravos e, ao mesmo tempo, afirmar claramente que o casamento não os tornava livres e era compatível com a escravidão. Em 1551, os jesuítas de Pernambuco, região de plantio de cana-de-açúcar onde os africanos já eram numerosos, disseram esperar com impaciência a chegada do primeiro bispo do Brasil para definir as regras do casamento dos escravos. De fato, os jesuítas afligiam-se com o fato de os senhores se recusarem a casar os escravos com o pretexto de que o casamento os tornaria livres. A regra canônica que os jesuítas defendiam e queriam ver proclamada pelo bispo era a que o casamento dos escravos era possível, mas não os libertaria da escravidão, contrariamente ao que proclamava o direito civil medieval.[2]

A questão teológica que rapidamente se colocou, para poder casar os escravos quando chegavam à colônia brasileira, era saber como considerar as uniões conjugais anteriores desses adultos convertidos, levando em consideração a escravidão.

---

1 Ver C. de Castelnau-L'Estoile, "Le mariage des infidèles au XVIe siècle: doutes missionnaires et autorité pontificale" e "La liberté du sacrement. Droit canonique et mariage des esclaves dans le Brésil colonial".

2 Sobretudo o Código espanhol do século XIII, chamado de *Las Siete Partidas*. Mas, para o direito canônico, o casamento dos escravos é possível e não liberta da escravidão.

De fato, no cristianismo, desde Paulo e a fundação da Igreja, a regra era que os casamentos anteriores à conversão permaneciam válidos. Um casal continuava casado se se convertesse ao cristianismo ou se apenas um cônjuge se convertesse. Essa regra era facilmente compreensível no contexto do Império romano, cuja ordem social a Igreja não queria perturbar. Ao mesmo tempo, ela caminhava no sentido de uma valorização do matrimônio enquanto instituição de direito natural, comum a todos os homens. Paulo, no entanto, havia previsto uma exceção: o ódio da fé. Assim sendo, se o cônjuge pagão impedisse o cônjuge convertido de praticar sua nova religião cristã, então, e somente nesse caso, o casamento pagão anterior estava rompido e o convertido poderia voltar a se casar livremente. No âmbito do desenvolvimento do direito canônico, na Idade Média, essa autorização recebeu o nome de "privilégio paulino".[3]

No início do século XIII, surgiu uma nova regra a respeito do casamento dos convertidos polígamos, a partir de uma questão levantada nos Estados latinos do Oriente, onde alguns raros muçulmanos se convertiam. Ela estabeleceu que só era levado em conta o primeiro casamento, portanto, era a primeira esposa que o convertido devia conservar depois de seu batismo, e determinou o abandono, sempre difícil, da poligamia.[4]

Evidentemente, todas essas regras estavam em vigor quando os ibéricos começaram a fundar cristandades fora da Europa no século XVI, e elas complicaram a tarefa dos missionários que evocavam regularmente seus "escrúpulos" diante do casamento dos convertidos e a impossibilidade de manter as uniões

---

3 São Paulo, *Primeira Carta aos Coríntios* (1 Cor. 7, 12-16).

4 A regra está integrada nos *Décrétales* de Gregório IX (1234), compilação das decisões jurídicas dos papas; é conhecida com o nome de *Gaudemus in Domino* X-4 19 8 (Liber IV, Titulus XIX De divortiis, capitulum VIII). Os *Décrétales* estão disponíveis no site da Biblioteca Augustana em: <www.hs-augsburg.de/»harsch/Chronologia/Lspost13/GregoriusIX/gre-4t19.html>. Acesso em março 2019.

anteriores e, sobretudo, de impor a regra da primeira esposa. Na Nova Espanha, no Peru, no Brasil, no Japão, nas Filipinas e no Paraguai também houve debates sobre o casamento dos convertidos, estudados pelos historiadores. O procedimento dos missionários consistia então, em todos os locais, em estudar as uniões conjugais para julgar se eram casamentos e, em caso afirmativo, se deveriam ser levadas em conta e mantidas depois dos batismos.

No caso do Brasil do século XVI, a reflexão sobre as uniões anteriores era dupla: ela dizia respeito tanto às uniões conjugais dos indígenas do Brasil quanto às dos africanos, porque a presença dos escravos do tráfico atlântico já era significativa. Isso não era surpreendente, já que os jesuítas que dirigiam essa discussão teológica e jurídica sobre as condições de novos casamentos dos convertidos eram grandes proprietários de escravos; recebiam-nos regularmente de seus confrades jesuítas de Angola.[5]

Um maço de documentos manuscritos que se encontra na Biblioteca Pública de Évora comprova debates que existiram nos colégios jesuítas do Brasil e de Portugal sobre essa questão. Encontram-se aí textos originais de descrição dos costumes conjugais dos indígenas do Brasil, bem como dos africanos de Angola, e avaliações de teólogos sobre o direito do casamento dos convertidos, indígenas ou africanos. O texto sobre os africanos de Angola foi escrito por um missionário jesuíta conhecedor do lugar, falante de quimbundo, padre Baltazar Barreira, a pedido dos religiosos do Brasil, que queriam juntar a seus dossiês informações de primeira mão sobre os africanos que viviam no Brasil.

---

5 C. A. Zeron, "Les jésuites et le commerce d'esclaves entre le Brésil et l'Angola à la fin du XVIe siècle".

Temos aqui um extrato da *Informação dos casamentos de Angola*:

> É também corrente e ordinário entre os que mudam [de] terras, quer sejam livres, quer escravos, onde quer que assentem tomarem logo mulheres, e elas tomarem logo maridos. E o que move todos a ter muitas mulheres, além de o terem por estado é o proveito que as mulheres lhe[s] dão, porque elas, quer sejam fidalgas, quer não, semeiam e colhem os frutos da terra. E assim quanto são mais, tanto rendem mais a seus maridos; os fidalgos grandes, além das mulheres, tem também outras a que chamam Quicumbas, que é o mesmo que concubinas, as quais estão em foro de mulheres como as outras, mas chamam-lhe[s] assim porque são filhas de escravas suas, ou de mulheres naturais de suas terras.[6]

De forma característica, o jesuíta de Angola associou as questões do casamento às da escravidão. Segundo Baltazar Barreira, os novos casamentos eram frequentes em Angola e estavam ligados à mobilidade. Os jesuítas do Brasil concluíram que podiam casar de novo os escravos que chegaram da África, pois isso retomava um costume africano. De resto, a descrição de Baltazar Barreira entrou em consonância com as práticas de Páscoa. Ela fugiu da casa de seu senhor Pascoal da Motta Telles em Massangano e conviveu com outros homens. Ao chegar ao Brasil, à casa de um novo senhor, ela tomou imediatamente um novo cônjuge.

Em sua descrição, Baltazar Barreira destacou também que o casamento significava prestígio e lucro. Tal era o sentido da

---

6 MMA III, doc. 55, Baltazar Barreira, "Informação dos casamentos de Angola" (1582-1583).

poligamia num sistema econômico em que as mulheres eram produtoras e agricultoras. Enfim, ele evocou a escravidão africana como uma prática corrente; tratava-se de um elemento importante, que justificava o tráfico em Angola. Os portugueses consideravam que podiam comprar sem escrúpulos escravos chamados de legítimos, porque esses homens e essas mulheres haviam sido escravizados de acordo com as regras de sua própria sociedade.

A reflexão sobre as condições do novo casamento dos escravos tinha como objetivo dar conforto aos jesuítas do Brasil – e, por trás deles, à sociedade em seu conjunto: não era preciso ter problemas de consciência ao importar escravos. Eram escravos "legítimos", escravizados de acordo com as leis africanas e depois vendidos por um preço justo aos portugueses ou obtidos com razão sob a forma de tributo ou de guerra de defesa. Ao convertê-los, ao dar-lhes condições de uma vida cristã e a possibilidade de se salvarem, os jesuítas ofereciam aos escravos o que consideravam como o mais belo dos dons. Os padres reconheciam que a escravidão era um sofrimento, mas a salvação que se encontrava no fim desta vida era uma recompensa que não tinha preço. Eles acreditavam que os homens e as mulheres que continuassem na África, sem evangelização, seriam condenados ao inferno. Essa teoria era a doutrina oficial da Igreja desde a bula *Romanus Pontifex* de 1455, em que o papa Nicolau V autorizava o infante d. Henrique de Portugal a praticar, de maneira exclusiva, o comércio na costa da Guiné, e, sobretudo, o comércio de escravos adquiridos em "justo contrato".

O casamento dos escravos era, além disso, um elemento essencial dessa teoria de redenção, porque, sem casamento, um cristao adulto, exceto quando era casto, não podia viver senão em pecado. Retirar os africanos de sua terra de origem e não deixar que se casassem seria condená-los. Isso poria em perigo toda essa construção ideológica que permitia aos jesuítas serem cristãos justos e, ao mesmo tempo, praticarem a escravidão. O casamento dos escravos, portanto, era primordial aos olhos dos jesuítas do Brasil.

Na prática, se fosse preciso levar em conta as uniões anteriores à conversão, que ocorria com frequência com a escravização, seria impossível casar os escravos. Teólogos se dedicaram à questão, especialmente um religioso da Nova Espanha, Alonso de la Vera Cruz, especialista em casamento, que refletiu sobre isso à luz da nova atualidade missionária do século XVI. Sua obra, datada de 1559, circulou no Brasil. A "solução" jurídico-teológica proposta para o casamento dos escravos consistia em fazer da escravidão uma circunstância excepcional, válida para anular as antigas uniões conjugais e permitir ao escravo recém-convertido e separado de seu ex-cônjuge pagão que voltasse a se casar com o cônjuge de sua escolha, evidentemente, desta vez, cristão.

A importância dessas questões era flagrante, quando os jesuítas do Brasil e de Portugal, aproveitando-se de seus contatos na cúria romana, obtiveram uma decisão pontifical sobre o assunto. Em janeiro de 1585, o papa Gregório XVIII tornou pública a bula *Populis ac Nationibus* sobre o novo casamento dos cativos de Angola, da Etiópia (que significava África negra) e do Brasil.[7] Por meio dessa bula, o papa confirmou a teoria segundo a qual a cristianização dos escravos era uma compensação pelo mal do tráfico. A decisão pontifical permitia calar os raros jesuítas do Brasil que se opunham à prática maciça da venda e do trabalho escravo.

---

7 J. Metzler, *America Pontificia primi saeculi evangelizationis 1493-1592*, vol. 2, doc. 430, p. 1228-1230.

*Populis ac Nationibus* inicia-se com a questão da recente conversão à fé cristã dos povos pagãos, com os quais Roma devia ser indulgente e receptiva para favorecer sua passagem ao cristianismo:

> Os povos e as nações recentemente convertidos do erro do paganismo para a fé cristã devem ser tratados com benevolência no que diz respeito a sua liberdade quando desejam contrair matrimônio. Se não, esses homens pouco acostumados a observar a continência conservariam pouco facilmente sua fé e seu exemplo poderia desencaminhar outros da compreensão da fé.

O matrimônio é essencial, sobretudo para os "cativos deportados", termos que designam nitidamente os escravos:

> Ocorre frequentemente que infiéis dos dois sexos, sobretudo homens, casados segundo os ritos de seus povos, e oriundos de Angola, da Etiópia, do Brasil e de outras regiões das Índias onde foram capturados por inimigos, sejam afastados de suas pátrias e de seus cônjuges para serem deportados para longe. De tal forma que tanto os cativos como os que permaneceram em sua pátria, se eles se convertessem em seguida, não poderiam avisar seus cônjuges infiéis, tão distantes [caso quisessem coabitar com eles sem ofensa ao Criador]. Isso porque o acesso a províncias hostis e bárbaras é proibido até a mensageiros, ou porque os cativos desconhecem totalmente a que país eles foram transportados, ou ainda porque a grande distância constitui uma dificuldade maior.

O texto não emprega a palavra "escravidão", mas fala de cativeiro e de deportação, e descreve cônjuges separados e na impossibilidade de se comunicarem.

O papa lembra em seguida que os casamentos infiéis têm uma importância aos olhos da Igreja, que reconhece neles "verdadeiros casamentos" que não podem ser facilmente desfeitos; permanecem, no entanto, aquém dos casamentos validados, que são os casamentos cristãos, e esses, em nenhum caso podem ser dissolvidos.

> Estamos atentos a esses casamentos contraídos entre infiéis: eles devem ser considerados reais, mas ainda não validados; tanto que, se tivessem sido validados, em caso de necessidade, não poderiam ser dissolvidos.

A grande "benevolência" do papa em relação a esses escravos recém-convertidos consiste em dar aos padres, que deles se ocupam, o direito de casá-los de novo sem levar em conta os antigos cônjuges.

> Nossa solicitude paterna comove-se, portanto, diante da fragilidade desses povos, e também pelos presentes e em virtude da plena autoridade apostólica, concedemos aos ordinários, aos párocos e padres da Companhia de Jesus, aprovados como confessores pelos superiores dessa Companhia que são enviados por um tempo às citadas regiões ou aí são admitidos, a faculdade de dar dispensa a todo cristão homem ou mulher residente nessas regiões e seriamente convertido, casado antes de seu batismo, para poder contrair matrimônio com qualquer fiel, mesmo que o cônjuge pagão ainda esteja vivo, mesmo que seu consentimento tenha sido muito pouco solicitado ou que uma resposta não possa ser esperada. Esse matrimônio deve ser contraído ritualmente, solenizado liturgicamente na Igreja e é válido de direito até a morte dos esposos. Isso com a condição de que não se possa

> legitimamente prevenir mesmo sumariamente e sem formalidade jurídica o cônjuge ausente e se esse cônjuge, embora avisado, não expressou sua vontade no prazo indicado pelo aviso. Mesmo que os primeiros esposos pagãos digam que uma justa razão os tinha impedido de manifestar sua vontade, e que eles já estavam convertidos na época do segundo casamento, decretamos que esses casamentos nunca devem ser dissolvidos, mas são válidos e sua descendência deve ser considerada legítima.

Todas as precauções do texto em torno do ritual do novo casamento e de sua validade mostram a extrema importância atribuída a esses casos. A bula termina lembrando que a presente decisão pontifical se sobrepõe a todas as outras instâncias: "Isso a despeito das constituições e dos decretos emanando da sede apostólica e dos concílios gerais, e de qualquer outra decisão contrária."

O leitor contemporâneo, pouco afeito às questões teológicas, tem dificuldade em decifrar a implicação de tais textos. Mas, na época, ocorreu um verdadeiro debate entre teólogos para saber se o papa tinha, ou não, o poder de anular casamentos, mesmo sendo de infiéis. A fórmula do Evangelho: "Que o homem não separe o que Deus uniu!" (Mateus 19, 1-6), parecia, para alguns, a prova de que ninguém, nem mesmo o papa, podia dissolver o sacramento do matrimônio. Ora, as uniões infiéis, salvo exceções, já eram, aos olhos dos homens da Igreja, casamentos de acordo com o direito natural e, portanto, reconhecidas por Deus. Gregório XIII, papa jurista, agiu com prudência e só permitiu dissolver as uniões infiéis no caso dos deslocamentos de populações cativas, tais como os escravos indígenas e os escravos africanos da colônia brasileira. A escravidão desempenhou aqui o mesmo papel do que Paulo havia chamado de "ódio da fé", uma circunstância histórica particular que autorizava excepcionalmente a ruptura das antigas uniões maritais.

Assim, este texto pontifical equivalia a constatar e validar a existência do tráfico atlântico. Concedia ao mesmo tempo o "privilégio" aos párocos e aos jesuítas de casar de novo os escravos, sem levar em conta as antigas uniões, e a "dispensa" aos cativos da obrigação de permanecerem casados com seus ex-cônjuges.

A bula, recebida com alegria e com muitas missas de ação de graças em Salvador no mês de agosto de 1585, consolidou os jesuítas em suas práticas escravagistas. Eles podiam continuar a comercializar escravos e a utilizar essa mão de obra em suas propriedades rurais. Não apenas eles, mas também toda a sociedade colonial do Brasil, já que o privilégio se estendia aos vigários das paróquias. Em troca de seu trabalho, as mulheres e os homens cativos que chegavam à colônia eram evangelizados, batizados ou confirmados em seu batismo e casados, uma vez que a Igreja lhes oferecia assim o caminho da salvação. Nesse sentido, a bula pontifical de 1585 era tão importante: constituía a pedra de toque de todo um edifício ideológico que fortalecia o sistema econômico e social baseado no tráfico e na escravidão dos africanos no Brasil. Ela equivalia, para os jesuítas do Brasil, a um reconhecimento pelo papado da via pragmática com a qual se comprometeram: financiar eles próprios sua missão por meio de um envolvimento nas atividades econômicas. O caminho da salvação era apresentado como uma compensação pelo mal da escravidão, uma vez que, desde Santo Agostinho, a escravidão foi vista como uma consequência do pecado dos homens.[8]

---

8 Ver P. Garnsey, *Conceptions de l'esclavage d'Aristote à Saint Augustin*.

Mas, nessas condições, como se podia acusar uma escrava de bigamia por ter voltado a se casar no cativeiro e depois de ter sido deportada? Será que a bula de Gregório XIII teria sido esquecida ou ignorada pelos inquisidores do final do século XVII? Aliás, ela não foi invocada em momento algum do processo inquisitorial.

Muito precisamente, a bula pontifical de dispensa e de privilégio não podia ser aplicada a Páscoa, porque seu casamento com Aleixo já era católico, e não pagão, e, nesse sentido, era indissolúvel e não podia em nenhum caso ser desfeito. Os inquisidores destacaram várias vezes que Páscoa era cristã de longa data, já que fora batizada em Angola, e consideravam, tendo em vista vários testemunhos, que ela havia sido casada segundo o rito católico.

Pode-se observar igualmente que os inquisidores não aludiram ao fato de que Páscoa foi escrava durante toda a sua vida, e que não havia sido ela que escolhera "se ausentar" de seu marido, como diziam eles pudicamente. Enquanto escrava é que fora deportada de Angola para ser vendida em Salvador. Mas os inquisidores nunca mencionaram sua condição de escrava. Segundo eles, Páscoa não podia se beneficiar da bula de Gregório XIII porque seu casamento em Angola estava ratificado, isto é, no vocabulário teológico, era um matrimônio sacramental, perfeitamente cristão e, portanto, indissolúvel: nessas condições, o privilégio paulino não podia ser utilizado. Por isso, os inquisidores omitiram qualquer alusão à escravidão. Nunca se disse que Páscoa "foi retirada de sua pátria e de seu cônjuge para ser deportada para longe", nem que era normal que essa mulher, "pouco habituada à continência", voltasse a se casar no Brasil e que pudesse se beneficiar da "benevolência paterna", para retomar as fórmulas pontificais.

Temos aqui o pano de fundo não explicitado – mas muito presente – do processo que nos ocupa. Páscoa contou sua história de maneira a poder se beneficiar dessa "indulgência" da Igreja. Quando caracterizou seu casamento como uma simples "cerimônia dos anéis", ela quis provar que não se tratava de um verdadeiro casamento, ratificado, e que, portanto, ela podia se beneficiar da dispensa pontifical e que seu pároco no Brasil tinha o privilégio de casá-la de novo. A forma da cerimônia de casamento em Massangano, longe de ser um detalhe, era essencial, e exatamente por isso os inquisidores levaram tão adiante sua investigação. Se o casamento fosse ratificado, havia bigamia e crime; no caso contrário, a bula de Gregório XIII podia ser aplicada, e o casamento de Páscoa e Pedro em Salvador tornava-se legítimo. Ora, para a Igreja, e Páscoa sabia disso, o que constitui o casamento são as livres palavras de engajamento dos esposos. Sem a expressão formal do consentimento, o casamento em Angola era apenas uma "cerimônia dos anéis". Também por esse motivo é que Páscoa insistiu no fato de que ela era apenas uma cristã de pura fachada em Angola e que não compreendia a língua portuguesa. Em função de sua defesa, ela devia se apresentar como uma cristã bem recente, que podia se beneficiar de leis de exceção.

Assim sendo, o caso de Páscoa se inscreve na história mais ampla do casamento dos escravos na sociedade colonial brasileira, cujo total funcionamento baseava-se na escravidão. A ordenação das questões ligadas ao casamento dos escravos é, na verdade, fundamental: ela participa da normalização da afluência maciça de adultos provenientes da África todos os anos. O funcionamento da sociedade escravista brasileira, cuja referência central era o catolicismo, passa pela regulamentação dessa importante questão. Para preservar a paz social, os escravos deviam poder voltar a se casar facilmente e de maneira incontestável. Os inquisidores consideravam que não podiam aplicar a Páscoa os privilégios missionários previstos para os escravos, porque ela já era cristã em Angola e casada segundo as regras da Igreja.

Falta agora compreender o caso a partir de Angola. Será que é possível, como afirmou com vigor Páscoa, que o capuchinho João Romano só a tenha casado por meio de uma cerimônia dos anéis, e não tenha celebrado um verdadeiro casamento católico? Qual era a implicação do casamento na África central para esses missionários apostólicos provenientes da Itália?

## cerimônia dos anéis ou casamento tridentino?

A vinda dos capuchinhos ao Congo e a Angola é um capítulo apaixonante da geopolítica do Atlântico sul no século XVII. Em 1645, ao término de longas tratativas diplomáticas entre o rei do Congo, o rei da Espanha, Felipe IV, e o papa é que esses missionários apostólicos, inicialmente espanhóis, depois italianos (para não desagradar o rei de Portugal) chegaram ao reino africano na época em que os holandeses reinavam como senhores em Luanda.[9] Nunca eram muito numerosos, já que grande parte deles morria, vítima de doenças tropicais. Uma vez expulsos os holandeses de Angola em 1648 pelos portugueses, um acordo foi acertado entre o governador de Angola, Salvador de Sá, e o rei do Congo para que os missionários apostólicos continuassem a atuar na zona de influência portuguesa.[10]

---

9 L. Jadin, "Le clergé séculier et les capucins du Congo et d'Angola aux XVIe et XVII siècles: conflits de juridiction, 1700-1726".

10 MMA, vol. X, doc. 154.

Na Angola portuguesa, os capuchinhos eram apreciados pelas autoridades e pela população. Entre outros, eles desempenhavam um papel importante como mediadores entre os soberanos e os sobas africanos, para negociar alianças com o poder português. Assim sendo, em 30 de dezembro de 1678, o senado ou câmara municipal da cidade de Luanda agradeceu aos cardeais da Propaganda Fide com entusiasmo:

> São tão justificados, piedosos e santos os procedimentos dos religiosos capuchinhos missionários dirigidos a este reino por Vossas Eminências e é tão copioso o fruto espiritual que os habitadores destas dilatadas províncias têm recebido pela doutrina e pelos santos e louváveis costumes dos mesmos religiosos, que nos pareceu obrigação precisa render as devidas graças por este sumo benefício, pois Vossas Eminências, como digníssimos Presidentes no Tribunal da propagação da Fé, são instrumentos de maior bem de inumeráveis almas que viviam na idolatria, e estavam fora dos rebanhos da Igreja, e também de inumeráveis serviços que estes Religiosos têm feito e fazem nestes reinos a Deus Nosso Senhor e à Santa Sede Apostólica Romana.[11]

O portador da carta é precisamente esse frei João Romano, que já conhecemos, pois foi ele que casou Páscoa e voltou para Roma no final do ano de 1678, na qualidade de procurador das missões do Congo e de Angola. Por meio de tal conjunto de elogios, a câmara municipal tinha como objetivo pedir o envio de outros capuchinhos financiados pela Propaganda Fide:

---

11 "Carta do Senado da Câmara de Luanda aos Cardeais da Propaganda Fide. S. Paulo da Assumpção, 30 de dezembro dc 1678", MMA, vol. XIII, doc. 195.

> Porém, Eminentíssimos Senhores, a seara é copiosa, e dilatada, os obreiros para tão grande colheita são poucos, e com esta consideração nos pareceu do serviço de Deus e aumento dessa Cristandade pedir, prostrados aos pés de Vossas Eminências, a continuação desta missão com multiplicados Religiosos, de cujo estado e progressos dará nessa Sacra Congregação boa e fiel notícia o Padre Pregador Frei João Romano, que incansavelmente, e com espírito verdadeiramente apostólico, obrou nesta vinha do Senhor com grande caridade e com notável zelo da salvação desta gentilidade.[12]

Os dados se cruzam entre as fontes de diferentes origens. Frei João (Giovanni) Romano viveu em Angola de 1672 a 1678, realizando ali inúmeras missões. Morou em Massangano a partir de 1675. Foi nessa época que procedeu ao casamento coletivo através do qual Páscoa e Aleixo foram unidos, em 1676, segundo as testemunhas. No final do ano de 1678 ou em 1679, voltou para a Europa, onde continuou a se ocupar das necessidades da missão do Congo e de Angola, e depois retornou na qualidade de prefeito em 1684. Empreendeu então uma missão diplomática junto à nova rainha de Matamba, com o padre Francisco de Pavia, que se tornou mais tarde, quando da investigação de 1699 sobre Páscoa, prefeito das missões capuchinhas em Lisboa. Tendo adoecido a caminho dessa nova missão, João Romano voltou para Luanda e aí faleceu em 1685.[13] Como vemos, a partir de então, enquanto os jesuítas passaram a se ocupar sobretudo de suas grandes fazendas, da formação das elites da colônia em seus colégios e de questões políticas, os capuchinos se desincumbiram da evangelização dos africanos, deixada para os

---

12 Idem.

13 L. Jadin, op. cit., p. 233s.

missionários estrangeiros; a assistência comum da população luso-africana era teoricamente um encargo dos párocos portugueses oriundos das famílias locais, mas, concretamente, os missionários italianos desempenhavam um papel muito ativo.

Padres africanos também eram formados pelos jesuítas. Discutia-se então para saber se era preciso formá-los nos seminários locais, ou enviá-los a Portugal para educá-los longe de seu mundo africano e melhor extirpar seus "erros" pagãos. Foi um padre negro que batizou Páscoa. Os europeus tinham consciência de que o cristianismo africano nem sempre era análogo ao deles. O interesse, e até mesmo o entusiasmo pelo batismo, se explicava por sua situação na própria cosmogonia africana, como uma iniciação aos poderes dos espíritos. Aliás, os padres católicos eram considerados como iniciados e organizadores do culto dos espíritos.

Ao aplicar a regra de São Francisco, os capuchinhos praticavam a missão itinerante e se deslocavam de missão em missão, nas fortalezas de Calumbo, Benga, Kalenda, Massangano e em Luanda.

De sua estada em Angola, frei João Romano (ou, segundo as fontes, Giovanni da Romano, ou ainda Giovanni Beloti da Romano) trouxe um longo manuscrito, *Giornate Apostoliche*, lembranças de missão e reflexões sobre os métodos missionários.[14]

Ao chegar à Itália, enviou uma súplica aos cardeais da Propaganda Fide em 10 de março de 1681, para que seu livro fosse publicado. Descrevia as três partes: a viagem até o Congo, os trabalhos da missão e as coisas memoráveis que lá ocorreram,

---

14 C. Almeida, "'Ajustar à forma do viver cristão. Missão católica e resistências em terras africanas'. Escravidão, trabalho forçado e resistência na África Meridional".

finalmente, a viagem de volta até a Itália.[15] Seu livro não foi publicado, e uma cópia manuscrita encontra-se atualmente na Biblioteca do Clero em Bérgamo com o título *Auuertimenti saluteuoli alli apotolici missionarj specialmente ne regni del Congo, Angola, e circunuicini*.

O capuchinho defende neste documento a ideia de que era preciso casar os africanos: o casamento constituía um instrumento capaz de fundamentar o comportamento civil, de conter e disciplinar as relações afetivas e as paixões. O interesse de casar os escravos era ainda torná-los mais submissos. É por essa razão que os capuchinhos casavam seus próprios escravos. De fato, apesar do voto de pobreza, os irmãos capuchinhos recorriam a escravos indispensáveis como carregadores e intérpretes em suas missões de repressão dos cultos africanos.[16] Os capuchinhos persuadiam também os senhores de escravos a deixarem que os casassem, e foi o que fez João Romano na fazenda de Quicundo, onde casou os escravos de Domingas Carvalho com seus métodos pouco ortodoxos, mas que ele considerava eficazes.

Ao fazer o balanço de sua experiência concreta, o capuchinho defendeu um método de evangelização muito teatral, destinado aos africanos de Angola e do Congo, que descrevia como ignorantes e simples. Propôs servir-se da proximidade com coisas materiais e palpáveis para tornar mais compreensível a religião cristã. A ideia de utilizar os anéis para simbolizar o casamento vai nesse sentido. João Romano insistiu no fato de que as línguas locais não eram necessárias ao missionário e sugeriu o recurso a um intérprete. O missionário devia se fazer compreender pelos gestos, pelo tom da voz. O calor e a energia

---

15 MMA, vol. XIII, doc. 212.

16 C. Almeida, "Escravos da missão. Notas sobre o trabalho forçado nas missões dos capuchinhos no Kongo (fim do séc. XVII)".

eram mais importantes do que o sentido das palavras. Encontram-se, nessa explanação do missionário destinada a seus confrades, alguns dos aspectos da cerimônia de Massangano tal como fora descrita por Páscoa: a encenação (todos estão sentados em círculo), a presença de objetos (os anéis tirados da bolsa do missionário), a intervenção de um intérprete, as palavras incompreensíveis para a assistência. Páscoa provavelmente não estava mentindo para os inquisidores de Lisboa quando descreveu a cerimônia de seu casamento, que refletia exatamente o método de frei João Romano. Enfatizemos que é raro encontrar uma descrição dos métodos missionários feita pelos próprios convertidos; em geral, as fontes que documentam a interação missionária só emanam dos eclesiásticos.

A que correspondiam exatamente esses casamentos celebrados pelos religiosos? Por que os missionários celebravam casamentos cristãos segundo um método que não o da Igreja comum? Desde o início de sua presença no Congo e em Angola, os capuchinhos se chocaram com a poligamia que descreveram, e os jesuítas, antes deles, julgavam ser um costume muito difícil de ser extirpado. O casamento cristão em sua forma monogâmica e indissolúvel representava frequentemente um verdadeiro obstáculo à conversão. Inúmeros pontos da doutrina cristã podiam atrair os africanos, especialmente a ideia de ressurreição, de vida após a morte, de deus criador e onipotente, mas o casamento em sua forma cristã era bem pouco sedutor, sobretudo para os homens.

Para os missionários, uma solução era proceder por etapas, propondo inicialmente aos africanos batizados "um matrimônio segundo o direito natural". Em 1650, quando se encontravam havia pouco tempo no Congo, os capuchinhos enviaram a Propaganda Fide uma série de dúvidas sobre a administração dos sacramentos. Cinco perguntas referiam-se ao matrimônio, dentre as quais uma que evocava o casamento por etapas. Esse uso local de um casamento por etapas era inventado pelos missionários para tentar se adaptar a um mundo em que o casamento e o sistema de parentesco não tinham o mesmo sentido que no Ocidente. Segundo os missionários, os homens tomavam esposas sem obrigação recíproca, e eles as mandavam embora quando quisessem. Tratava-se, de alguma forma, de iniciar os africanos ao casamento monogâmico e exclusivo por meio da introdução de um contrato em que homens e mulheres se comprometiam a permanecer juntos. Se o casamento funcionasse, alguns anos mais tarde, o matrimônio sacramentado com o cerimonial tridentino viria coroar esse primeiro casamento que ficara inacabado.

Esta foi a pergunta sobre o casamento por etapas, feita pelos capuchinhos do Congo em 1650:

> Quarta dúvida: Uma vez que o reino do Congo tem muito poucos padres, ocorre que algumas regiões se encontram sem padre durante seis e até oito anos, e uma vez que entre eles há a crença de que um homem não pode ficar sem esposa e ele é contra isso, perguntamos se podemos ensinar que, querendo tomar uma esposa, os homens o façam com a condição recíproca de não se separar, na presença de testemunhas e mais tarde, com a vinda do padre, este confirma com as cerimônias requeridas pela Santa Igreja. E será que se pode honestamente fazer isso?[17]

A resposta das autoridades romanas é breve, mas clara: "Não se deve introduzir nem ensinar tal uso, que é contrário ao Concílio de Trento".

---

17 Dúvidas de Frei Boaventura de Sorrento e respostas da Propaganda Fide 1650, MMA, vol. X, doc. 189, p. 536-545, citação p. 544.

Será que foi esse tipo de casamento que frei João Romano praticou por volta de 1676, apesar da interdição de 1650 da Propaganda Fide? Parece que, por ocasião da cerimônia dos anéis de Quicundo, não houve proclamas, fórmulas de consentimento recíproco nem registros, ou seja, o cerimonial exigido pelo Concílio de Trento. Foi o que contou Páscoa ao dizer que a cerimônia do frei João Romano não era um verdadeiro casamento e que ela não se sentia comprometida pela cerimônia dos anéis a permanecer a vida toda com Aleixo. Mais de 25 anos depois da interdição da Propaganda Fide, talvez os capuchinhos continuassem a praticar um casamento por etapas, que consideravam adaptado aos africanos que procuravam converter. Era comum que práticas missionárias continuassem a existir, a despeito das repetidas advertências de instâncias superiores muito distantes e sem meios de fazer aplicar as regras.

Esse casamento improvisado que Páscoa chama de cerimônia dos anéis não teria dado origem a um registro com todas as formalidades. Em 1675, o padre secular Luiz Morales, visitante apostólico, elogia o trabalho dos freis João Romano e Andrea da Buti em Massangano. Frei Romano abençoou quatrocentos casamentos e realizou um número maior ainda de batizados. Andrea da Buti abençoou, em oito meses, 211 casamentos e ministrou 110 batizados.[18] Essas cifras, que tranquilizariam os eclesiásticos quanto ao bom desempenho da missão, supunha métodos açodados.

Em Roma, os cardeais da Propaganda Fide, mas também os do Santo Ofício, quando se tratava de questões relativas aos sacramentos, é que controlavam a validade das práticas desses católicos do "fim do mundo". Entre a decisão romana e sua aplicação concreta, havia forçosamente uma distância.

---

18 L. Jadin, op. cit., p. 229s.

Encontram-se repercussões na Europa relativas aos métodos missionários dos capuchinhos do Congo e de Angola. Assim, um capuchinho romano, frei Fortunato da Bologna, é o autor de dois relatórios endereçados à Propaganda Fide, em 1679, nos quais ele se surpreendia com práticas de seus confrades na África.[19] Citou duas vezes o manuscrito de frei João Romano, prova de que ele o lera atentamente. Esse capuchinho era um especialista da África central, já que fora encarregado, entre 1678 e 1682, da revisão do manuscrito de Antônio Romano Cavazzi, *Istoria Descrizzione del Congo, Matamba e Angola*, que continha a narrativa da segunda conversão da rainha Njinga.

Os relatórios de frei Fortunato da Bologna (Alamandini, de seu patronímico) sobre a missão do Congo e de Angola eram, sobretudo, críticos. Denunciava inicialmente os irmãos leigos, encarregados das necessidades materiais da missão, por buscarem antes de tudo enriquecer. Enfatizava que os missionários deixavam a Itália para ir ao Congo sem nenhum conhecimento sobre a maneira de catequizar e sobre os problemas apresentados pela missão. Propunha a criação de um seminário para ensinar a língua portuguesa e fazer conhecer pelo menos um pouco dos costumes africanos. Enfim, os missionários, antes da partida, deveriam ser examinados sobre seus conhecimentos em teologia moral e sacramental.

Frei Fortunato da Bologna apresentou, em seguida, o método dos capuchinhos na África central, e pode-se pensar que ele se baseou nos testemunhos de Antônio Romano (Cavazzi) e de João Romano (Belloti) que ele leu. Explicou que o método empregado pelos capuchinhos para converter os "homens negros rústicos" baseava-se no amor e na confiança. Tratava-se de levar as almas a abraçar voluntariamente a fé católica, pois, para os

---

19 MMA vol. XIII, doc. 201 e 202.

capuchinhos, o amor manifestado pelo missionário seria mais eficaz do que as pregações. Entretanto, sem criticar abertamente seus confrades, Fortunato da Bologna acrescentou que era preciso tocar não só o afetivo, mas também a vontade. Destacou, enfim, a importância de se certificar de que os escravos que iam para a América fossem de fato batizados antes da partida.

A política do casamento desenvolvida pelos capuchinhos foi exposta longamente. Frei Fortunato da Bologna cita explicitamente o padre João Romano:

> Para os casamentos promovidos pelos missionários com tanto zelo (como diz o padre Giovanni [João] Romano ao falar de si mesmo, num de seus manuscritos), dever-se-ia proceder com mais precauções, porque a razão do missionário é muito santa, mas parece-me que a incapacidade dos negros os impede de tomar consciência da força da instituição deste sacramento e compreender a razão da interdição da multiplicidade de mulheres e do concubinato. Nesta matéria tão delicada, seria muito necessário produzir um resumo de doutrina e de explicação, e de lhes inculcar de outra maneira que não seja dizer-lhes simplesmente que os brancos fazem assim, e porque isso é admirável, respeitável, digno de estima. Encontrei frequentemente esse ponto nos escritos do referido frei Romano e me pareceu convincente. Como nos outros mistérios da Santa Fé, é necessário que o homem creia e aprenda, convencido pela justeza e não pelas aparências. Se não, a própria *vendetta* poderia parecer lícita, se fosse exercida por pessoas prudentes.[20]

---

20 Observações de Frei Fortunato sobre a História das Missões, MMA vol. XIII, doc. 201 (1679).

Em outras palavras, o casamento monogâmico e indissolúvel deveria ser explicado e não apenas apresentado como um modelo válido, porque era praticado pelos brancos. Frei Fortunato, o censor romano, salientou que não se podia construir uma política do casamento somente com as aparências, carecia igualmente baseá-la na razão pela explicação. O capuchinho terminava insistindo na grande necessidade de manter os registros em dia, por meio da inscrição precisa dos nomes, e denunciava nesse caso uma "grande negligência". Mesmo destacando os méritos de João Romano e seu zelo em relação aos casamentos, Fortunato da Bologna criticou abertamente uma política de casamento que considerava insuficientemente rigorosa.

Tais debates na cúria romana tocavam de perto a história do casamento de Páscoa e de Aleixo, já que os dois escravos foram casados por João Romano. Os documentos romanos confirmam, a meu ver, a versão apresentada por Páscoa, que explicou diante dos juízes que ela fora casada antes de ter sido realmente evangelizada e que ela não sabia nada sobre o casamento quando era uma jovem escrava africana de dezesseis anos. Parece muito mais provável que o capuchinho tenha de fato organizado uma cerimônia dos anéis, primeira etapa do casamento cristão segundo ele, do que um casamento tridentino, respeitoso das regras prescritas.

Essa forma de ritual improvisado praticada pelos capuchinhos da África central em nome da eficácia não era apreciada pelos superiores romanos. É impossível saber se os inquisidores de Lisboa, encarregados do processo de Páscoa, tiveram notícia dessas críticas diretas das congregações romanas à política de evangelização dos capuchinhos na África central, mas é bem possível, porque um núncio em Portugal estabelecia a ligação entre Roma e o reino lusitano. É igualmente provável que os meios eclesiásticos portugueses tenham querido, por meio desse processo, mostrar aos missionários capuchinhos italianos que estes lhes deviam prestar contas. Durante o inquérito, os capuchinhos italianos de Luanda e de Lisboa, sobretudo frei Francisco de Pavia, que conheceu muito bem João Romano, tiveram de fornecer explicações, procurar os registros. Mesmo sendo Páscoa a única acusada durante todo o processo, frei João Romano, que faleceu em 1685 e cujo zelo era louvado por todos, também era responsável, no mínimo, por não ter preenchido e conservado um registro que servisse de prova, e até talvez por uma falta maior: ter celebrado matrimônios que não respeitavam as formas instituídas.

Como disse o inquisidor que desempenhava o papel de acusador no momento do processo de Páscoa:

> Que não é de crer que um Religioso Missionário Apostólico recebesse com anéis trocados supersticiosamente, quando ia introduzir o uso dos Sacramentos, e livrar de abusos aos que eram Católicos, como era a Ré havia muitos anos.[21]

Os eclesiásticos eram muito hábeis na denegação acusatória. De fato, o inquisidor, mesmo acusando Páscoa, introduziu uma crítica contra métodos missionários julgados pouco adequados. Pode-se pensar que, após tal processo, sobre o qual forçosamente tiveram notícia, já que, por duas vezes, eles mesmos foram interrogados, os capuchinhos de Angola foram mais prudentes na administração dos casamentos. A Inquisição portuguesa os admoestou por meio do processo de uma escrava, lembrando-os, assim, de que Angola ficava no interior do Patronato português.

---

21 Processo de Páscoa Vieira, fólio 88.

O processo inquisitorial de Páscoa não era apenas uma história de vida de escrava, mas continha também uma crítica à evangelização inventiva e pouco respeitosa das regras da Igreja tridentina que os capuchinhos realizavam na África central. A ação deles foi criticada ao mesmo tempo pelas inquisições portuguesa e romana, mas defendida e louvada pelas autoridades e pelos colonos de Angola, porque os capuchinhos se adaptaram bem à vida local, às negociações com os poderes políticos africanos e à atividade do tráfico, prestando múltiplos serviços aos senhores de escravos e não sendo concorrentes, já que, diferentemente dos jesuítas, não possuíam propriedade e não faziam comércio de pessoas.

Deixemos agora a África para retornar à colônia brasileira. Foi lá que nasceu o caso com a denúncia de bigamia à Inquisição em 1693, e é a partir dessa sociedade escravista do final do século XVII que precisamos compreendê-lo.

## As implicações do casamento cristão dos escravos, no Brasil do século XVIII

O casamento dos escravos era um tema importante no Brasil do final do século XVII e início do século XVIII para o conjunto da sociedade. A Igreja diocesana do Brasil, o Santo Ofício português, os jesuítas, os senhores de escravos e, evidentemente, os escravos, eram afetados, de formas diferentes, por esse tema. Numerosos documentos, de natureza variada, ilustram os múltiplos pontos de vista, e o processo de Páscoa demonstra, a seu modo, a importância da questão para a sociedade brasileira.

A década de 1690 representa uma reviravolta na história da colônia: vários eventos importantes ocorreram aí. Por um lado, a descoberta do ouro nas terras interiores criou outra dinâmica na colonização do espaço brasileiro, com a afluência de novas populações. Por outro, a vitória foi, por assim dizer, definitiva, sobre o quilombo de Palmares, território de refúgio dos escravos fugitivos originários principalmente da África central, em Pernambuco, que desafiava o poder colonial havia muitos anos, resistindo aos repetidos ataques dos exércitos holandês e depois português, a partir dos anos 1660.

Esses dois eventos tiveram consequências para a organização escravista da sociedade. A presença de ouro significava a chegada maciça de novos escravos africanos, provenientes, sobretudo, da costa dos escravos (África do Oeste), onde também era explorado ouro. A queda de Palmares está na origem de debates sobre a maneira pela qual uma sociedade escravista podia funcionar.[22] Era preciso evitar, de todas as maneiras, novos Palmares, segundo a célebre fórmula do padre jesuíta Antônio Vieira: para dissuadir os escravos da vontade de fugir, a sociedade devia ao mesmo tempo controlá-los e reprimi-los, mas também devia integrá-los melhor e dar-lhes outras esperanças que não a fuga. Enfim, as guerras na África central e a chegada ao Brasil de escravos de antigas elites congolesas, cristianizadas de longa data, tiveram consequências nos modos de organização e de resistência dos escravos.

O que representava o casamento para esses vários atores?

Para os jesuítas do Brasil, o casamento era um meio de submeter melhor os escravos, de cristianizá-los e moralizar o conjunto da sociedade. Com o pseudônimo de Antonil, o jesuíta

---

22 S. H. Lara, "Marronnage et pouvoir colonial. Palmares, Cucaú et les frontières de la liberté au Pernambouc à la fin du XVIIIe siècle".

italiano Andreoni redigiu uma descrição precisa das riquezas do Brasil e dos melhores meios de explorá-las. De passagem, dava conselhos para tratar melhor os escravos. Denunciava os simulacros de casamentos celebrados pelos senhores que deveriam respeitar os sacramentos da Igreja e deixar que os escravos se casassem de acordo com as regras.

> Opõem-se alguns senhores aos casamentos dos escravos e escravas, e não somente não fazem caso dos seus amancebamentos, mas quase claramente os consentem e lhes dão princípio dizendo: Tu, Fulano, a seu tempo casarás com Fulana. E daí por diante os deixam conversar entre si como se já fossem recebidos por marido e mulher; e dizem que os não casam porque temem que enfadando-se do casamento se matem logo com peçonha ou com feitiços, não faltando entre eles mestres insignes nesta arte. Outros, depois de estarem casados os escravos, os apartam de tal sorte que ficam como solteiros, o que não podem fazer em consciência.[23]

Os senhores, portanto, não respeitavam o direito dos escravos ao casamento e extrapolavam os direitos que tinham sobre eles. Isto se vê na história de Páscoa. De fato, o senhor em Angola, Pascoal da Motta Telles, ao vender Páscoa por delito, não levou em conta seu casamento com Aleixo. Na verdade, diante dos inquisidores, ele lançava o delito para Aleixo, a quem teria proposto seguir com sua esposa ao Brasil, mas este teria se recusado, o que foi confirmado pelo próprio.

Mesmo que o senhor não tivesse sido diretamente pressionado pelo tribunal, a investigação inquisitorial destacou que dois escravos legitimamente casados – e, segundo os

---

23 A. J. Antonil, op. cit., liv. 1, cap. IX, p. 124.

inquisidores, era o caso de Páscoa e Aleixo – não deveriam ter sido separados pela venda de um dos cônjuges. Quanto ao senhor da Bahia, ele perdeu o casal de escravos que tinha, vendeu o marido e a mulher se alforriou.

Jorge Benci, outro jesuíta italiano no Brasil, apela com vigor em seus *Sermões* aos senhores para os quais os escravos não eram dignos de se casar. Denunciou esse erro e a vida lasciva dos senhores que escolhiam concubinas entre suas escravas e deixavam, sem se preocupar, os escravos viverem em pecado.

> Dir-me-eis, que para essa gente bruta não são os matrimônios; pois tanto que casam, deixam, assim os maridos como as mulheres, de fazer vida entre si, e se entregam a maiores pecados depois de casados. Mas se vos parece bastante esta razão, respondei-me ao que agora vos quero perguntar. Quantos senhores há casados com mulheres dotatas assim de honra, como de formosura, e as deixam talvez por uma escrava enorme, monstruosa, vil? Logo diremos que não convém que casem também os brancos, e os senhores? [24]

Essas diferentes citações demonstram a tensão existente entre os senhores e a Igreja a esse respeito.

Existia de fato uma política da Igreja do Brasil para favorecer o casamento dos escravos. Foi provavelmente por essa razão que Páscoa voltou a se casar em Salvador: ela frequentava homens, dentre os quais o filho de seu senhor, até que, casada legalmente perante a Igreja, levou, ao que parece, uma vida séria junto de seu legítimo esposo.

---

24 J. Benci, s.j., p. 103.

Em sua fala diante dos inquisidores, Páscoa se apresentou constantemente como uma filha da Igreja. No final do século XVII, os escravos, e em particular os da Bahia, começaram a tomar consciência de que a religião cristã era um meio de reivindicar direitos e de se organizar. As confrarias para os negros e os mulatos existiam no Brasil desde o século XVI, mas foi nesse período que elas começaram a reivindicar estatutos próprios e dirigir petições à Coroa e a Roma. Assim sendo, a confraria do Rosário dos Pretos de Salvador viu seus estatutos serem reconhecidos oficialmente pela Coroa portuguesa em 1686.

Determinados escravos foram mais longe e, fazendo-se embaixadores de suas comunidades, queixaram-se ao papa dos maus-tratos que sofriam no Brasil. Em 1684, foi a Roma um mulato, Lourenço da Silva de Mendonça, que se dizia de sangue real congolês e que tinha o título de Procurador dos Mulatos do reino de Portugal, de Castela e do Brasil. Trazia uma série de documentos para se queixar de maus-tratos infligidos pelos senhores e solicitar a excomunhão apostólica daqueles que praticavam sevícias em seus escravos.[25] Em julho de 1686, o liberto Pascoal Dias recebeu a autorização do bispo franciscano da Bahia, frei João da Madre de Deus (1683-1686), para ir a Roma como representante de seis confrarias de negros de Salvador. O documento do bispo da Bahia, conservado na Propaganda Fide, atesta que Dias chegou de fato a Roma com o título de "Delegado e procurador dos Negros da Mesa de Nossa Senhora do Rosário", "a fim de se prosternar aos pés de Sua Santidade com uma petição, para lhe falar do estado miserável em que se encontram todos os negros cristãos desta cidade [Bahia] e das outras cidades deste reino e da América, dos grandes sofrimentos por que

---

25 R. Gray, "The Papacy and the Atlantic Slave Trade: Lourenço da Silva, the Capuchins and the Decisions of the Holy Office".

passam, embora sejam filhos da Igreja, como se verá em todos os documentos das Confrarias".[26]

Os diversos procedimentos em prol dos direitos dos escravos, sobretudo endereçados à Igreja católica, permitem compreender melhor como Páscoa, simples mulher escrava do outro lado do mundo, conseguiu enfrentar os inquisidores conhecendo perfeitamente seus direitos de cristã. O historiador Antony Russell-Wood mostrou que não era raro que, no interior do Império português, como visto, escravos, libertos ou indígenas se dirigissem às autoridades judiciárias superiores, (o governador, o rei) para se queixar das injustiças de que eram vítimas. Ele citou especialmente as petições de duas mulheres escravas negras da região da Bahia: Custódia em 1704, na cidade de Salvador, e Maria do Pilar em 1705, no Recôncavo baiano. Cada uma delas escreveu à rainha de Portugal para se queixar de seu senhor, que as obrigava a ter "relações ilícitas". A temática da escolha dos cônjuges e dos abusos sexuais é corrente nesse tipo de petições individuais. Nesses dois exemplos, contemporâneos da vida de Páscoa, a rainha obrigou os senhores a vender essas duas escravas pelo preço fixado pelo governador.[27]

Quanto a mim, desenterrei dos arquivos da Propaganda Fide um memorial escrito em 1708 pelos escravos da Bahia, destinado ao papa, para pedir que seus direitos matrimoniais fossem respeitados pelos senhores e, em particular, o direito de desposar mulheres livres.[28]

Esses diferentes documentos provam que os escravos da Bahia, apesar de sua condição, sabiam defender seus direitos e

---

26 A. Rubert, op. cit., ver a apresentação vol. II, p. 307-308 e o documento em anexo D., "Memorial em defesa dos escravos do ano 1686", p. 380-382.

27 A. J. R. Russell-Wood, "Black and Mulatto Brotherhoods in Colonial Brazil: a Study in Collective Behavior".

28 C. de Castelnau-L'Estoile, "La liberté du sacrement. Droit canonique et mariage des esclaves dans le Brésil colonial".

haviam feito do casamento um elemento essencial de sua dignidade de homem e de mulher, mas também, muito concretamente, uma barreira contra certos abusos de seus senhores, e até uma etapa para a libertação. Assim, o casamento com uma mulher livre permitia aos homens escravos ter uma progenitura livre, e é, aliás, esse tipo de casamento que a petição de 1708 reivindicava.

O direito de se casar, bem como a livre escolha do cônjuge, representavam, no sistema opressivo da escravidão, uma janela de autonomia importante. Os escravos tinham se apossado desses direitos e os defendiam. No entanto, o casamento só dava direitos limitados. O sacramento não significava que se reconhecia aos casais unidos pelo matrimônio qualquer autoridade sobre sua progenitura. Essa dependia da lei do ventre, segundo o princípio romano: se a mãe fosse livre, o filho estava livre, mas se a mãe fosse escrava, ele pertencia ao senhor de sua mãe. O casamento protegia apenas os cônjuges, e, em certa medida, a venda e a separação, como se viu no contrainquérito da Bahia de 1697. Enquanto em Portugal os senhores de escravos casados se comprometiam a não separar os cônjuges, por meio de um documento escrito na ocasião do casamento de seus escravos, no Brasil, era o cônjuge livre que se comprometia, aqui também por meio de um documento escrito chamado de termo de seguimento, a seguir seu cônjuge escravo, se o senhor quisesse deslocá-lo ou vendê-lo. A diferença entre os dois sistemas mostra quanto o regime escravista era mais severo na colônia do que na metrópole.

No Brasil, o princípio era deixar aos senhores a maior autoridade possível sobre seus escravos, mesmo que o direito ao sacramento do matrimônio fosse bem real. Os escravos haviam compreendido isso e apossaram-se dele. Analisei 75 processos de casamentos de escravos que aconteceram no tribunal eclesiástico do Rio de Janeiro entre 1680 e 1720.[29] Homens e mulheres escravos foram ao tribunal para se casar, às vezes contra a vontade de seus senhores, e para poder aproveitar da proteção do bispo. Este lhes concedia essa proteção, mas sempre lembrando que permaneciam totalmente escravos, apesar do casamento, e inteiramente submissos a seus senhores. No final do processo, a assinatura do termo de seguimento lembrava que o senhor mantinha todos os direitos sobre seu escravo casado, que ele podia vender ou deslocar como bem entendesse.

Nesses processos, são muitas as mulheres que tomaram a iniciativa. Elas queriam fazer respeitar a promessa de casamento que um homem, escravo ou livre, lhes fizera, e exigir o casamento em troca da honra que elas lhe deram. Essas mulheres se assemelhavam a Páscoa, na medida em que desejavam se defender: elas não hesitaram em tomar a palavra e utilizar os instrumentos à sua disposição. Ao descobrir o processo de Páscoa, não me surpreendi com sua determinação e sua habilidade diante dos juízes, pois eu havia encontrado nos arquivos outras figuras de mulheres fortes que sabiam enfrentar a adversidade.

A história do casamento de Páscoa em Salvador inscreve-se, portanto, nesse contexto local em que o casamento dos escravos havia se tornado uma questão sensível. Porém, falta-nos compreender as razões de tal inquérito inquisitorial. Por que o Santo Ofício insistiu nessa questão de bigamia de 1693 a 1700? O caso Páscoa começou no momento em que o Santo Ofício se instalara em Salvador com a presença de um comissário permanente. Concretamente, portanto, para o comissário

---

29 C. de Castelnau-L'Estoile, *Un catholicisme colonial. Le mariage des indiens et des esclaves au Brésil, XVIe-XVIIIe siècle*; e "Os filhos obedientes da Santíssima Igreja": Escravidão e estratégias de casamento no Rio de Janeiro do início do século XVIII"

da Inquisição, foi um dos primeiros casos de bigamia, e um meio de o Santo Ofício mostrar que o casamento dos escravos lhe dizia respeito, pelo menos quando se tratava de bigamia. Era ainda mais importante para a Inquisição, porque a justiça comum do bispo reivindicava a jurisdição sobre a bigamia, que considerava de sua competência.

Por uma feliz casualidade, sem dúvida, o caso de Páscoa era exemplar para o Santo Ofício. Ocorrendo em dois continentes e dois episcopados (Salvador, Congo e Angola), nunca poderia ser tratado apenas pela justiça do bispo. Aliás, a justiça episcopal da Bahia, ao autorizar em 1697 os dois escravos a retomarem a vida marital, mostrou seus limites. O Santo Ofício, pelos meios extraordinários que pode mobilizar para conduzir uma investigação à distância, provou sua superioridade.

O caso de Páscoa era especialmente interessante no plano jurídico, porque colocava em questão os casamentos de escravos celebrados na África e os novos casamentos realizados por ocasião de sua chegada à América. Conduzir um processo sobre esse caso era mostrar que, no Brasil, não havia aplicação laxista da bula de Gregorio XIII e do privilégio paulino que, em certos casos, autorizava os escravos a se casarem novamente. Somente os casamentos não sacramentais eram dispensados, e os escravos não casados na Igreja em sua vida anterior podiam se casar novamente.

A pedagogia pelo exemplo e pelo medo eram as grandes molas propulsoras da ação inquisitorial. O processo de Páscoa e sua ida a Lisboa mostravam a toda a sociedade baiana, aos escravos, aos proprietários de escravos, aos párocos e aos jesuítas quais eram as regras exatas a serem seguidas para o casamento dos escravos. O Santo Ofício dava assim a prova de que o casamento dos escravos lhe era igualmente uma questão sensível e que era preciso respeitar escrupulosamente as regras canônicas. Em caso de não cumprimento dessas regras, como no episódio de Páscoa, o risco, para os escravos, era sofrerem os tormentos de um processo rigoroso e, para os senhores, perderem seus escravos sem compensação financeira. O caso provava também que o tempo e a distância não eram obstáculos intransponíveis para o tribunal da fé, que chegava inexoravelmente a seus fins.

Além da mensagem enviada à sociedade baiana, a Inquisição portuguesa endereçava também um sinal ao Santo Ofício romano. De fato, nesses mesmos anos, um cardeal importante da cúria romana e especialista do Santo Ofício, o cardeal franciscano Lorenzo Brancati, questionava, em um longo relatório, a bula de Gregório XIII e a utilização do privilégio paulino no caso da escravidão.[30] Não tenho certeza se o processo de Páscoa poderia ter relação com essa interrogação sobre o direito da Igreja do Brasil de casar novamente os escravos, mas esse processo podia servir ao Santo Ofício português para mostrar que ele estava vigilante, que limitava o direito dos escravos a se casarem uma segunda vez, que não hesitava em persegui-los nos casos litigiosos. Assim, o processo mostrava que apenas uma estrita aplicação da bula de Gregório XIII estava autorizada, perante determinadas autoridades romanas prontas para restringir os poderes de dispensa da Igreja do Brasil.

De qualquer forma, pelo processo de Páscoa, a Inquisição portuguesa mostrava a todos que um não cumprimento das regras do casamento dos escravos não ficava impune. Mas é necessário para o historiador manter-se prudente, porque não há nenhum vestígio de que esse processo tenha tido repercussão na opinião pública, mas quer em Angola, no Brasil ou em

---

30 Desenvolvo este ponto em C. de Castelnau-L'Estoile, *Un Catholicisme*, op.cit., p. 301-309.

Portugal, a investigação e depois a detenção da escrava e sua ida a Lisboa não devem ter passado despercebidas.

Em 1702, pouco tempo após o processo, foi nomeado um novo arcebispo do Brasil, Sebastião Monteiro da Vide, especialista em direito canônico, durante muito tempo juiz dos matrimônios na diocese de Lisboa. Era encarregado pelo rei de Portugal de dar à América lusitana Constituições eclesiásticas, ou seja, um código jurídico. Até então, aplicavam-se na América portuguesa as Constituições do arcebispo de Lisboa. As novas Constituições, prontas em 1707, desenvolviam longamente o direito do matrimônio, incluindo aí três parágrafos sobre o casamento e a concubinagem dos escravos. O primeiro enunciava o princípio da liberdade total do casamento para os escravos, lembrando, porém, que o casamento não liberava de maneira alguma das obrigações da escravidão:

> Conforme o direito Divino e humano, os escravos e escravas podem casar com outras pessoas cativas, ou livres, e seus senhores lhes não podem impedir o Matrimônio, nem o uso dele em tempo, e lugar conveniente, nem por este respeito os podem tratar pior, nem vender para outros lugares remotos, para onde o outro por ser cativo, ou por ter outro justo impedimento o não possa seguir, e fazendo o contrário pecam mortalmente, e tomam sobre suas consciências as culpas de seus escravos, que por este temor se deixam muitas vezes estar, e permanecer em estado de condenação. Pelo que lhe mandamos, e encarregamos muito, que não ponham impedimentos a seus escravos para se casarem, nem com ameaças, e mau tratamento lhes encontrem o uso do Matrimônio em tempo e lugar conveniente, nem depois de casados os vendam para partes remotas de fora, para onde suas mulheres por serem escravas, ou terem outro impedimento legítimo, os não

> possam seguir. E declaramos, que posto que casem, ficam escravos como de antes eram, e obrigados a todo o serviço de seu senhor.[31]

O artigo seguinte estipulava que o direito ao casamento e à proteção do bispo aos escravos que queriam se casar só se aplicavam àqueles perfeitamente cristianizados, que sabiam suas orações e compreendiam o sentido do sacramento do matrimônio.

> Mas para que este Sacramento se não administre aos escravos senão estando capazes, e sabendo usar dele, mandamos aos Vigários, Coadjutores, Capelães, e quaisquer outros Sacerdotes de nosso Arcebispado, que antes que recebam os ditos escravos, e escravas, os examinem se sabem a Doutrina Cristã, aos menos o Padre nosso, Ave Maria, Creio em Deus Padre, Mandamentos da Lei de Deus, e da Santa Madre Igreja, e se entendem a obrigação do Santo Matrimônio, que querem tomar, e se é sua tenção permanecer nele para serviço de Deus, e bem de suas almas; e achando que a não sabem, ou não entendem estas cousas, os não recebam até as saberem, e sabendo-as os recebam, posto que seus senhores o contradigam, tendo as diligências necessárias, e as denunciações correntes, ou licença nossa para os receber elas, a qual lha daremos, constando que se lhes impedirá o Matrimônio, fazendo-se as denunciações antes de se receberem. E conformando-nos com a Bula do Papa Gregório XIII, dada em 25 de Janeiro de 1585, mandamos, que todos os Párocos, quando receberem alguns escravos dos novamente convertidos, em que haja suspeita de que estão casados na sua terra, (posto

---

31 Livro I, título LXXI. Do matrimônio dos escravos § 303. S. Monteiro da Vide, *Constituições primeiras do arcebispado da Bahia*, p. 259-260.

> que não sacramentalmente) com eles dispensem no dito antigo Matrimônio.[32]

O leitor terá seguramente observado que o cânone 304 cita a bula de Gregório XIII, explicitando-a. Os párocos deviam dispensar os escravos já casados não sacramentalmente em sua terra de origem. Essa menção talvez seja uma alusão ao caso de Páscoa, então bem recente. Cabia aos párocos que casavam os escravos investigar sobre o estado conjugal anterior e dispensar os antigos casamentos. Eles não deviam se contentar em desconsiderar as uniões anteriores. Páscoa havia afirmado perante os juízes que seus confessores não tinham se preocupado com o fato de ela ter estado unida a um homem por uma cerimônia dos anéis em Angola. Citando nitidamente a bula de Gregório XIII nas Constituições, o arcebispo do Brasil voltava a lhe dar toda a sua legitimidade e importância. Talvez se trate, aqui também, de uma resposta aos ataques do cardeal Brancati, que havia discutido sua legitimidade.

Enfim, na parte sobre os crimes, as Constituições evocam a responsabilidade penal dos escravos em casos de concubinagem. A regra esclarece que os escravos seriam perseguidos, o que trazia consequências para os senhores, que, dessa forma, corriam o risco de perder seus escravos:

> E porque o amancebamento dos escravos necessita de pronto remédio, por ser usual, e quase comum em todos deixarem-se andar em estado de condenação, a que eles por sua rudeza, e miséria não atendem, ordenamos, e mandamos, que constando na forma sobredita de seus amancebamentos sejam admoestados, mas não se lhes ponha de pena alguma pecuniária, porém

---

32 Livro I, título LXXI. Do matrimônio dos escravos § 304. Idem.

judicialmente se fará a saber a seus Senhores do mau estado, em que andam; advertindo-os, que se não puserem cobro nos ditos seus escravos, fazendo-os apartar do ilícito trato, e ruim estado, ou por meio de casamento (que é o mais conforme à Lei de Deus, e lho não podem impedir seus senhores, sem muito encargo de suas almas) ou por outro que seja conveniente, se há de proceder contra os ditos escravos a prisão, e degredo, sem se atender à perda, que os ditos senhores podem em lhe faltarem os ditos escravos para seu serviço; por que o serem cativos os não isenta da pena, que por seus crimes merecerem.[33]

A última frase parece se aplicar a Páscoa. Esta, embora cativa, foi perseguida e punida pela justiça inquisitorial. A escravidão, que é uma privação de direito, não eximia o escravo da responsabilidade penal. Esse sistema de pena dupla – ser ao mesmo tempo escrava e penalmente responsável – é exatamente o que foi aplicado no caso de Páscoa. A escravidão encontrava-se em parte na origem da separação de seu primeiro marido e de seu segundo casamento, mas a Inquisição não considerava a escravidão como circunstância atenuante, e a ignorou. Páscoa foi julgada como uma mulher livre em seus movimentos e em sua vontade – o que não era verdadeiramente o caso.

Essas longas citações das Constituições eclesiásticas permitem dizer que o processo de Páscoa se situa num momento bem particular da ordenação da sociedade escravista brasileira. Este caso dá uma visão sumária da sociedade em seu conjunto e esclarece as múltiplas implicações que o casamento dos escravos alcança nessa sociedade. Vamos agora para os últimos momentos do processo de Páscoa.

---

33 Livro V, título XXII. Do concubinato. Dos leigos amancebados, e como se procederá contra eles § 989. Ibid., p. 491.

# CAPÍTULO 8

## Exílio e saudade do Brasil

Pouco antes do Natal de 1700, o processo terminou com a condenação de Páscoa. Dois inquisidores, João Duarte Ribeiro e Luís Álvares da Rocha, redigiram a longa sentença que contém a versão inquisitorial da história de Páscoa e seus dois maridos:

> Porque se mostra que sendo como cristã batizada obrigada a ter, e crer tudo o que tem, e crê, e ensina a Santa Madre Igreja de Roma, e guardar seus preceitos tratando com grande respeito, e veneração os Sacramentos da mesma Igreja, ela o fez pelo contrário, e de certo tempo a esta parte esquecida da sua obrigação com temerária ousadia, pouco temor de Deus Nosso Senhor em grave dano, e prejuízo de sua alma, escândalo dos fiéis sendo primeira vez casada e recebida por palavras de presente na forma do Sagrado Concílio Tridentino no sítio do Quicundo da Vila de Massangano do Reino de Angola com Aleixo Carvalho negro escravo, e fazendo com o mesmo vida marital de umas portas adentro por alguns anos tendo dois filhos do dito seu marido, se ausentou do mesmo, e veio para o Brasil, onde ajustou contrair segundo matrimônio com Pedro Arda negro escravo, e para o mesmo efeito se mandou apregoar como solteira na Cidade da Bahia, e sendo ainda vivo o dito Aleixo Carvalho seu primeiro legítimo marido, se casou segunda vez com o dito Pedro Arda recebendo-se com o mesmo na forma do Sagrado Concílio Tridentino na Freguesia de São Pedro da dita Cidade da Bahia; e havendo informação que ela Ré fora primeira vez casada, foi mandada separar pelo Juízo Eclesiástico do dito Pedro Arda seu segundo marido justificando com testemunhas ela Ré que era solteira quando contraiu o segundo matrimônio, foi mandada fazer vida com o dito seu segundo marido.[1]

---

1 Processo de Páscoa Vieira, fólio 92-92v.

Os juízes consideraram Páscoa totalmente responsável e culpada do crime de bigamia. Nada é dito sobre a sua condição de escrava nem sobre o fato de que ela não escolheu sair de Angola. A fórmula diz exatamente que ela "se ausentou de seu marido", o que não era falso, porque ela fugiu enquanto vivia em Angola, mas também não era inteiramente verdadeiro, já que não foi ela que escolheu fazer a viagem para o Brasil. Pesou contra Páscoa o fato de ter escondido, durante os proclamas de seu casamento em Salvador, a existência de seu primeiro casamento, e o contrainquérito na Bahia surgiu claramente como um elemento agravante de acusação.

A culpa de Páscoa era dupla: ela pecou contra sua alma e provocou o escândalo dos fiéis. Temos aqui, *en passant* e quase inadvertidamente, uma das motivações essenciais da justiça inquisitorial: reparar o escândalo público provocado pelos descaminhos da fé. O rumor em Salvador e em Angola, segundo o qual Páscoa tinha se casado de novo enquanto seu primeiro marido ainda estava vivo, provocava escândalo, conforme apontavam os inquisidores. Sua condenação pública no final de um longo processo devia pôr um fim a esse escândalo.

Os inquisidores prosseguiram:

> O que tudo visto, e a presunção, que contra a Ré resulta de sentir mal de nossa Santa Fé Católica, e em particular do Santo Sacramento do Matrimônio, e de ter o erro dos que afirmam ser lícito casar segunda vez sendo viva a primeira mulher, ou marido, com o mais que dos Autos consta. Mandamos que a Ré Páscoa Vieira em pena, e penitência das ditas culpas ouça sua Sentença no Auto público de fé perante os Inquisidores e mais Ministros, e Oficiais desta Inquisição, e outras pessoas de fora, e faça abjuração de leve suspeita na Fé, e por tal a declaram. Terá cárcere a arbítrio dos Inquisidores

> onde será instruída nos Mistérios da Fé necessários para salvação de sua alma, e cumprirá as mais penas, e penitências espirituais que lhe forem impostas. E a degradam por tempo de três anos para o Couto de Castro Marim e a relevam de maior castigo atendendo a ser novamente convertida para a nossa Santa Fé Católica e a outras considerações que no caso se tiverem e pague as custas.[2]

Os inquisidores, portanto, consideraram que a bigamia era o indício de uma fé vacilante, primeiro sinal da heresia. É por esse motivo que Páscoa devia "abjurar". Se a culpabilidade da acusada foi apresentada como total, a severidade dos juízes foi descrita como moderada. Segundo eles, o crime cometido por Páscoa merecia um castigo maior. Levaram em conta o fato de que ela era uma recém-convertida e, a esse título, se beneficiou da clemência dos juízes, pois seus erros podiam ser vistos como causados pela ignorância.

## A cerimônia de auto da fé

Foi em 22 de dezembro de 1700 que ocorreu o "auto da fé público" na sala do Palácio da Inquisição. O auto da fé era o símbolo da Inquisição: tratava-se do "teatro da fé" em que os condenados eram expostos publicamente para ouvir seu castigo e abjurar suas heresias. Em seguida a essas grandes sessões rituais eram queimados vivos os hereges relapsos, isto é, os reincidentes, quando eram entregues ao "braço secular", ou seja, às autoridades civis encarregadas da execução da pena.

---

2 Ibid.

Existiam vários graus de publicidade para os autos da fé. Os mais solenes ocorriam na grande praça do Rossio de Lisboa, onde estava situado o palácio inquisitorial. Montava-se um estrado e os condenados, de camisolão, caminhando em fila indiana, pronunciavam sua abjuração em voz alta. A multidão estava presente para assistir em massa ao espetáculo.

O auto da fé de que participou Páscoa não foi totalmente público. Ocorreu no interior do palácio, e o público era menos numeroso. Páscoa recebeu a sentença com quatro outros condenados. Aliás, a rapidez da parte final de seu processo, e até certa precipitação nas últimas etapas, se explica, provavelmente, pelo fato de os inquisidores quererem fazer com que Páscoa comparecesse a essa cerimônia de 22 de dezembro de 1700, prevista exatamente para antes da festa de Natal.

A abjuração de Páscoa está conservada no processo. É um documento impresso com partes em branco preenchidas à mão, como a ordem de prisão.

> Abjuração de Leve.
>
> Eu *Páscoa Vieira*
>
> que presente estou ante vós Senhores Inquisidores, contra a herética parvidade, e apostasia, juro nestes Santos Evangelhos, em que tenho em minhas mãos, que de minha própria, e livre vontade, anatematizo, e aparto de mim toda a espécie de heresia que for, ou se levantar contra nossa Santa Fé Católica, e Sé Apostólica, especialmente estas que ora em minha Sentença me foram lidas, e de que me houveram por de leve suspeita na Fé, as quais aqui hei por repetidas e declaradas.[3]

---

3 Processo de Páscoa Vieira, fólio 94.

Em seguida a essa introdução, Páscoa se comprometeu a ser fiel à Igreja, denunciar todas as heresias de que tivesse conhecimento, cumprir a pena e as penitências impostas. O notário deixa claro, no fim do documento, que ele assinou no lugar de Páscoa, que não sabia escrever. O auto da fé, portanto, era muito solene: o condenado ouvia a sentença e imediatamente abjurava.

Era um momento de alívio, sem dúvida: o processo estava terminado e, com ele, o período de incertezas. Mesmo que a pena fosse pesada, a acusada podia enfim imaginar um termo ao processo que acabava de vivenciar. O comparecimento ao auto da fé e a abjuração não eram mais momentos de isolamento. Várias pessoas compareciam juntas e cada uma delas abjurava publicamente.

Num segundo livro dos autos da fé do tribunal de Lisboa, que contém as listas dos condenados de todos os autos da fé de 1629 a 1704, com menção à idade deles, ao crime que cometeram e à pena que receberam, a cerimônia de 22 de dezembro de 1700 é mencionada no fólio 224. Encontra-se aí o nome de Páscoa ao lado de três outros condenados. Eis o que está consignado, no estilo lapidar da burocracia inquisitorial:

> 40 anos Páscoa Vieira negra forra casada com Aleixo Carvalho natural de Massangano reino de Angola e moradora na cidade da Bahia por culpas de bigamia, *abjurat. de levi*, 3 anos para Castro Marim.[4]

Os companheiros de infortúnio de Páscoa, naquele dia, eram homens. Há Bernardo Pereira, de 73 anos. Não teve de abjurar nenhuma heresia, mas foi condenado a chicotadas e a cinco

---

4 Livro II dos autos da fé, 1629-1704 PT/TT/TSO-IL/004/0008, fólio 224.

anos de trabalhos forçados por "faltas de sodomia em que era passivo". Aparece também o padre Francisco de Almeida de Britto, de 42 anos, que foi condenado a abjurar uma leve suspeita de heresia por "solicitação", crime que consistia em incitar mulheres a atos sexuais por ocasião da intimidade da confissão. O caso deve ter sido um escândalo, pois o padre Almeida não era um padre qualquer: era vigário de uma das paróquias de Lisboa, São Jorge. Os vigários de paróquias urbanas eram personagens importantes. O padre Francisco de Almeida de Britto foi privado para sempre do poder de confessar, suspenso das ordens por seis anos, exilado da arquidiocese e exilado para sempre da cidade de Lisboa. O terceiro condenado era, como Páscoa, um bígamo. Tratava-se de um artilheiro, Agostinho Pereira Pinto, de 36 anos, nascido em Braga e habitante da cidade de Lisboa. Foi condenado a abjurar uma leve suspeita de heresia, a receber chicotadas e seis anos de trabalhos forçados.

Assim sendo, os crimes de bigamia e de solicitação ocasionavam abjurações de suspeição de heresia leve (*de levi*). A sodomia é punida, mas não é considerada ligada a uma heresia. A Inquisição pronunciava, portanto, três tipos de condenação por heresia, com uma forte graduação: condenação por leve suspeita de heresia (*de levi*), condenação por forte suspeita de heresia (*de vehementi*), condenação por heresia formal (*in forma*). O tribunal graduava com cuidado suas penas, contrariamente ao que sugere a célebre descrição que Voltaire, com sua ironia acerba e engraçada, fez do auto da fé de Lisboa. O jovem Cândido, depois do terremoto de 1755, assiste à "morte pelo fogo de um basco convencido de ter se casado com sua madrinha e de dois portugueses que ao comer um frango retiraram sua gordura". Voltaire fez da Inquisição portuguesa o símbolo do arbitrário, da idiotice e da crueldade.

Nesse mesmo dia, 22 de dezembro, duas outras pessoas ouviram suas sentenças, no interior do tribunal diante dos membros da direção (*Mesa*) e não na sala do palácio inquisitorial. Izabel Rois é absolvida do crime de bigamia. Apresenta semelhanças com Páscoa: também tem 40 anos e mora em Salvador, mas é originária da diocese do Porto. Sua absolvição mostra que a Inquisição às vezes reconhecia a inocência dos acusados, mesmo quando os fazia vir de longe para julgá-los. A absolvição era feita discretamente no interior do tribunal. A segunda pessoa era um jovem de 16 anos, um escravo negro, nascido em Portugal e que se chamava Izidoro da Gama; ele abjurou uma leve suspeita de heresia por possuir uma bolsa de amuletos para protegê-lo dos ferimentos. Acrescentava-se a esse crime o de ter fugido da prisão. Portanto, outro negro foi condenado no mesmo dia que Páscoa, mas ele era escravo, nascido em Portugal e muito jovem. Terá sido essa razão de ser beneficiado com uma medida de clemência e esse julgamento discreto?

Pelo mesmo segundo livro dos autos da fé, sabe-se que, em 1700, o último auto da fé público na praça do Rossio tinha ocorrido em 11 de agosto: nove pessoas compareceram. Um judaizante abjurou formalmente e foi condenado à prisão e a usar a vestimenta infamante dos condenados (*sanbenito*, casaca amarela sem manga). Quatro homens abjuraram uma leve suspeita de heresia, um por pacto com o diabo, outro por blasfêmia e dois por bigamia. As penas eram, respectivamente: pelo pacto com o diabo, dois anos fora da diocese; para o blasfemo, cinco anos de exílio em Castro Marim; para a bigamia, açoites e sete anos de trabalhos forçados. Contrariamente a sua reputação geral, a Inquisição não era realmente obcecada pelo diabo, e o crime que o invoca é o punido mais levemente.

Quatro mulheres compareceram naquele dia. Três estavam condenadas por judaísmo e uma por blasfêmia. No mesmo dia e no dia seguinte, duas outras pessoas tiveram que ouvir suas sentenças, mas com discrição, porque permaneceram entre as paredes do tribunal. Gaspar Gomes Figueiro, acusado de ser relapso (reincidente na prática do judaísmo), recebia uma sentença de absolvição: um verdadeiro alívio, já que ele corria o risco, pelo crime de que era acusado, da "transferência para o braço secular", o que significava a fogueira. A outra sentença era uma condenação a abjurar uma leve suspeita de heresia por parte de um padre que incorreu no crime de solicitação. A Inquisição, portanto, procurava ser discreta com relação às sentenças de absolvição, como também a certos crimes como a solicitação, exceto quando tivesse havido escândalo público.

Ao ver todas essas penas, parece que efetivamente Páscoa se beneficiou de certa indulgência. Ela não recebeu açoites, e seu período de exílio foi de três anos. O açoite, no entanto, era uma pena corrente nos casos de bigamia, mesmo para as mulheres. Páscoa foi liberada desse castigo. Talvez porque os inquisidores não tivessem todas as provas e, sobretudo, porque continuava faltando a certidão escrita do primeiro casamento? Ou, como eles diziam, porque foram clementes diante de uma recém-convertida? Difícil saber, mas o que impressiona, nessa sentença, é que Páscoa não foi julgada como uma escrava ou uma ex-escrava. O açoite era uma marca habitual da escravidão, e os inquisidores não se utilizaram dele.

Nesse mesmo dia 22 de dezembro, Páscoa assinou um engajamento secreto que consistia em prometer que nunca falaria sobre o que ocorreu durante seu processo inquisitorial:

lhe foi mandado, que tenha muito segredo em tudo o que viu, e ouviu nestes Cárceres, e com ele se passou acerca de seu processo, e nem por palavra, nem escrito o descubra, nem por outra qualquer via que seja, sob pena de ser gravemente castigada.[5]

Ainda aqui, trata-se de um formulário pré-preenchido, um texto com lacunas em que o notário deve pôr o nome e fazer a concordância no feminino ou no masculino, conforme o sexo do candidato; a burocracia inquisitorial manipula uma espécie de escrita inclusiva. O notário assinou no lugar de Páscoa, que não tinha nenhuma familiaridade com a escrita nem sabia fazer uma cruz. Após essas cerimônias solenes, Páscoa voltou para sua cela, esperando a partida para o exílio.

Dois dias mais tarde, em 24 de dezembro, os dois inquisidores, João Duarte Ribeiro e Luís Tavares da Rocha mandaram Páscoa comparecer à audiência matutina e lhe explicaram as condições de sua ida para Castro Marim e as penitências espirituais que lhe eram infligidas. Trata-se de um documento escrito no qual todo o processo é consignado. Páscoa recebeu uma cópia que devia ser apresentada às diferentes autoridades que ela encontraria em seu exílio. O documento indicava que ela devia ser instruída, confessar-se e comungar, e dava-lhe toda uma série de recomendações:

lhe foi dito, que ela não torne a cometer as culpas porque foi presa e instruída, nesta Mesa, nem outras semelhantes por será castigada com todo o rigor de Direito e que trate com sua vida e exemplo dar mostras de boa e fiel Católica anunciando a muitas pessoas de quem possa aprender sua Católica doutrina, e apartando-se das que as podem perverter.[6]

---

5 Processo de Páscoa Vieira, fólio 95.
6 Processo de Páscoa Vieira, fólio 96.

A parte das penitências espirituais foi detalhada em seguida:

> E que neste primeiro ano se confessará nas quatro festas principais, a saber, Natal, Páscoa da Ressurreição, do Espírito Santo e da Assunção de Nossa Senhora, e comungará de conselho de seu confessor, e que no mesmo ano rezará em cada semana um terço de Rosário à Virgem Nossa Senhora, e em cada sexta-feira cinco Padre Nossos e cinco Ave-Marias à honra das cinco Chagas de Cristo.[7]

Enfim, ela precisava viajar para Castro Marim e tinha um mês para se apresentar no tribunal de Évora, que lhe daria uma carta. Portanto, Páscoa passou para a tutela do tribunal do sul de Portugal para a execução de sua pena. Dois pequenos bilhetes escritos por dois padres diferentes na sequência desse documento atestam que Páscoa se confessou e comungou no mesmo dia na prisão, em 24 de dezembro. Os documentos terminam aqui.

Portanto, fazia pouco mais de quarenta dias que Páscoa chegara a Lisboa. Seu processo foi bastante rápido, provavelmente acelerado pela perspectiva do auto da fé a ser celebrado antes da festa de Natal. Depois do processo e dos inúmeros comparecimentos, o tempo da sanção e das penitências ocupou dois dias. A violência do tribunal no fim do processo era antes de tudo simbólica. A prova era rude, mas Páscoa teve uma vida cheia de rupturas, e tendo a imaginar que seria preciso bem mais para aniquilá-la.

---

7 Idem.

## EXÍLIO EM CASTRO MARIM

Páscoa deixou Lisboa, passado o tempo da sentença, e partiu para o sul, em direção ao Alentejo. Em Évora, foi registrada pelo tribunal e depois seguiu para a fortaleza de Castro Marim, onde foi exilada.

O exílio era uma forma clássica de punição no Império português: na lógica do purgatório, tratava-se de um local de purificação para acabar de expiar as culpas.[8] O Brasil, durante muito tempo, foi um local de exílio, povoado por condenados – os degredados. No contrainquérito de Páscoa e Pedro, as testemunhas eram exiladas em Salvador, provenientes de Angola. Angola também era um local de exílio. Como diz em 1690 o juiz do tribunal de Salvador, José de Freitas Serrão, exilar escravos fugitivos em Angola ou em São Tomé não era uma punição, mas era, ao contrário, mandá-los para casa.[9] Catarina Pereira, mulher branca, nascida e moradora em Salvador, foi julgada por bigamia em 1709 pelo tribunal de Lisboa: foi chicoteada publicamente e enviada por cinco anos a Angola. O exílio em Angola, portanto, fazia parte do arsenal das penas da Inquisição, mas Páscoa, que conhecia ao mesmo tempo Angola e o Brasil, foi enviada a Portugal, segundo uma determinada lógica. Para ela, ali era um verdadeiro exílio.

Castro Marim era uma pequena cidade fortificada situada no meio de um deserto pantanoso na fronteira entre o Algarve e a Andaluzia, região inóspita, já que Portugal e a Espanha estiveram em guerra de 1640 a 1668. Cerca de cem exilados eram enviados para lá todos os anos, dentre os quais um quarto era de condenados pela Inquisição. A fortaleza contava com cerca

---

8 L. de Mello e Souza, *O diabo e a terra de Santa Cruz*, p. 89-101.

9 Stuart B. Schwartz, *Sovereignty and Society in Colonial Brazil. The High Court of Bahia and its Judges 1609-1751*, p. 248.

de 1.500 habitantes: uma população heterogênea, constituída por condenados de todos os tipos. Os exilados deviam chegar até lá por seus próprios meios, sem financiamento do tribunal, e, ao chegar, deviam fazer com que o governador da fortaleza assinasse uma carta atestando que tinham de fato chegado a seu local de exílio. O lugar ficava a cerca de quarenta dias de marcha de Lisboa. Ali, toda a dificuldade era sobreviver nesse local tão pobre. A Inquisição não fornecia nada aos condenados. Competia a eles trabalhar para ganhar o pão.[10]

Outros condenados da Inquisição por obra de feitiçaria provenientes do Brasil foram exilados em Castro Marim e tiveram problemas com a Inquisição de Évora, porque continuavam suas práticas de cura e de adivinhação, sobretudo para ganhar a vida. Páscoa não parecia possuir talento especial em Angola, Brasil ou Portugal. Desconheço como ela pôde sobreviver e os serviços que prestava para isso. A documentação não fornece nenhuma informação sobre sua estada em Castro Marim. Pode-se somente deduzir que foi um tempo difícil para ela, e que se comportou de maneira que não fosse repreendida por nada.

No início de 1703, passados dois anos de exílio, Páscoa tentou abreviar sua pena e se dedicou a trâmites junto aos inquisidores. A ex-escrava nada perdeu de sua combatividade nem de sua vontade de melhorar de vida. Em 13 de março de 1703, os inquisidores de Lisboa consideraram suas providências e escreveram uma carta ao inquisidor geral de Portugal para lhe pedir a graça de Páscoa, prova de que ela deve ter se comportado como o tribunal lhe havia pedido, por ocasião de sua condenação:

---

10 G. Pieroni, T. Coates, *De couto do pecado à Vila do Sal: Castro Marim (1550-1580)*.

> Diz Páscoa Vieira mulher preta, que ela veio da Cidade da Bahia presa para o Santo Ofício desta Cidade pela culpa de bigamia; e ouviu sua Sentença na Sala desta Inquisição e foi condenada em três anos, para Castro Marim, e porquanto se tem passado mais de dois anos, se acha com pouca saúde e desamparada em terra estranha, e porquanto se quer passar para a Bahia onde tem seu Senhor para lhe acudir com o sustento e mais necessário, o que não pode conseguir sem perdão e licença de Vª. Ilmª. A Vª. Ilmª. pela morte e paixão de Cristo Senhor lhe faça mercê do perdão e licença que pede, visto as razões que alega.[11]

A resposta da carta dos inquisidores está datada de 21 de março de 1703, colocada diretamente no verso do requerimento.[12] "O bispo d. Frei José de Alencastro, inquisidor geral dos reinos e dos domínios de Portugal, membro do conselho de Sua Majestade e capelão maior", fez saber:

> E a informação que tivemos dos Inquisidores havemos por bem de lhe perdoar o tempo que lhe falta por cumprir o dito degredo para que possa ir para onde bem lhe estimar.

Essas duas cartas, colocadas num mesmo fólio, são o que se chama de carta de remissão, ou seja, uma redução de pena. Esse fólio é acrescentado ao processo e constitui a última peça do ponto de vista cronológico. O processo termina aqui.

Não era um procedimento insólito, e o fato de que tenha sido coroado de sucesso, num prazo muito curto, prova que Páscoa teve razão em proceder assim, e provavelmente recebera

---

11 Processo de Páscoa Vieira, fólio 98.
12 Processo de Páscoa Vieira, fólio 98v.

a garantia de que sua tentativa teria chances de ser bem sucedida. Para os inquisidores, o espírito da pena era mais uma penitência do que uma reparação; como todos os detentores de autoridade nessas sociedades, considerava-se que eles tinham de agir com misericórdia. Os juízes acreditavam que Páscoa, por sua conduta, merecia a indulgência. Nas sociedades do Antigo Regime, as súplicas eram uma forma de governo, de administração dos casos particulares;[13] não tinham o caráter de excepcionalidade que atribuímos a elas atualmente.

No entanto, este último episódio atesta o quanto Páscoa era resistente. Nunca se declarou vencida e cada vez ressurgiu das cinzas como fênix: mereceu seu nome Páscoa (ressurreição). Pode-se aproximar essa tentativa de abreviar a pena do ensaio de 1697 para ser reunida a seu marido na Bahia. O conteúdo do pedido é igualmente notável. Sentia-se o peso do exílio, as dificuldades de saúde, o sentimento de estranheza nessa terra portuguesa. Páscoa tinha mais de 40 anos e se sentia "desamparada": o sentido da palavra, muito forte, remete à ideia de insegurança. Enquanto em Salvador, terra de seu primeiro exílio, ela soube reconstruir a vida, em Castro Marim estava numa situação instável. Na verdade, a retórica da miséria e da infelicidade era necessária para a eficácia do pedido, mas o fato de ela preferir a escravidão à liberdade diz muito sobre as duras condições de vida desse exílio no Algarve.

Não era sua terra natal nem sua família que Páscoa buscava, perdida em terra estrangeira, mas seu senhor de Salvador. Embora se tenha alforriada, ela não deixou de pedir para voltar ao seu senhor. Paradoxalmente, nessa carta, os inquisidores a chamaram, desta vez, por seu nome: Páscoa Vieira, mulher

---

13 S. Hayat, J. Lyon-Caen, F. Tarragoni, "S'adresser à l'autorité en tant qu'individu singulier : parcours historiques croisés. Entretien avec Alain Blum et Simona Cerutti".

negra, sem referência a sua condição de liberta, que sempre remetia à antiga condição de escrava. Ora, no final dessa mesma carta, eles mencionaram esse desejo de retornar à casa de seu antigo senhor.

A escravidão e a dependência são por vezes voluntárias, sobretudo nos casos de extrema pobreza. Como sobreviver em Castro Marim? Como obter dinheiro para voltar ao Brasil a não ser pedindo-o a seu senhor? O Brasil se impôs a essa nativa de Angola como sua nova terra, enquanto sua família ainda vivia na África. Mas será que tinha outra escolha? Sua família pertencia ao senhor que a vendeu: voltar para Angola não era uma opção. Também não podia pedir para voltar a viver com seu segundo marido, quando acabara de ser condenada por bigamia. A escolha de seu senhor baiano parecia ser sua única opção. Trata-se, assim, de uma boa ilustração das relações complexas que uniam senhores e escravos numa sociedade escravista.

Mesmo que não fale de seus filhos nessa carta, provavelmente os encontraria na casa de seu senhor, caso conseguisse voltar. Os filhos de Páscoa foram muito pouco evocados no processo. Teve dois em Angola, Marta e Manoel, que morreram jovens. Ela mencionou aos inquisidores de Lisboa dois outros filhos nascidos na Bahia. Um, que nasceu antes de seu casamento, provavelmente entre 1687-1688, tinha cerca de 15 anos em 1703. O outro era mais novo. Ninguém, a não ser ela, falou de seus filhos. Seu senhor da Bahia declarou inclusive que ela não tinha filhos. O marido Pedro também não falou deles quando tentou a reaproximação dos cônjuges.

Se os filhos que ela mencionou ainda estivessem vivos, pertenciam a seu senhor, pela lei do ventre. Os escravos raramente falavam de seus filhos, porque o direito familiar não lhes reconhecia quase nenhum direito de maternidade ou de paternidade. Nos processos de casamento que estudei, havia uma forma de lei do silêncio quanto ao assunto. Isso não significa que eles não tivessem importância e que, por trás das estratégias de casamento, não houvesse preocupação em manter os filhos junto a si o maior tempo possível, ou em libertá-los e lhes garantir um futuro melhor. Querer voltar para a casa de seu, no caso de Páscoa, também podia ser uma maneira de reencontrar seus filhos.

O desejo de retornar ao Brasil é enfim um sinal de que a sociedade escravista brasileira era um mundo onde era possível, para os escravos, reconstruir uma vida, estabelecer elos de solidariedade com outros escravos, ou libertos, pensar num futuro. À sua maneira, a vida movimentada de Páscoa, com suas desventuras e seus episódios de reconstrução, narra uma página da história do Brasil, escrita pelos próprios escravos, entre resistência e adaptação a essa sociedade católica dos trópicos. Pedro Arda, o crioulo nascido no Brasil, mas cujo nome remetia aos ancestrais da costa do Benim, Páscoa, a angolana de Massangano, e seus filhos, nascidos em Salvador, eram inteiramente atores dessa sociedade que ajudaram a construir.

# EPÍLOGO

## O silêncio das fontes

Será que Páscoa finalmente voltou ao Brasil? Reencontrou seu lugar na casa do antigo senhor? Talvez um dia se encontre uma menção sobre sua partida de Lisboa ou a prova nos arquivos de Salvador de que ela para lá voltou a fim de terminar seus dias.

Tentei encontrar vestígios dela, mas não existem listas de passageiros para o Brasil na primeira década do século XVIII. Também não há muitos registros de óbitos relativos às paróquias de São Salvador, e os que foram fotografados pela Igreja dos Santos dos Últimos Dias, os mórmons de Salt Lake City, a fim de constituir os mais vastos arquivos genealógicos do mundo, são dificilmente legíveis para o período que me interessa. Mas isso não quer dizer que outros pesquisadores não encontrarão um dia o que eu tenho procurado. De certa maneira, apagada a luz dos holofotes projetados sobre a Inquisição, Páscoa retorna ao anonimato que é habitualmente a condição dos escravos e libertos e que deveria continuar sendo a sua, uma série de circunstâncias não tivesse indicado um rumo diferente. Esse silêncio nos lembra que os escravos e libertos tinham pouco espaço nessa sociedade, e destaca, ao contrário, o caráter excepcional do processo inquisitorial estudado, no qual uma simples mulher ocupou durante muito tempo o lugar de destaque.

## Micro-história, história global, história das circulações

Narrar a vida de Páscoa é um empreendimento de história global, a partir de um caso particular, caro à micro-história. Sua vida se modifica em escalas muito variadas: Páscoa viveu em quatro lugares diferentes: do interior de Angola à cidade global de Lisboa, passando pelas capitais coloniais que são Luanda e Salvador. Sua trajetória supôs circulações intensas: foi um capuchinho vindo de Roma por Lisboa, Salvador, Luanda e Massangano que a casou; ela saiu do vilarejo natal de Massangano para o interior angolano e, finalmente, para Salvador; seus problemas com o tribunal da fé a levaram até Lisboa.

Páscoa possuía várias culturas, duas línguas (o quimbundo e o português). A cultura africana de sua infância e juventude foi pouco evocada no processo; em contrapartida, demonstrou um conhecimento aprofundado da religião católica romana. Seu marido na Bahia vinha de outra África, diferente da sua, de um universo religioso e linguístico diverso. Ela morava em Salvador, mas seu destino foi decidido em Lisboa, sede do tribunal que a condenou e iria modificar o curso de sua vida. Mesmo ausente de Angola, estava sempre presente na lembrança de uns e outros e se mostrava capaz de entrar em comunicação com a família, quando era preciso. Sua vida de mulher escrava ocorreu, portanto, em três continentes e um oceano. O destino de Páscoa é representativo dos "subalternos mundializados" do Império português, figuras inversas e complementares das "elites mundializadas" que Serge Gruzinski retratou em *As quatro partes do mundo*.[1]

Em vez de história global – expressão que, por ser empregada a todo instante, acaba se diluindo – seria melhor falar de uma história das circulações, para dar conta da vida dessa mulher e de seu processo. A África de Páscoa não é um mundo globalizado, mas uma *brousse* africana atravessada por capuchinhos italianos, soldados portugueses, negociantes de escravos em ligação estreita com seus homólogos no Brasil.

Na linhagem dos trabalhos históricos sobre o Atlântico sul,[2] esta história mostra que Angola e Brasil formavam realmente um mundo de interesses e de solidariedades partilhadas. A escrava Páscoa é emblemática desse entrelugar, com seus casamentos de um lado e do outro do Atlântico. Nessas circulações oceânicas, o Brasil e, em particular, Salvador, era frequentemente uma etapa entre Lisboa e Luanda, embora a ligação direta entre Portugal e África também existisse. Os missionários capuchinhos que voltavam para Portugal depois de permanecer no Congo e em Angola faziam escala na Bahia. O correio entre Luanda e Lisboa às vezes passava por Salvador. O Brasil e Angola desenvolviam uma forma de complementariedade. Quanto a Portugal, continuava sendo uma referência constante: foi lá que ocorreu o processo, foi lá que o senhor de Páscoa obteve confirmação de seu cargo de tabelião. O espaço do Atlântico sul, mesmo amplamente autonomizado, permanece sendo um mundo colonial.

---

1 S. Gruzinski, *As quatro partes do mundo. História de uma mundialização*

2 Pode-se citar o trabalho pioneiro de C. R. Boxer, op. cit., e L. F. de Alencastro, op. cit. Esse deslocamento para o Atlântico sul é realização de africanistas como R. Ferreira, op. cit., e de brasilianistas como Silvia Lara, op. cit., que propõe uma releitura de Palmares a partir da história de Angola.

A história da escravidão necessita de uma abordagem global, objetiva e fundamentada; o fenômeno da escravidão não pode ser apreendido a partir de um único lugar, mas, sobretudo, do cruzamento de múltiplas circulações.

## cristianismo e escravidão

Dois fenômenos maiores dos tempos modernos tornaram possível uma vida como a de Páscoa: de um lado, a escravidão e o tráfico atlântico, que acarretarram o deslocamento forçado de milhões de homens e de mulheres da África para a América, de outro, a expansão do cristianismo ocidental para a África, a América e a Ásia, a partir do final do século xv, com o papel dos missionários e dos impérios coloniais católicos. Os dois fenômenos, escravidão e evangelização, estavam ligados. Nessa época, e ainda por muito tempo, escravidão e catolicismo não eram incompatíveis. A escravidão consistia num status jurídico, e a escravização, de acordo com as circunstâncias, era considerada legítima ou abusiva pelos teólogos, especialistas da consciência dos impérios.[3] Quanto ao projeto de evangelização, era universal e visava ao conjunto dos africanos, em prioridade, aos escravos.

A escrava Páscoa foi superficialmente cristianizada em Angola, mesmo pertencendo a uma família luso-africana; no Brasil, ela era casada e crismada, confessava-se uma vez por ano, conhecia as orações e agia – pelo menos externamente – como cristã. A Inquisição se interessou por seu desvio em relação à fé católica, como faria com qualquer outra cristã,

---

3 G. Marcocci, *A consciência de um império. Portugal e o seu mundo (séculos XV-XVII)*.

escrava ou não. Seu processo por bigamia mostrava que, mesmo escrava, ela era considerada como dotada de um livre consentimento e responsável por atos pelos quais, portanto, podia juridicamente ser julgada. Essa identidade de cristã conferiu-lhe vantagens – a proteção de seu bispo contra a decisão de seu senhor de separá-la de seu marido – e desvantagens – ser perseguida pelo tribunal da fé.

A Igreja nada ignorava sobre a escravidão. O papa emitiu bulas sobre o tema dos escravos. Os missionários capuchinhos na África batizavam-nos antes da travessia para a América. Os vigários das paróquias de Angola e do Brasil ocupavam-se de suas ovelhas escravas em suas paróquias, batizavam-nas, crismavam-nas, casavam-nas, confessavam-nas e administravam-lhes a comunhão. Os eclesiásticos, como todos os membros dessa sociedade que tinham meios, possuíam escravos. A ordem jesuíta, como também certos padres seculares, comerciava escravos.

A Igreja não apenas participava dessa sociedade escravista, mas, ao propor um discurso sobre a incorporação dos escravos a essa sociedade enquanto cristãos, também lhe dava sua caução. O discurso da incorporação teve efeitos bem reais: não só as instituições eclesiásticas aderiram a esse discurso, como os escravos se apropriaram dele. Os dois escravos casados em Salvador comportaram-se como bons cristãos e, enquanto tal, pediram à Igreja formas de proteção. Pedro Arda dirigiu-se ao tribunal do bispo para defender seus direitos, Páscoa suplicou ao inquisidor geral de Portugal que lhe concedesse o perdão. Nenhuma palavra no processo evocou outra crença nem outro poder sobrenatural ou espiritual a não ser o deus dos cristãos. Nem os inquisidores nem a inculpada tinham interesse em se aventurar nesses setores. Mas o silêncio não significava que os espíritos da África não tinham lugar na vida de Páscoa e de seu marido Pedro.

## HISTÓRIA DA ESCRAVIDÃO

São inúmeros os estudos históricos sobre a escravidão no Brasil e em Angola, e refiro-me a eles ao longo do livro – os leitores poderão encontrar suas referências na bibliografia. Esses trabalhos mostram em particular as diversas maneiras de ser escravo em Angola, a complexidade e a densidade das relações entre Angola e Brasil, e a capacidade de agir dos escravos para melhorar sua sorte, adquirir a liberdade, praticar o comércio. Mostram igualmente a atitude complexa das autoridades diante dessa instituição que está no cerne da sociedade brasileira, desde sua fundação até 1888, data da abolição, e mesmo para além dessa data. Um estudo como este mostra quanto os arquivos eclesiásticos são essenciais para escrever uma história dos escravos enquanto indivíduos. Abordar a questão do casamento do ponto de vista de uma mulher escrava permite também observar uma história de gênero, ou seja, aquela que considera as relações que existem entre os homens e as mulheres. Enfim, não se pode ignorar, com o exemplo de Páscoa, a parte africana da escravidão americana.

É impressionante constatar quanto essa abordagem está distante das representações da escravidão veiculadas pelos filmes ou os romances mais recentes, simplistas, que, na maioria das vezes, reduzem o fenômeno da escravidão à pura violência, não sem certo deleite sensacionalista.[4] Como se a imaginação de nossos contemporâneos em atividade na ficção não pudesse

---

4 Esses filmes às vezes têm grande sucesso. Penso, sobretudo, em *Django livre*, de Quentin Tarantino (2012), que também é uma história de casamento, já que o herói separado de sua mulher fica louco e decide se vingar. O excesso de violência do filme é explicitamente assumido pelo diretor com certo humor, provocando um efeito de distanciamento e indicando ao espectador o status de ficção do filme. Outros filmes, ao contrário, são construídos como discursos de verdade histórica, o que é mais problemático.

se desprender da ideia de reificação das pessoas e da brutalidade das relações interpessoais, ambas bem presentes na escravidão, mas que, sozinhas, não esgotam quatro séculos de história.

No caso de Páscoa, a violência está efetivamente presente. Fazer uma mulher sofrer um processo a uma distância de três meses de navegação de seu local de moradia, com repetidos interrogatórios sobre as circunstâncias desses casamentos, embora tivesse sido deportada para o Brasil e não tivesse optado por viver ali, ilustra ao mesmo tempo a brutalidade da Inquisição e a da escravidão enquanto instituições.

Confrontada com as coerções e a dominação, Páscoa esforçou-se, no entanto, para influir em seu destino. Dependente, em Angola, de um marido com quem ela não se entendia, fugiu e conviveu com outros homens. Deportada para o Brasil, ela se engajou em relações com homens diferentes, o filho de seu senhor e um escravo. Casada com o segundo, fez de tudo para continuar unida a ele, apesar dos obstáculos. Os juízes em Portugal lhe impuseram a violência de um processo: servindo-se de formas jurídicas, ela os enfrentou e conseguiu se beneficiar de alguma misericórdia, já que sua pena foi moderada e, finalmente, reduzida. Enfim, embora seu senhor a tivesse denunciado à Inquisição, e ainda que estivesse liberta, ela desejou, na desolação de seu exílio, retornar à casa dele. Era o único meio que tinha de voltar ao Brasil onde, com 42 anos, ela queria terminar sua vida e, talvez, reencontrar seus filhos. Sua vida é a história de uma mulher que nasceu escrava; sua condição acarretou inúmeros sofrimentos, restringiu sua capacidade de ação, mas não diminuiu sua humanidade. Esta mediu-se, no decorrer de suas aventuras judiciárias, por suas estratégias, sua inteligência e suas expectativas.

Há aqui, a meu ver, uma implicação e uma responsabilidade para o historiador: restituir aos escravos uma dignidade que lhes era negada pela mercantilização e pela redução à condição de "peças". Na verdade, os escravos sofriam a violência que era destinada às coisas. Mas abordar a escravidão apenas pelo ângulo da dominação e da violência sofridas é dar continuidade ao processo de desumanização. Interessar-se pelos escravos enquanto homens e mulheres não é ignorar sua escravização, mas procurar ver, nos interstícios da documentação, como esses indivíduos pensaram e agiram, a despeito das coerções que sofriam. É exatamente nisso que, para assuntos tão graves como a escravidão, a realidade da investigação histórica ultrapassa frequentemente a ficção do cineasta ou do romancista.

A investigação procura fazer com que os arquivos falem, para neles encontrar os escravos como agentes históricos: há um verdadeiro desafio em restituir-lhes a humanidade, e nisso reside a responsabilidade dos historiadores. E, assim, demonstrar respeito por Páscoa e pelos outros.

# BIBLIOGRAFIA

## FONTES MANUSCRITAS

ARQUIVO DO SANTO OFÍCIO, Tribunal de Lisboa, Torre do Tombo, Lisboa:

• Processo de Páscoa Vieira ANTT PT/TT/TSO-IL/028/10026

• Processo de Catarina Pereira ANTT PT/TT/TSO-IL/028/01009

• Livro II dos autos da fé 1629-1704 PT/TT/TSO-IL/004/0008

ARQUIVO HISTÓRICO ULTRAMARINO, Lisboa: Consultas do Conselho Ultramarino. Brasil, Bahia (1687-1693). Documentos 3.616, 3.749, 3.730, 3.804

– "Regulamento da Confraria de Nossa Senhora do Rosário e São Benedito dos Homens negros, situada na mesma igreja da cidade de São Sebastião do Rio de Janeiro, recentemente reformada em 1760". Disponível em: <http://www.uff.br/curias/sites/default/files/NOSSA%20SENHORA%20DO%20ROSÁRIO%20E%20SÃO%20BENEDITO.pdf>

BELOTI DA ROMANO, Giovanni. *Auuertimenti saluteuoli alli apotolici missionarj specialmente ne regni del Congo, Angola, e circonuicini*. Biblioteca do Clero, Bergamo, Ms 45.

CADORNEGA, Antônio de Oliveira de. *História geral das guerras angolanas.* Manuscrito da Academia das Ciências, Lisboa, t. 3, manuscrito 78.

## FONTES IMPRESSAS

ANTONIL, André João. *Opulência e cultura do Brasil*. Organização Andrée Mansuy. Paris: Travaux & Mémoires de l'Institut des Hautes Études de l'Amérique latine, [1711] 1968.

AQUINO, S. Tomás de. *Commento alle sentenze di Pietro Lombardo*. Bolonha: ESD, 2001.

ARMAS, Duarte de. *Livro das fortalezas*, ed. *Fac-simile do Ms. da Casa Forte do Arquivo Nacional da Torre do Tombo*, 2ª ed. Lisboa: Edições Inapa, [1510] 1997.

BENCI, Jorge. *Economia cristã dos senhores no governo dos escravos*. São Paulo: Editoral Grijalbo, [1705] 1977.

BRÁSIO, António. *Monumenta Missionaria Africana*, 1ª série, África Ocidental. Lisboa: Agência do Ultramar, 1952-1958, 15 vol. (MMA).

CADORNEGA, Antônio de Oliveira de. *História geral das guerras angolanas*. Lisboa: Agência do Ultramar, 1940, 3 vol.

CARDOSO, Matteus. *Doutrina cristã de Marco Jorge de novo traduzida na língua do Congo*. Lisboa: Geraldo da Vinha, 1624.

CAVAZZI, Antônio. *Descrição histórica de três reinos: Congo, Matamba e Angola*. Lisboa: Junta de Investigação do Ultramar, 1965.

DAMPIER, William. *Voyages (faits en 1699)*, Amsterdã, 1705.

DELLON, Charles. *L'Inquisition de Goa. La relation de Charles Dellon*. Organização Charles Amiel e Anne Lima. Paris: Éditions Chandeigne, [1687] 2003.

DIAS, Pedro. *Arte da língua de Angola*. Lisboa: Miguel Deslandes, 1697. Disponível em: https://archive.org/details/artedalinguadeanoodias. Acesso em outubro 2020.

FRÉZIER, Amédée F. *Relation du voyage de la mer du sud*. Amsterdã: Pierre Humbert, 1717.

FROGER, François [Le sieur Froger]. *Relations du Voyage de M. de Gennes au détroit de Magellan fait en 1695, 1696, 1697*. Paris: Michel Brunet, 1698.

*La mission au Kongo des pères Michelangelo Guattini et Dionigi Carli* Paris: Chandeigne, [1668] 2006.

LARA, Silvia Hunold. "Legislação sobre escravos africanos na América portuguesa", in ANDRÉS-GALLEGO, José (Coord.). *Nuevas aportaciones a la historia jurídica de Iberoamérica*. Madri: Fundación Histórica Tavera/Digibis/Fundación Hernando de Larramendi, 2000.

LIVRO DAS PLANTAS DAS FORTALEZAS, *Cidades e povoações do Estado da Índia Oriental com as descrições do marítimo dos Reinos e Províncias onde estão situadas e outros portos principais daquelas partes: contribuição para a história das fortalezas dos portugueses no ultramar.* Edição preparada e prefaciada por Luís Silveira. Lisboa: Ministério do Planejamento e da Administração do Território, Secretaria de Estado da Ciência e Tecnologia, Instituto de Investigação Científica Tropical, [c. 1640] 1991.

METZLER, Josef. *America Pontificia primi saeculi evangelizationis 1493-1592*. Vaticano: Vaticana, 1991.

MMA. *Monumenta Missionaria Africana*. Ver BRÁSIO, Antônio.

MONTEIRO DA VIDE, Sebastião. *Constituições primeiras do arcebispado da Bahia*. Estudo introdutório e edição Bruno Feitler; Evergton Sales Souza. São Paulo: Edusp, 2010.

ORDENAÇÕES Filipinas. Organização Silvia Hunold Lara. São Paulo: Companhia das Letras, 1999.

SANDOVAL, Alonso de. *Un tratado sobre la esclavitud (De Instauranda Æthiopum Salute*. Introducción y transcripción de Enriqueta Vila Vilar. Madri: Alianza Universidad, 1987 Madri, [1627] 1987.

TRANSATLANTIC SLAVE TRADE DATABASE. Disponível em http://www.slavevoyages.org. Acesso em outubro 2020.

VIEIRA, Antônio. *Sermões*,Organização Alcir Pécora. São Paulo: Hedra, 2003, t. I e II.

______. *Sermões*. Lisboa: Oficina de Miguel Deslandes, 1690 t. VI.

## BIBLIOGRAFIA SECUNDÁRIA

ALENCASTRO, Luiz Felipe de. *O trato dos viventes. Formação do Brasil no Atlântico sul*. São Paulo: Companhia das Letras, 2000.

______. "Le versant brésilien de l'Atlantique sud: 1550-1850", *Annales. Histoire, Sciences Sociales*, vol. 58, nº 2, mar.-abr., Paris: Armand Colin, 2006.

ALMEIDA, Carlos. "Escravos da missão. Notas sobre o trabalho forçado nas missões dos capuchinhos no Kongo (finais do séc. XVII)", *Revista* TEL. *Tempo Espaço Linguagem*, vol. 5, nº 3, Lisboa, set.-dez., 2014. p. 40-59.

______. "'Ajustar à forma do viver cristão. Missão católica e resistências em terras africanas'. Escravidão, trabalho forçado e resistência na África Meridional", *Cadernos de Estudos Africanos*, Lisboa, nº 33, 2017. p. 59-80.

ALMEIDA MENDES, Antônio de. "Les réseaux de la traite ibérique dans l'Atlantique nord. Aux origines de la traite atlantique (1440-1640)", *Annales. Histoire, Sciences Sociales*, nº 4, 2008, p. 739-768.

BENNASSAR, Bartholomé. *L'Inquisition espagnole, XVe-XIXe siècle*. Paris: Hachette-Littérature, 1979.

BOXER, Charles R. *Salvador de Sá and the Struggle for Brazil and Angola 1602-1686*. Londres: University of London, 1952.

CANDIDO, Mariana. "Trans-Atlantic Links: The Benguela--Bahian Connections, 1700-1850" in ARAÚJO, Ana Lucia (org.), *Paths of the Atlantic Slave Trade. Interactions, Identities, and Images*. Amherst, NY: Cambria Press, 2011, p. 239-272.

______. "Marriage, Concubinage, and Slavery in Benguela, 1750-1850" in HUNT, Nadine e OJO, Olatunji (orgs.), *Slavery and Africa and the Caribbean: A History of Enslavement and Identity since the 18th century.* Londres/ Nova York: I.B. Tauris, 2012. p. 65-84.

CARVACHO, René Millar; DEDIEU, Jean-Pierre. "Entre histoire et mémoire. L'Inquisition à l'époque moderne: dix ans d'historiographie", *Annales. Histoire, Sciences Sociales*, ano 57, nº 2, 2002, p. 349-372.

CASTELNAU-L'ESTOILE, Charlotte de. "Le mariage des infidèles au XVe siècle: doutes missionnaires et autorité pontificale", in BROGGIO, Paolo; CASTELNAU-L'ESTOILE, Charlotte de; PIZZORUSSO, Giovanni. "Administrer les sacrements en Europe et au Nouveau Monde. La Curie romaine et les *dubia circa sacramenta*", MEFRIM, *Mélanges de l'École Française de Rome Italie-Méditerranée*, nº esp., 2009, p. 95-121.

______. "La liberté du sacrement. Droit canonique et mariage des esclaves dans le Brésil colonial", *Annales. Histoire, Sciences Sociales*, n° 6, nov-dez., 2010, p. 1349-1383.

______. "O ideal de uma sociedade escravista cristã: Direito canônico e matrimônio dos escravos no Brasil colônia" in FEITLER, B. e SOUZA, E. Sales (orgs.), *A Igreja no Brasil colônia. Normas e práticas no tempo do arcebispo d. Sebastião Monteiro da Vide*. São Paulo: Unifesp, 2011, p. 355-395.

______. "'Os filhos obedientes da Santíssima Igreja', Escravidão e estratégias de casamento no Rio de Janeiro do início do século XVIII", in COTTIAS, Myriam; MATTOS, Hebe. Escravidão e subjetividades, Programa Saint Hilaire, open edition, 2016. Disponível em: http://books.openedition.org/oep/771. Acesso em outubro 2020.

______. *Un catholicisme colonial. Le mariage des indiens et des esclaves au Brésil, XVIe-XVIIIe siècle.* Paris: PUF, 2019.

DEMARET, Mathieu. "Stratégie militaire et organisation territoriale dans la colonie d'Angola (XVIe-XVIIe siècle). Défense et colonies dans le monde atlantique, XVe-XXe siècle", 2014, Disponível em: <hal-01492112>. Acesso em outubro 2020.

FEITLER, Bruno. *Nas malhas da Consciência: Igreja e Inquisição no Brasil*. São Paulo: Alameda, Phoebus, 2007

______. "Poder episcopal e Inquisição no Brasil: o juízo eclesiástico da Bahia nos tempos de Sebastião Monteiro da Vide", in FEITLER, Bruno; SOUZA, E. Sales (orgs.). *A Igreja no Brasil colonial. Normas e práticas no tempo do arcebispo d. Sebastião Monteiro da Vide*. São Paulo: Unifesp, 2011, p. 85-110.

______. "Processos e práxis inquisitoriais: problemas de método e de interpretação", *Revista de Fontes*, Unifesp, nº 1, 2014. p. 55-64.

FERREIRA, Roquinaldo. *Cross-cultural Exchange in the Atlantic world Angola and Brazil during the Era of Slave Trade, African Studies*. Cambridge: Cambridge University Press, 2012.

FOUCAULT, Michel. "La vie des hommes infâmes", in *Dits et Écrits*. Paris: Gallimard, [1977] 1994, t. III, texto nº 198.

FROMONT, Cecile. "Dancing for the King of Congo from Early Modern Central Africa to Slavery-Era Brazil", *Colonial Latin American Review*, vol. 22, nº 2, 2013, p. 184-208.

______. *The Art of Conversion. Christian Visual Culture in the Kingdom of Kongo*. Chapel Hill: University of North Carolina Press, 2014.

GARNSEY, Peter. *Conceptions de l'esclavage d'Aristote à Saint Augustin*. Paris: Les Belles Lettres, 2004.

GINZBURG, Carlo. *Le Fromage et les vers. L'Univers d'un meunier du XVIe siècle*, trad. Monique Aymard. Paris: Flammarion, [1976] 1980.

______. "L'inquisiteur comme anthropologue", in *Le Fil et les traces. Vrai, faux, fictif*, trad. Martin Rueff. Paris: Verdier, [2006], 2010. p. 407-424.

GRAY, Richard. "The Papacy and the Atlantic Slave Trade: Lourenço da Silva, the Capuchins and the Decisions of the Holy Office", *Past and Present*, nº 115, Oxford, mai., 1987.

GRUZINSKI, Serge. *As quatro partes do mundo. História de uma mundialização*. São Paulo: Edusp, 2014.

GSCHWEND, A. M.; LOWE, Katherine. *The global city. On the streets of Renaissance Lisbon*. Londres: Paul Hoberton Publishing, 2015.

HANSEN, Thorkild. *La Côte des esclaves*, trad. do dinamarquês Jacqueline Le Bras. Arles: Actes Sud, 1998.

______. *Les Bateaux négriers*, trad. Jacqueline Le Bras. Arles: Actes Sud, 1990.

HAYAT, Samuel; LYON-CAEN, Judith; TARRAGONI, Federico. "S'adresser à l'autorité en tant qu'individu singulier: parcours historiques croisés. Entrevista Alain Blum e Simona Cerutti", *Tracés. Revue de sciences humaines*, nº 34, 2018. Disponível em: http://journals.openedition.org/traces/8087. Acesso em 2 julho 2018.

HEBRARD, Jean (org.). *Brésil: quatre siècles d'esclavage. Nouvelles questions, nouvelles recherches*. Paris: Karthala/Ciresc, 2012.

HEINTZE, Beatrix. "Traite de 'pièces' en Angola. Ce qui n'est pas dit dans nos sources. De l'esclavage durant le premier siècle de l'occupation portugaise", in DAGET, S. (Coord.). *De la traite à l'esclavage. Actes du colloque international sur la traite des noirs*. Paris/Nantes: Société Française d'Histoire d'Outremer e Centre de Recherches sur l'Histoire du Monde Atlantique, 2 vol., vol. 1 *Ve- XVIIIe siècles*, 1988, p. 147-172.

______. *Angola nos séculos XVI e XVII. Estudos sobre fontes, métodos e história*, trad. Marina Santos. Luanda: Kilombelonbe, [1988] 2007.

HEYWOOD, Linda M. Nzinga de Angola - A Rainha Guerreira de África, trad. Luiz Santos, Alfragide: Casa das Letras, 2018.

______; THORNTON, John. *Central Africans, Atlantic Creoles and the Foundation of the Americas, 1585-1660*. Cambridge: Cambridge University Press, 2007.

JADIN, Louis. "Le clergé séculier et les capucins du Congo et d'Angola aux XVIe et XVIIe siècles: conflits de juridiction, 1700-1726", *Bulletin de l'Academia Belgica de Rome*, Bruxelas, nº 36, 1964, p. 185-483.

LAPA, José Roberto do Amaral. *A Bahia e a carreira da Índia*. São Paulo: Companhia Editora Nacional/ Edusp, 1968.

LARA, Silvia Hunold. "Legislação sobre escravos africanos na América portuguesa", in ANDRÉS-GALLEGO, José (Coord.), *Nuevas aportaciones a la historia jurídica de Iberoamérica*. Madri: Fundación Histórica Tavera/Digibis/Fundación Hernando de Larramendi, 2000.

______. "Marronnage et pouvoir colonial. Palmares, Cucaú et les frontières de la liberté au Pernambouc à la fin du XVIIIe siècle", *Annales. Histoire, Sciences Sociales*, Paris, ano 62, nº 3, 2007, p. 639-662.

LAW, Robin; MANN, Kristina. "West Africa in the Atlantic Community: the Case of the Slave Coast", *William and Mary Quatterly*, vol. 56, nº 2, 1999, p. 307-331.

MARCUSSI, Alexandre Almeida. *Cativeiro e cura: experiências da escravidão atlântica nos calundus de Luzia Pinta – séculos XVI e XVIII*. Tese (Doutorado) – Universidade de São Paulo, São Paulo, 2015.

MACEDO, José Rivair. "Escrita e conversão na África central do século XVII: o catecismo kikongo de 1624", *História Revista*, Goiânia, vol. 18, nº 1, p. 69-90, jan./jun., 2013.

MADEIRA-SANTOS, Catarina. "Entre deux droits: les Lumières en Angola (1750-v. 1800)", *Annales. Histoire, Sciences Sociales*, Paris, ano 60, nº 4, 2005, p. 817-848.

______. "Écrire le pouvoir en Angola. Les archives ndembu (XVIIe-XXe siècle)", *Annales. Histoire, Sciences Sociales*, Paris, ano 64, nº 4, 2009, p. 767-795.

______. "'Un monde excessivement nouveau'. Savoirs africains et savoirs missionnaires: fragments, appropriations et porosités dans l'oeuvre de Cavazzi di Montecúccolo", in CASTELNAU-L'ESTOILE, C. de; COPETE, M-L.; MALDAVSKY, A.; ŽUPANOV, I. G. (org.). *Missions d'évangélisation et circulation des savoirs (XVIe-XVIIIe siècle)*. Madri: Collection de la Casa de Velázquez (120), 2011, p. 295-308.

______. –"Esclavage africain et traite atlantique confrontés: transactions langagières et juridiques (à propos du tribunal de *mucanos* dans l'Angola des XVIIe et XVIIIe siècles)", *Brésil(s). Sciences humaines et sociales*, nº 1, 2012, p. 127-148.

MARCOCCI, Giuseppe; PAIVA, José Pedro. *História da Inquisição portuguesa 1536-1821*. Lisboa: A Esfera dos Livros, 2013.

______. *A consciência de um império. Portugal e o seu mundo (séculos XV-XVII)*. Coimbra: Coimbra University Press, 2012.

MATTOS, Hebe. "A escravidão moderna nos quadros do Império português: o Antigo Regime em perspectiva atlântica", in FRAGOSO, João; BICALHO, Maria Fernanda; GOUVÊA, Maria de Fátima (org.). *O Antigo Regime nos trópicos. A dinâmica imperial portuguesa (séculos XVI-XVIII)*. Rio de Janeiro: Civilização Brasileira, 2001, p. 141-162.

MELLO E SOUZA, Laura de. *O diabo e a terra de Santa Cruz*. São Paulo: Companhia das Letras, 1989.

______. *Inferno atlântico. Demonologia e colonização, séculos XVI-XVIII*. São Paulo: Companhia das Letras, 1993.

MELLO E SOUZA, Marina. *Além do visível. Poder, catolicismo e comércio no Congo e em Angola (séculos XVI-XVII)*. São Paulo: Edusp, 2018.

MILLER, Joseph C. *Way of Death. Merchant Capitalism and the Angolan Slave Trade 1730-1830*. Londres: James Currey, 1988.

MOTT, Luiz. *Rosa Egipcíaca, uma santa africana no Brasil colonial*. Rio de Janeiro: Bertrand Brasil, 1993.

NIZZA DA SILVA, Maria Beatriz. *Sistema de casamento no Brasil colonial*. São Paulo: Edusp. 1984.

PAIVA, Eduardo França. "Revendications de droit coutumier et actions en justice des esclaves dans le Minas Gerais du XVIIIe s.", in "Écrire l'esclavage, écrire la liberte", *Cahiers du Brésil contemporain*, número organizado por Jean Hébrard, Hebe Mattos, Rebecca Scott, n° 53-54, 2003, p. 11-29.

PAIVA, José Pedro. *Os bispos de Portugal e do Império 1495-1777*. Coimbra: Imprensa Universidade, 2006.

PIERONI, Geraldo; COATES, Timothy. *De couto do pecado à Vila do Sal: Castro Marim (1550-1850)*. Lisboa: Livraria Sá da Costa Editora, 2002.

PIZZORUSSO, Giovanni. *Governare le missioni, conoscere il mondo nel XVII secolo. La Congregazione Pontificia de Propaganda Fide*. Viterbo: Edizioni Sette Citá, 2018.

PROSPERI, Adriano. *Dar a alma. História de um infanticídio*. São Paulo: Companhia das Letras, 2009.

RAE, Flory; GRANT SMITH, David. "Bahian Merchants and Planters in the Seventeenth and Early Eighteenth Century", *The Hispanic American Historical Review*, vol. 58, nº 4, nov. 1978, p. 571-594.

REGINALDO, Lucilene. *Os rosários dos angolas. Irmandades de africanos e crioulos na Bahia setecentista*. São Paulo: Alameda, 2011.

REIS, João José. La révolte haoussa de Bahia en 1807. Résistance et contrôle des esclaves au Brésil. *Annales. Histoire, Sciences Sociales*, Paris, ano 58, nº 2, 2006, p. 383-418.

______. "Domingos Pereira Sodré, un prêtre africain dans la Bahia du XIXe siècle", *Cahiers du Brésil contemporain*, Paris, nº 65-66, 2006, p. 97-163.

______. *Domingos Sodré, um sacerdote africano. Escravidão, liberdade e candomblé na Bahia do século XIX*. São Paulo: Companhia das Letras, 2008.

RODRIGUES, Aldair Carlos, *Igreja e Inquisição no Brasil, agentes, carreiras e mecanismos de promoção social – século XVIII*. São Paulo: Alameda, 2014.

RODRIGUES, Jaime. "Circulação atlântica: idade, tempo de trabalho e funções de escravos e libertos na marinha mercante luso-brasileira, séculos XVIII e XIX", *História*, São Paulo, vol. 34, nº 2, jul./dez. 2015, p. 128-145.

______. *De costa a costa: escravos, marinheiros e intermediários do tráfico negreiro de Angola ao Rio de Janeiro (1780-1860)*. São Paulo: Companhia das Letras, 2005.

ROGERS, Dominique (Dir.). *Voix d'esclaves. Antilles, Guyanes et Louisiane française XVIIIe-XIXe siècles*. Paris: Khartala, 2015.

______. "Violências e cidadania em uma área rural do sul francês de Santo Domingo ", in COTTIAS, Myriam; MATTOS, Hebe. *Escravidão e subjetividades no Atlântico luso-brasileiro e francês (Séculos XVII-XX)* 2016, open edition. Disponível em: http://books.openedition.org/ocp/1497. Acesso em outubro 2020.

ROSSIGNOL, Marie-Jeanne. "Un chantier inattendu: la collection 'Récits d'esclaves'. Quelques questions méthodologiques et historiographiques", *Revue française d'Etudes Américaines*, Paris, vol. 2, nº 151, 2017, p. 51-64.

RUBERT, Arlindo. *A Igreja no Brasil. Expansão missionária e hierárquica (século XVII)*, vol. II. Rio Grande do Sul: Palotti, s.d.

RUSSELL-WOOD, Anthony J. R. *Fidalgos and Philanthropists. The Santa Casa da Misericordia of Bahia, 1550-1755*. Londres: Macmillan, 1968.

______. "Black and mulatto brotherhoods in colonial Brazil: a study in collective behavior", *The Hispanic American Historical Review*, vol. 54, nº 4, 1974, p. 567-602.

______. "Vassalo e soberano: apelos extrajudiciais de africanos e de indivíduos de origem africana na América portuguesa". NIZZA DA SILVA, Maria Beatriz. *Cultura portuguesa na terra de Santa Cruz*. Lisboa: Estampa, 1995, p. 215-233.

SCHWARTZ, Stuart B. *Sovereignty and Society in Colonial Brazil. The High Court of Bahia and its Judges 1609-1751*. Berkeley/Los Angeles/Londres: University of California Press, 1973.

______. "The manumission of slaves in colonial Brazil: Bahia, 1684-1745", *The Hispanic American Historical Review*, vol. 54, nº 4, 1974, p. 603-635.

SILVA JR., Carlos Francisco da. "Identidades afro-atlânticas: Salvador, século XVIII (1700-1750)", Dissertação (Mestrado em História) – Universidade Federal da Bahia, Salvador, 2011.

______. "Interações atlânticas entre Salvador e Porto Novo (Costa da Mina) no século XVIII", *Revista de História*, São Paulo, nº 176, 2017, p. 1-41.

______.; SOARES, Carlos Eugênio Líbano. "'Uma nova guiné': africanos em inventários e registros de batismo na cidade da Bahia da primeira metade do século XVIII", *História Unisinos*, vol. 14, nº 3, set./dez., 2010, p. 242-256.

STEINBERG, Sylvie (Dir.). *Une histoire des sexualités*. Paris: PUF, 2018.

SWEET, James H., *Recreating Africa Culture, Kinship and Religion in the African-Portuguese World, 1441-1770*. Chapel Hill: University of North Carolina Press, 2003.

______. "Mistaken Identities? Olaudah Equiano, Domingos Alvares, and the Methodological Challenges of Studying the African Diaspora", *American Historical Review*, abr. 2009, p. 279-303.

______. *Domingos Alvares, African Healing, and the Intellectual History of the Atlantic World*. Chapel Hill: University of North Carolina Press, 2011.

THORNTON, John. "Demography and history in the Kingdom of Kongo, 1550-1750", *The Journal of African History*, vol. 18, nº 4, Cambridge, 1977, p. 507-530.

______. "Early Kongo-Portuguese Relations: A New Interpretation", *History in Africa*, vol. 8, 1981, p. 183-204.

______. *Africa and Africans in the making of the Atlantic World, 1400-1680*. Cambridge: Cambridge University Press, 1992.

VAINFAS, Ronaldo. *Trópico dos pecados. Moral, sexualidade e Inquisição no Brasil*. Rio de Janeiro: Campus, 1989.

VERGER, Pierre. *Flux et reflux de la traite des nègres entre le golfe de Bénin et Bahia de Todos os Santos, du dixseptième au dix-neuvième siècle*. Paris: Mouton, 1968.

ZERON, Carlos A. de M. R. Linha de Fé. A Companhia de Jesus e a Escravidão no Processo de Formação da Sociedade Colonial (Brasil, Séculos *XVI* e *XVII*), São Paulo: Edusp, 2011.

______. "Les Jésuites et le commerce d'esclaves entre le Brésil et l'Angola à la fin du XVIe siècle". HEBRARD, Jean (Dir.). *Brésil: quatre siècles d'esclavage. Nouvelles questions, nouvelles recherches*. Paris: Karthala/Ciresc, 2012, p. 67-83.

Este livro foi editado pala Bazar do Tempo, na cidade de
São Sebastião do Rio de Janeiro, em outubro de 2020.
Ele foi composto com as tipografias Filosofia e
Filosofia Unicase, e impresso em papel polen bold 90g
na gráfica BMF.